NICHT-ZWEI IST FRIEDEN

Die alte moralische, soziale und politische »Ordnung« der Menschheit ist tot.

Eine neue, wahre und richtige Ordnung der Menschheit ist jetzt und für alle Zukunft notwendig. Diese Freie Deklaration ist das Samenkorn, aus dem diese neue, notwendige und wirklich globale und umfassend kooperative Ordnung hervorgeht.

ADI DA

NICHT-ZWEI IST FRIEDEN

Wie alle Menschen gemeinsam
eine neue globale Ordnung
auf kooperativer Grundlage
schaffen können

DER WELTFREUND Adi Da

Titel der amerikanischen Originalausgabe:
Not-Two Is Peace

Deutsche Ausgabe:

Übersetzung: Dr. Albrecht Giese
Lektorat und Korrektorat: Burkhard Hickisch, Nicolai Dehnhard, Oliver Henning
Gestaltung und Satz: Nicolai Dehnhard

Hans-Nietsch-Verlag
Am Himmelreich 7
79312 Emmendingen

www.nietsch.de
info@nietsch.de

ISBN 978-3-939570-64-6

INHALT

ZWEITER TEIL

NICHT-ZWEI IST FRIEDEN

DRITTER TEIL

ES GIBT NUR EINE EINZIGE WIRKLICHKEIT

EPILOG

DAS LETZTE WORT

EINFÜHRUNG

von Ervin Laszlo

Von Zeit zu Zeit verschafft sich inmitten von Krisen und Chaos eine prophetische Stimme Gehör, durchdringt die Mauer der Gleichgültigkeit, Nachlässigkeit und puren Ignoranz und nennt die Dinge beim Namen. Im vorliegenden Buch kommt solch eine Stimme zu Wort. Es wird nicht überraschen, wenn diese Stimme von jemandem kommt, der nicht in der Hektik lebt, die wir euphemistisch unser Leben nennen und weniger freundlich die tägliche Tretmühle. Sie kommt von jemandem, der sich früh im Leben dafür entschied, die Distanz zu wahren, die eine klare Sicht erlaubt, und in die Stille einzutreten, die notwendig ist, um die Stimme der Wahrheit zu vernehmen. Wir sehen die Dinge am besten, wenn wir sie ruhig und nüchtern betrachten können: Wir sehen dann nicht nur die Bäume, sondern auch den Wald. Und wir hören am besten, wenn wir die Kakophonie wetteifernder Stimmen zum Schweigen bringen, die alle nach unserer Aufmerksamkeit verlangen. Die Quelle tiefer Einsicht ist die Leere, die zugleich die Fülle und profunde Stille ist, die uns befähigt, die Stimme der Vernunft zu hören.

Die Stimme des Weltfreundes Adi Da, die auf diesen Seiten zu uns spricht, spricht kein geringeres Thema an als unser kollektives Überleben – das Überleben der Art, die sich *homo sapiens* nennt: der weise, wissende Mensch. Wir sind an dem Punkt angelangt, wo sich entscheidet, ob unsere Art auf diesem Planeten noch eine Chance hat. Die Probleme werden täglich sichtbarer. Ich habe sie in meinen letzten Schriften selbst aufgezählt. Adi Da nennt sie klipp und klar beim Namen: »… Umweltverschmutzung, globale Erwärmung, Klimawandel, Energieverschwendung, die Notwendigkeit neuer Technologien und Methoden in jedem Bereich unseres Lebens, das Versiegen fossiler Brennstoffe und sonstiger natürlicher und menschlicher Ressourcen, Krankheit, Hunger, Überbevölkerung, Verstädterung,

Globalisierung, Migration, Gebietsstreitigkeiten, Gewaltverbrechen, massive Anhäufung (und manchmal auch Einsatz) von katastrophal zerstörerischen Waffen, die Tendenz von Nationalstaaten, Kooperation und gegenseitige Hilfe abzulehnen, sowie die Tendenz von Nationalstaaten (oder Gruppierungen innerhalb der Staaten), den Krieg (oder sonstige grausame Gewaltanwendung) als Mittel zu benutzen, um nationale Ziele und kulturell idealisierte Richtlinien durchzusetzen …« Die Liste lässt sich leicht verlängern, sie ist lang und düster. Jedes Weitermachen wie bisher führt in die Sackgasse.

Aber unser Schicksal ist nicht besiegelt. Ungleich anderen Arten, deren Überleben bedroht war, hat *homo sapiens* eine einzigartige Chance, weil seine Situation einzigartig ist. Andere Arten starben aus, weil die Umwelt sich änderte oder weil andere Arten in ihre Nische eindrangen. Für den Menschen gibt es keine mächtigeren Arten, mit denen er kämpfen müsste, aber seine Umwelt ändert sich, und vielleicht ist dieser Prozess schon unumkehrbar. Die Umwelt auf diesem Planeten ändert sich, weil homo sie ändert. Der weise, wissende homo sapiens ist intelligenter, als gut für ihn ist. Er schafft unhaltbare Zustände in der Biosphäre und große Spannungen und potenzielle Katastrophen in der Soziosphäre.

Was bringt den Menschen dazu, solche Umstände zu schaffen? Sicher nicht seine Instinkte, denn die sind auf das individuelle und kollektive Überleben ausgerichtet. Aber seine Instinkte haben nicht mehr die Kontrolle, sie sind von seinem Verstand überlagert, der die erschreckende Freiheit besitzt, die grundlegenden Instinkte zu ignorieren. Die kurzsichtige egoische Rationalität des modernen Menschen ist die Instanz, die seine Schritte lenkt, seine Werte definiert, seine Wahrnehmungen steuert und den komplexen Überbau errichtet, den er stolz »moderne Zivilisation« nennt. Diese Rationalität testet jetzt die Grenzen der Lebensfähigkeit unserer Art.

Die einzigartige Freiheit des Menschen ist zugleich auch seine einzigartige Überlebenschance. Denn was unterdrückt wurde, ist nicht verlorengegangen, und was ignoriert wird, ist nicht für immer ausgelöscht. Aber es kann nicht einfach darum gehen, bloß den Instinkt wiederzubeleben, denn der allein reicht nicht aus, um die

Hast zu bremsen, mit der wir heute dem Aussterben entgegeneilen. Tiefe Einsicht, die aus unseren grundlegendsten Instinkten für das individuelle und kollektive Überleben aufsteigt, ist notwendig, denn nur sie kann uns zu einer friedlichen, tragfähigen und wirklich realisierbaren Zivilisation führen.

Tiefe Einsicht ist das verlässlichste Heilmittel, denn sie bringt uns in unmittelbaren Kontakt mit der Wirklichkeit – einen Kontakt, der nicht von Anmaßung korrumpiert und mit Spitzfindigkeit verbrämt ist. Hätten wir diese Einsicht nicht in entscheidenden Momenten unserer Geschichte gehabt, wären wir heute nicht hier. Zum Glück haben wir diese Einsicht immer wieder gehabt – und deshalb haben wir überlebt. Und weil sie auch heute wieder in den Vordergrund tritt, haben wir eine Chance, auch morgen noch hier zu sein.

Die Einsicht, die die Stimme in diesem Buch ausspricht, ist die Einsicht, dass wir nicht nur bedroht, sondern auch zu retten sind. Die Bedrohungen stammen von unserem egoischen Getrenntsein; und die Rettung kommt von der Wiederentdeckung unseres Einsseins – jenes Einsseins, das immer schon vor allen anderen Realitäten und Überlegungen existiert. Dieses Einssein besteht, es ist eine Tatsache – auch wenn wir sie fast vergessen haben. Aber zum Glück ist es eine Tatsache, die wiederentdeckt werden kann. Und genau das geschieht jetzt. Sie wird von Denkern und Wissenschaftlern der Avantgarde, zu denen auch ich mich zählen möchte, wiederentdeckt, und sie wird uns von spirituellen Meistern wie Adi Da wieder ins Bewusstsein gerufen.

Partikel sind im ganzen Weltraum miteinander verbunden, selbst wenn sie örtlich voneinander getrennt sind. Sie sind immer schon von Natur aus eins. Lebewesen aller Art sind in der ganzen Biosphäre miteinander verbunden, auch wenn sie sich nicht am selben Ort befinden. Es ist ein reales feinstoffliches Einssein, das erst in jüngster Zeit auch wissenschaftlich entdeckt wurde. Anthropologen haben herausgefunden, dass Menschen, die zum gleichen indigenen Volk gehören, ortsunabhängig – telepathisch – miteinander und mit ihrer Heimat und Umwelt verbunden sind. Sie haben ihr ursprüngliches Einssein nicht unterdrückt. Aber der moderne Mensch, der weise und wissende homo sapiens, hat die Kenntnis seines immer-schon-bestehenden Einsseins unterdrückt und schließlich sogar – ermutigt durch seine fehlgeleitete Rationalität – die Realität des Einsseins geleugnet. Jetzt erleben wir die Folgen: Loyalitäten sind zersplittert in »mein Land«, »meine Firma« und »die anderen«; die Natur wird ausgebeutet und geplündert; Milliarden von Menschen sind in tiefe, scheinbar hoffnungslose Armut gestürzt.

Ist die Rückkehr zum Einssein, zur nahtlosen Ganzheit – wie im legendären Paradies – eine Utopie? Nein, sie ist absolut notwendig, wenn *homo sapiens* physisch, biologisch und sozio-psychologisch überleben will. Werden wir dieser Notwendigkeit entsprechen? Die Zeit wird es zeigen, und zwar bald.

Ich glaube fest daran, dass die Antwort ja sein wird. Wir sind nicht allein. Nicht nur im Universum, denn es ist sehr wahrscheinlich, dass es auf manchen der zahllosen Planeten unserer Galaxie und Milliarden anderer Galaxien viele Zivilisationen gibt. Wir sind auch deshalb nicht allein, weil es unsichtbare Kräfte gibt, die jetzt immer deutlicher unsere Geschicke lenken. Die Zeichen sind unübersehbar. Wahre Vernunft meldet sich zu Wort, eine neue Spiritualität tritt in Erscheinung und eine höhere Strahlungsfrequenz ist auf dem Planeten zu spüren. Die Einsicht, der Adi Da seine Stimme leiht, ist dieselbe Einsicht, zu der immer mehr Menschen kommen. Vor zehn bis zwanzig Jahren waren es Tausende, heute sind es Millionen.

Die Transformation unserer Art hat begonnen. Wie ein Lauffeuer breitet sich unter den Menschen die Erkenntnis aus, dass wir alle eins sind. Die Zersplitterung der Menschheit und die Trennung zwischen Mensch und Natur waren nur ein Zwischenspiel in unserer Geschichte, das jetzt zu Ende geht. Wir finden unser Einssein wieder, und zwar nicht, indem wir zu einer früheren Kultur und Bewusstheit zurückkehren, sondern indem wir über die zersplitterte, egoische Zivilisation hinausgehen, die die Menschheit in den letzten zwei Jahrhunderten beherrscht hat, und indem wir uns auf eine kooperative Welt zubewegen, die durch den weltweiten Austausch von Menschen initiiert werden kann und soll, die kein anderes Interesse vertreten als das der ganzen Art. Die Errichtung eines Globalen

Kooperativen Forums, das diese Funktion erfüllt, ist der Kern von Adi Da's Aufruf in diesem Buch. Er schreibt: »Wir dürfen das globale Konkurrenz-Spiel nicht bis zum bitteren Ende spielen. ... Es ist unabdingbar, dass ein Globales Kooperatives Forum errichtet wird, das auf der grundlegenden Akzeptanz und Realisierung des immer schon existierenden Einsseins basiert. Und die ganze Menschheit muss entsprechend global eine ernsthafte und wirksame Disposition und Lebensweise entwickeln. In diesem Globalen Kooperativen Forum ... werden – und müssen – alle sich auf die wirklich notwendigen Anliegen konzentrieren, die alle gemeinsam haben.«

Es ist höchste Zeit, dass wir uns in diese Richtung bewegen. Die Stunde der Entscheidung ist nahe. Wenn eine kritische Masse von uns wieder die Erfahrung macht und eindeutig wahrnimmt, dass wir alle immer schon eins sind, dann werden wir handeln und können der Stunde der Entscheidung vertrauensvoll entgegensehen. Die Verbreitung von Botschaften, die der tiefsten Intuition entspringen, zu der unsere Art fähig ist, ist sowohl das Mittel, um diesen höchsten Zustand zu erreichen, als auch ein Hinweis darauf, dass das Erreichen dieses Zustands kein glücklicher Zufall, sondern eine Notwendigkeit ist, wenn die Menschheit ihre Bestimmung erfüllen will, sich geistig, spirituell und in ihrem Bewusstsein weiterzuentwickeln. Denn diese Bestimmung ist das Privileg unserer Art, und es ist unsere unvermeidliche Verantwortung, sie zu schützen und zu fördern, zum Wohle aller Lebewesen, die die Erde bewohnen – unsere kostbare Heimat im Universum.

März 2007

ERSTER TEIL

PRINZIPIEN FÜR EIN GLOBALES KOOPERATIVES FORUM

EINLEITUNG ZUM ERSTEN TEIL

Adi Da's Vision eines Globalen Kooperativen Forums

Es ist jetzt allgemein bekannt, dass sich das Erdsystem in einem rapiden Prozess der Auflösung und Zerstörung befindet, der vielleicht schon bald unumkehrbar sein wird. Die menschliche Welt ist von Energiekrisen, hemmungsloser Ausbeutung der Ressourcen und einer immer größeren Kluft zwischen Arm und Reich gekennzeichnet. Dazu kommen vielerorts Übervölkerung, Mangel an Nahrung, ein Zusammenbruch gesellschaftlicher Strukturen, politische Unterdrückung und kriegerische Auseinandersetzungen.

Angesichts all dieser Bedrohungen versagt die menschliche Gesellschaft. Sie ist außerstande, sich selbst so zu organisieren, dass sie weltweit für einen Zustand der Integrität sorgen kann. Stattdessen herrscht ein chaotisches Durcheinander von Nationalstaaten, ethnischen und religiösen Gruppierungen, internationalen Organisationen, zivilgesellschaftlichen Einrichtungen und multinationalen Konzernen, die alle unabhängig nach eigenen Regeln agieren und sich nur teilweise (wenn überhaupt) auf das größere Ganze beziehen. Die Folge davon ist ein zunehmendes Ungleichgewicht und Gegeneinander, das die Menschheit und den Erdball zu vernichten droht.

Im vorliegenden Buch ruft der Weltfreund Adi Da zu einer globalen Umkehr auf. Er schlägt vor, ein »Globales Kooperatives Forum« zu errichten, das als eine einzigartige weltumspannende Einrichtung konzipiert ist und sich auf die Wahrheit der immer-schon-bestehenden Einheit gründet.

Wie es zur Idee des Globalen Kooperativen Forums kam

Während des Kosovo-Kriegs im Jahr 1999 richtete ein Mitglied der Flüchtlingskommission der Vereinten Nationen die Bitte an Adi Da, in einem offenen Brief auf die großen, die ganze Menschheit bedrohenden Probleme aufmerksam zu machen. Adi Da reagierte sofort und schrieb einen leidenschaftlichen Appell an die Menschen, der veröffentlicht und darüber hinaus auch einigen einflussreichen Persönlichkeiten übergeben wurde. Dieser »offene Brief« bildet den Kern der späteren ausführlicheren Darlegungen in *Nicht-Zwei ist Frieden*. Adi Da forderte die Menschheit darin auf, ihre »Stammes«-Konflikte aufzugeben und das »Gesicht zu verlieren«, das heißt, sich offen mit all ihren Begrenzungen zu zeigen, ohne sich hinter einer Maske aus Macht oder Einfluss zu verstecken. Nur so könne die Menschheit echte moralische Autorität entwickeln und insgesamt vorankommen. Er rief die Menschen auf, die immer-schon-bestehende Einheit zu erkennen, in der alles von-Natur-aus miteinander verbunden ist, und sich auf dieser Basis mit allen globalen Anliegen zu befassen, anstatt in ihrer Zersplitterung die Möglichkeit eines zivilisierten Lebens auf dem Planeten zu zerstören. Adi Da betonte die Notwendigkeit einer neuen Institution, des Globalen Kooperativen Forums, das diesen Umschwung initiieren solle, um – »von der Arbeitshypothese der immer-schon-bestehenden Einheit der Menschheit ausgehend« – eine neue kooperative Ordnung zu begründen.

> *Die Menschen müssen in aller Bescheidenheit akzeptieren, dass die rechtmäßige Position des Menschen (und aller anderen Lebewesen) in der von-Natur-aus unteilbaren Weltfamilie aller Menschen und aller übrigen Erdbewohner nicht die »Ego-Position« einer immer-schon-bestehenden »Uneinigkeit« (und folglich des Getrenntseins, des Separatismus und des Herrschaftsanspruchs), sondern die »Herz-Position« der immer-schon-bestehenden Einheit (und folglich der Ego-transzendierenden Kooperation und Toleranz) ist …*
>
> *Dieser Aufruf zum Frieden und zu einem naturgemäßen Leben ist daher ein absolutes moralisches Gesetz. Dieses Gesetz lässt sich passend in der Formel »Kooperation + Toleranz = Frieden« oder kurz K + T = F ausdrücken.*
>
> *Es ist unumgänglich, dass die Menschheit als ganze sich diese universelle moralische Einstellung formell zu eigen macht und wirklich in die Tat umsetzt.*
>
> Adi Da, *Nicht-Zwei ist Frieden*

DIE IMMER-SCHON-BESTEHENDE EINHEIT

(ein zentraler Begriff in *Nicht-Zwei ist Frieden*)

Für dieses Buch und Adi Da's Vision von einem Globalen Kooperativen Forum ist der Begriff »immer-schon-bestehende Einheit« von zentraler Bedeutung. Damit meint er den auf nichts zurückführbaren Zustand des Seins, in dem die Welt und alle Dinge ständig entstehen und vergehen. Dieser Urzustand des Seins ist – ungeachtet der augenscheinlichen Getrenntheit der Geschehnisse in ihm – seinem Wesen nach eins und unteilbar. Dies wird uns verständlich, wenn wir das Meer betrachten, das als eine einzige Wassermasse ein ständig wechselndes Muster einzelner Wellen hervorbringt.

So verstanden, spiegelt sich die immer-schon-bestehende Einheit in jeder Dimension der Welt und des menschlichen Daseins. Seit mehr als hundert Jahren führen uns die Physiker immer deutlicher vor Augen, dass der Kosmos keine bloße Anhäufung getrennter Partikel, sondern ein einheitliches Energiekontinuum ist. Gleichzeitig haben Biologen gezeigt, dass die gesamte menschliche Spezies nahezu die exakt gleiche genetische Struktur besitzt und dass die augenscheinlichen ethnischen Unterschiede ein sehr oberflächliches Phänomen sind.

Adi Da sagt, dass ein klares Bewusstsein von der Wahrheit der immer-schon-bestehenden Einheit die Menschen zu intelligentem gemeinsamem Handeln befähige – einem Handeln, das von der Einheit als immer schon gegeben ausgeht, anstatt dass die Einheit durch das Handeln erst mühsam »hergestellt« werden muss. Mit anderen Worten, die »reale« oder »realistische« Politik unserer Zeit müsse aus der Erkenntnis der wirklichen grundlegenden Situation hervorgehen.

Gleichzeitig weist Adi Da jedoch auch auf das Hindernis hin, das solch intelligentes Handeln vereitelt – das »Ego«. Das Ego beruht auf der falschen Annahme, es gäbe wirklich Getrenntheit. Das Ego schafft und ist »Zweiheit« – das Gefühl von einem »Selbst«, das »anderen« gegenübersteht. Adi Da setzt das Wort »Selbst« immer in Anführungszeichen, wenn er vom getrennten »Selbst« spricht, das nur angenommen wird, aber keine reale Existenz besitzt. Die menschliche Gesellschaft beruht auf dem Ego oder der »Zweiheit« von Subjekt und Objekt. Die immer-schon-bestehende Einheit ist »Nicht-Zwei«. Und »Nicht-Zwei« ist Frieden.

Die Aufgabe des Globalen Kooperativen Forums

Wie soll das Globale Kooperative Forum zustande kommen? Wie würde sich eine Ausrichtung auf die immer-schon-bestehende Einheit nicht nur im persönlichen Leben, sondern auch in der Gesellschaft konkret auswirken? Im ersten Teil, den »Prinzipien für ein Globales Kooperatives Forum«, erläutert Adi Da diese Vision.

Ein Globales Kooperatives Forum, das auf dem Prinzip der immer-schon-bestehenden Einheit beruht, würde alle Menschen auf der Welt repräsentieren und sich mit allen wichtigen Anliegen der ganzen Menschheit befassen. Adi Da verwendet den Ausdruck »alle-auf-einmal«, um die unmittelbare und einzigartige Kraft auszudrücken, die in der Menschheit freigesetzt wird, wenn sie aufwacht und sich ihrer selbst als einer einzigen Familie, eines Kollektivs und »Systems« bewusst wird, das eins mit dem ganzen Erdsystem ist und die Verantwortung dafür trägt.

Das Globale Kooperative Forum wäre eine Institution, die das Prinzip der immer-schon-bestehenden Einheit praktisch umsetzen und dem ganzen Erdsystem seine ursprüngliche Fähigkeit zurückgeben könnte, sich selbst zu korrigieren und zu organisieren. Es könnte die Integrität des Erdsystems auf allen Ebenen wiederherstellen und aufrechterhalten, indem es einen globalen kooperativen Prozess anleitet, durch den sich die Menschheit selbst regiert.

Wie das Globale Kooperative Forum operieren würde, wird zum Teil aus den Prinzipien klar, die Adi Da im ersten Teil (und im weiteren Verlauf) von *Nicht-Zwei ist Frieden* anspricht. Das Buch ist ein grundlegender Entwurf, der von »moralisch integren Personen« genauer ausgearbeitet werden muss, die in diesem Prozess eine führende Rolle spielen, weil sie – frei von jedem Selbstbild und allem »tribalistischen« Eigennutz – »alle-auf-einmal« zu repräsentieren vermögen.

Adi Da weist darauf hin, dass es keine globale Organisation gibt, die imstande wäre, mit der überaus komplexen jetzigen Weltsituation fertig zu werden, denn das herrschende Paradigma ist noch immer die Durchsetzung separater Eigeninteressen. Jeder will das Beste für

»TRIBALISMUS«

(ein zentraler Begriff in *Nicht-Zwei* ist *Frieden*)

Das Wort *Tribalismus* steht im Deutschen im engeren Sinn für Stammesbewusstsein und -zugehörigkeitsgefühl. Im erweiterten Sinne wird es auch für das Zugehörigkeitsgefühl zu jeder Art von Gruppe gebraucht.

Wenn Adi Da von »Tribalismus« spricht, verweist er damit auf das Ego in seiner kollektiven Form. Es ist seine Beobachtung, dass Gesellschaften nicht auf der Basis der Annahme, alle Menschen seien eine einzige Spezies, operieren, sondern von vermeintlichen »Unterschieden« ausgehen – von der Vorstellung »wir« und die »anderen«. Die Identifikation mit der eigenen Gruppe oder Gruppierung – dem Dorf, Stamm oder Staat, der Sippe, Religion oder Partei und so weiter – trägt entscheidend dazu bei, wie die Menschen denken und handeln: Sie nehmen instinktiv an, dass diejenigen, die nicht zur »eigenen Gruppe« gehören, »Fremde« sind. Dies sind Schlüsselwörter, die unsere menschliche Psyche und unsere gesellschaftliche und politische Sprache prägen.

Für Adi Da bedeutet »Tribalismus« also die Psychologie der Identifikation mit der eigenen Gruppe, die immer an die erste Stelle gesetzt wird. Er kritisiert damit nicht die positiven Bindungen zwischen den Mitgliedern einer Gruppe, sondern den Reflex der Getrenntheit. In den altindischen Upanishaden wird gesagt: »Sobald ein ›anderer‹ da ist, entsteht Angst.« Das gilt für die Gruppe oder das Kollektiv wie für den Einzelnen. Die Angst vor dem »anderen« ist die uralte Ursache aller persönlichen Konflikte und aller Kriege zwischen Kollektiven.

Es ist offensichtlich, dass der »Tribalismus« heute verheerende Folgen hat und vielleicht zu völligem Untergang führt. Die Erdsysteme brechen zusammen und die soziale, politische und wirtschaftliche Ordnung ist überall auf der Welt in der Krise. Die Nationalstaaten und Staatengemeinschaften sind nicht in der Lage, die globalen Notstände zu beseitigen. Es muss dringend ein neuer Prozess in Gang kommen, der von der immer-schon-bestehenden Einheit ausgeht.

sich herausholen und das globale Gemeinwohl (sowohl für die Menschen als auch für die Tiere und Pflanzen und das ganze Erdsystem) wird immer dem Eigennutz untergeordnet.

Die Menschen leiden unter dieser Situation oder nutzen sie aus oder beides. Es ist daher dringend ein Bewusstseinswandel nötig, ein Wechsel von der »tribalistischen« Mentalität zur globalen Verantwortung für das Ganze. Eine neue globale Institution ist erforderlich, die die ganze Menschheit – »alle-auf-einmal« – repräsentiert.

Ein solches Forum würde der Menschheit helfen, sich ihrer selbst als einer einzigen großen Kraft bewusst zu werden – der einzigen Kraft, die imstande ist, eine durchgreifende Änderung zu fordern und durchzusetzen, die alle Faktoren berücksichtigen würde. Der Zweck des Globalen Kooperativen Forums besteht darin, den Rahmen für eine auf Kooperation basierende globale Zivilisation zu schaffen, die die jetzige »Nicht-Zivilisation« ablösen würde, die auf einer ausbeuterischen, konsumorientierten Wirtschaft und den damit verbundenen militärischen Bestrebungen gründet.

Die Arbeitsweise des Globalen Kooperativen Forums

Im Globalen Kooperativen Forum würde jeder Repräsentant die ganze Menschheit vertreten, und nicht einen Teil oder einen Aspekt des Ganzen. Es gäbe daher keine »Fahnen«, Etiketten, Selbstbilder oder partikularen Interessen, die irgendeinen Vertreter beeinflussen könnten. Er würde seine nationale, religiöse, ethnische oder sonstige Identität beiseite lassen und nur als Mensch teilnehmen, der die gesamte Menschheit vertritt. (Damit würde jedoch nicht der Wert solcher Identitäten geleugnet, sondern es wäre nur ein Hinweis, dass die <u>Vertretung</u> persönlicher oder »tribalistischer« Identität im Globalen Kooperativen Forum fehl am Platz ist.) Zudem wären alle Vertreter gleichberechtigt und es gäbe keine Hierarchie.

Die Diskussion würde ausschließlich von der immer-schon-bestehenden Einheit ausgehen – mit anderen Worten, die grundlegende Orientierung wäre keine <u>Suche</u> nach Lösungen, sondern würde sich immer auf die <u>Umsetzung</u> derjenigen Lösungen konzentrieren, die

die immer-schon-bestehende Einheit nicht mehr behindern, sondern zur Geltung bringen würden.

Es würde jedoch nicht ausreichen, die Arbeitshypothese der immer-schon-bestehenden Einheit lediglich in die eine oder andere Situation zu »injizieren«. Das chronisch lecke globale Boot lässt sich nicht dadurch seetüchtig machen, dass man es hier und da abdichtet. Wenn das Prinzip der immer-schon-bestehenden Einheit sich wirklich effektiv auswirken soll, muss es zum leitenden Prinzip aller globalen Anliegen werden. Dies ist die Aufgabe des Globalen Kooperativen Forums.

VORBEMERKUNG DES VERLAGS

zur besonderen Schreibweise in *Nicht-Zwei* *ist* *Frieden*

Der Weltfreund Adi Da verwendet eine besondere Form von Großschreibung, um zwischen der gewöhnlichen Sprache (die die manifeste Wirklichkeit beschreibt) und der Sprache der nicht-manifesten Wirklichkeit zu unterscheiden. Wörter, die sich unmittelbar auf diese nicht-manifeste und egolose Wirklichkeit beziehen, werden von ihm durch Großschreibung hervorgehoben, auch wenn es sich dabei um Wortarten handelt, die normalerweise nicht groß geschrieben werden.

Adi Da verwendet häufig Anführungszeichen, um zu vermitteln, dass ein Begriff, von dem wir annehmen, er verweise auf etwas Reales, in Wirklichkeit nur eine Illusion beschreibt. Darüber hinaus weist Adi Da mit Anführungszeichen darauf hin, dass er einen Begriff mit einer neuen Bedeutung gebraucht. (Viele dieser Begriffe werden im Glossar am Ende des Buches erklärt.)

PRINZIPIEN FÜR EIN GLOBALES KOOPERATIVES FORUM

I

Die Gefahren des alten »Tribalismus« – und die Notwendigkeit eines Globalen Kooperativen Forums, das auf der immer-schon-bestehenden Einheit der Menschheit beruht

1.1 Die alte moralische, soziale und politische Ordnung der Menschheit ist jetzt tot.

1.2 Dies ist der Moment, in dem sich entscheidet, wie die Zukunft aussehen wird.

1.3 Sie wird entweder eine ungeheure Katastrophe mit sich bringen – oder sie wird zum Wendepunkt der Geschichte werden, an dem die Menschheit das dunkle Zeitalter des »Tribalismus« hinter sich lässt und in eine neue, kooperative Ordnung eintritt.

1.4 Die Menschen haben nur noch wenige Jahre Zeit, diese Entscheidung zu treffen und die neue Ordnung herzustellen.

1.5 Die jetzt lebenden Generationen müssen die Situation in Ordnung bringen – oder alles ist verloren.

1.6 Die alte Zivilisation beruht auf dem »Tribalismus«. Die neue Politik handelt von der Zivilisation der »Menschheit-als-Einheit«. Nur darin liegt die Chance auf eine tragfähige Zukunft. In einer »tribalistischen« Welt kann die Menschheit nicht überleben.

1.7 Seit dem 19. Jahrhundert stehen die einzelnen »Stämme« sich direkt gegenüber – und schreckliche, mit den Mitteln der Industriegesellschaft geführte Kriege waren die Folge.

1.8 Gleichzeitig wurden die verheerenden Auswirkungen menschlichen Handelns immer deutlicher sichtbar – sie reichen von globaler Erwärmung, Migration, städtischem Chaos und Mangel an lebensnotwendigen Ressourcen bis zu Armut und Krankheit.

1.9 Die Menschen stecken einen enormen Teil ihrer Energie in kriegerische Konflikte, anstatt sich mit den drängenden globalen Problemen zu befassen.

1.10 Jetzt ist weise Führung von größter Bedeutung. Diejenigen, die sich über die gegenwärtige Lage im Klaren sind und auch wissen, wie sie zu ändern ist, müssen die Unterstützung der Bevölkerung gewinnen.

1.11 Die Führung muss jetzt von Personen ausgehen, die ihr eigenes Leben diszipliniert und verantwortlich gestalten und sich nicht vom Sog der konventionellen Konsumgesellschaft mitreißen lassen.

1.12 Der moderne »Durchschnittsmensch« der Konsumgesellschaft ist ein Opfer der Propaganda und gibt sich Illusionen und de facto der Selbstzerstörung hin.

1.13 Der moderne »Durchschnittsmensch« ist ein Produkt des Machtsystems der Welt, das nur daran interessiert ist, »selbst«-bezogene, »selbst«-süchtige, verdummte egoische Konsumenten hervorzubringen.

1.14 Im Allgemeinen müssen sich Politiker dem Zeitgeist und den herrschenden Illusionen anpassen. Aber dafür ist es zu spät. Die Welt kann sich keine Führer leisten, die sich von den alten kulturellen und geistigen Prägungen bestimmen lassen.

1.15 Wenn das gegenwärtige globale Chaos nicht durch die Kraft der Wahrheit beseitigt wird, dann wird es auf andere Weise geschehen – zum Beispiel durch dunkle, materialistische und totalitäre Mächte.

1.16 Die Menschheit muss sich jetzt für ihr kollektives Überleben und Wohlergehen in der realen Welt entscheiden. Sie muss aufhören, sich politisch von alten Mythologien leiten zu lassen.

1.17 Es muss sich weltweit die Erkenntnis durchsetzen, dass es einen Weltfrieden nur dann gibt, wenn die Menschen über religiöse Mythologien und weltliche Ideologien hinausgehen.

1.18 Die alten »Stammes«-Mythologien mögen eine gewisse Nähe zur Wirklichkeit und zum Absoluten besitzen, aber sie sind menschliche Erfindungen und ihr Ausschließlichkeits- und Absolutheitsanspruch muss aufhören.

1.19 Wenn dies nicht geschieht, wird der psychotische Kampf um Vorherrschaft nur weiteres Unheil anrichten.

1.20 Die Geschichte kennt zahllose zerstörte Tempel und Monumente und eroberte Territorien. Aber die »Stammes«-Kriege des industriellen Zeitalters können das Verlorene nicht zurückgewinnen. Sie drohen vielmehr alles zu vernichten.

1.21 Atomwaffen sind Instrumente des totalen Kriegs. Der totale

Krieg ist kein Konflikt, den Armeen unter sich austragen. Er ist ein Krieg gegen die Bevölkerung.

1.22 Der totale Krieg ist obszön und verbrecherisch. Die ihn führen, sind bereit, für einen politischen Vorteil ganze Völker und überhaupt alles zu vernichten.

1.23 Hinter dem totalen Krieg steckt das Streben nach Weltherrschaft. Nur einem Nationalstaat oder einer Allianz von Nationalstaaten, deren Ziel die Weltherrschaft ist, kann der totale Krieg legitim erscheinen.

1.24 Im Laufe des 20. Jahrhunderts ist diese Art von Kriegführung weltweit üblich geworden – und sie wird auch im 21. Jahrhundert fortgesetzt.

1.25 Der totale Krieg ist absolut inakzeptabel. Deshalb muss das gegenwärtige kriegerische Gebaren aufhören, denn es ist dabei, die endgültige Katastrophe auszulösen.

1.26 Es ist nicht so, dass dieser oder jener Staat keine Atomwaffen besitzen sollte, sondern absolut kein Staat und überhaupt niemand sollte Atomwaffen haben.

1.27 Im Namen der Menschheit muss sofort dafür gesorgt werden, dass alle Atomwaffen vernichtet werden und dass ein Arbeitsverfahren für die Klärung aller offenen Punkte entwickelt wird.

1.28 Gegenwärtig herrscht eine Kultur des totalen Kriegs und des Todes, während die Menschen sich dem Konsum hingeben.

1.29 Die einzige Kraft auf der Erde, die den Trend zum totalen Krieg stoppen kann, ist die Weigerung der ganzen Bevölkerung, sich an dieser nihilistischen Kultur des totalen Kriegs zu beteiligen und an die Ideologien der Weltherrschaft zu glauben.

1.30 Die Ausrufung von Nationalstaaten, die auf ethnische und religiöse Traditionen gegründet sind, verursacht heute große Probleme. Die großen früheren Staatenbünde brechen auseinander.

1.31 Dieser Trend ist ein Ausdruck von »Tribalismus«. Er schafft isolierte Nischen der Macht, die auf alten Mythologien und Traditionen und auf der Trennung zwischen geografischen Zonen, Rassen und Klassen beruhen.

1.32 Diese verhängnisvolle Zersplitterung der Menschheit muss aufhören. Das genaue Gegenteil ist jetzt nötig.

1.33 Heute erlebt die Menschheit eine Verabsolutierung von »Stammes«-Mentalitäten. Genau das muss überwunden werden. Und dazu ist eine neue Form von politischer Orientierung erforderlich.

1.34 Jetzt ist eine richtige Führung gefragt, die sich für globale Kooperation einsetzt und von der immer-schon-bestehenden Einheit der Menschheit und der ganzen Erde ausgeht.

1.35 Die gesamte Bevölkerung der Erde muss sich auf umfassende Kooperation und Teilnahme ausrichten und mit dazu beitragen, dass ein Globales Kooperatives Forum entsteht, das diese Ausrichtung verkörpert und umsetzt.

1.36 Ein Globales Kooperatives Forum, das die ganze Menschheit vertritt, würde vom Prinzip der »immer-schon-bestehenden Einheit« ausgehen – also die grundlegende Einheit der Menschheit und des gesamten Daseins anerkennen.

1.37 Die Menschheitsfamilie wäre in einem Globalen Kooperativen Forum durch moralisch integre Führer vertreten, die fähig sind, die Bevölkerung der Erde zur Überwindung aller Trennung und zur Kooperation zu inspirieren.

1.38 Auf der Basis des grundlegenden Prinzips der immer-schon-bestehenden Einheit würde ein Globales Kooperatives Forum alle drängenden Themen der ganzen Menschheit angehen.

1.39 Die heutige Welt besteht aus Nationalstaaten. Diese müssten das Globale Kooperative Forum als Vertretung der ganzen Menschheit zulassen und mit ihm zusammenarbeiten. Dies ist jetzt die einzige konstruktive Politik für die Menschheit.

1.40 Die Aufteilung der Welt in Nationalstaaten ist das Überbleibsel einer Welt, in der die Menschen getrennte Gebiete besiedelten und in der Regel einen gewissen Abstand voneinander wahrten.

1.41 Es kann nicht funktionieren, wenn Repräsentanten der Nationalstaaten zusammenkommen, um globale Ordnung zu schaffen. Die globale Diskussionsrunde der »vielen Fahnen« repräsentiert die alte »tribalistische« Einstellung, die jetzt durch eine globale Kooperative ersetzt werden muss.

1.42 In dieser globalen Kooperative gäbe es eine Vielfalt, die jedoch nur Ausdruck der verschiedenen Kulturen und Texturen der Menschheit wäre. Alle Versuche, bestimmten menschlichen Gruppen eine herausgehobene und exklusive Stellung zu verschaffen, müssen unterbleiben.

1.43 Die Leitlinie des Globalen Kooperativen Forums besteht darin, dass die immer-schon-bestehende Einheit von allen-auf-einmal zur Basis globaler Politik werden muss.

1.44 Die Aufgabe des Globalen Kooperativen Forums besteht darin, sicherzustellen, dass die ganze Menschheit am globalen politischen Geschehen teilnimmt und alle-auf-einmal sich spontan selbst organisieren und Ordnung auf der Erde herstellen und erhalten.

1.45 Gegenwärtig wird die Macht der separaten Nationalstaaten dazu benutzt, weltweit Kontrolle über die Bevölkerung auszuüben.

1.46 Die Macht der Industrie und des Geldes ist jetzt sogar größer als die Macht der Regierungen und kontrolliert die ganze Welt.

1.47 Das Einzige, was diesen Mächten, die die ganze Erde zu zerstören drohen, Einhalt gebieten kann, ist die Kraft von allen-auf-einmal – die nicht die Macht des Mobs ist, sondern ein neues kooperatives System zur Lösung der Probleme.

1.48 Die Bemühungen von Nationalstaaten und Interessengruppen, die Menschen unter Kontrolle zu halten, werden nicht ewig erfolgreich sein. Früher oder später wird die Bevölkerung der Erde eine friedliche kooperative Gesellschaftsform einfordern.

1.49 Aus diesem Grund muss es ein Globales Kooperatives Forum geben, das in angemessener Form die ganze Menschheit repräsentiert und beteiligt.

1.50 Solch ein Globales Kooperatives Forum wäre nicht dazu da, ein Programm umzusetzen, das ihm von Nationalstaaten diktiert wird und den »Tribalismus« fördert, sondern es würde alle bestehenden politischen Institutionen in konstruktiver und kooperativer Weise instruieren.

1.51 Die Menschheit muss für sich selbst entscheiden und ihre Angelegenheiten selbst in die Hand nehmen – und das Globale Kooperative Forum ist das notwendige Instrument dazu.

1.52 Die Menschheit muss die Bürde ihrer Vergangenheit abwerfen. Sie muss über die Vergangenheit hinausgehen – so wie ein Schmetterling aus dem Kokon schlüpft oder die Schlange ihre alte Haut abstreift.

1.53 Das sich selbst organisierende System der Menschheit muss frei dafür sein, sich selbst in Ordnung zu bringen. Es darf nicht länger von den separatistischen Interessengruppen der »Stammes«-Ideologie daran gehindert werden.

1.54 »Nicht-Zwei« ist Frieden. »Nicht-Zwei« ist immer-schon-bestehende Einheit. Und umgekehrt gilt: »Zwei« ist Getrenntheit, immer-schon-bestehende Nicht-Einheit, »Verschiedensein«, Anderssein, Konkurrenzkampf, Gegnerschaft, Konfrontation, Chaos und Krieg.

1.55 Im »Raum« der Menschheit als einem Ganzen, dem »Raum« von allen-auf-einmal, gibt es keine »Zwei« – und keine »Fahnen«, keine Religionen und kein »Selbst«-Bild, das sich in exklusiver Form behaupten könnte. Die Menschheit muss vielmehr sich selbst repräsentieren und zusammenkommen, um eine neue globale Basis für die menschliche Existenz zu schaffen. Dies ist das große Projekt.

723

II

Die immer-schon-bestehende Einheit muss sich in institutioneller Form manifestieren

2.1 Jedes menschliche Kollektiv – sei es ein Haushalt, eine Familie, ein Dorf, ein Landkreis oder ein Staat – organisiert sich mithilfe von Vereinbarungen, Grenzen, Gesetzen, Regeln oder praktischen Maßnahmen, die gewährleisten sollen, dass es gut funktioniert.

2.2 Die Menschheit als ein Ganzes bildet in dieser Hinsicht eine Ausnahme. Sie organisiert nicht sich selbst, sondern ihre getrennten Teile, ihre »Stämme«. Sie besitzt kein Instrument, mit dem sie Ordnung in die Ganzheit bringen kann.

2.3 Der Grund dafür ist, dass bislang angenommen wird, die Menschheit als ein Ganzes unterliege einem anderen Prinzip – dem Prinzip der Konkurrenz, das Krieg, Auseinandersetzungen und Herrschaft des einen über den anderen hervorbringt.

2.4 Dahinter verbirgt sich die althergebrachte Vorstellung, dass alles, was außerhalb des eigenen Territoriums liegt, eine Art Wildnis sei.

2.5 Diese Vorstellung, »da draußen« sei nur Wildnis, ein Ort, den man nicht aufsuchen könne und solle, ist die Mythologie, mit der die Menschen jetzt die ganze Erdwelt betrachten.

2.6 Und da die Menschen die Erdwelt (als ein Ganzes) für eine

Wildnis halten, nehmen sie auch an, sie wären nicht verpflichtet, die Verantwortung für die Erdwelt zu übernehmen, sondern sollten diese Wildnis einfach meiden.

2.7 Aber es ist nicht mehr angebracht, die Erdwelt für eine Wildnis zu halten, denn sie ist zum eigenen Dorf, zur eigenen Stadt, zum eigenen Landkreis oder Staat geworden, zu einem Ort, für den die Menschen unweigerlich Verantwortung tragen.

2.8 Die Menschheit als ein Ganzes ist von-Natur-aus eine Einheit. Diese immer-schon-bestehende Einheit muss wie jeder andere Bereich des menschlichen Lebens eine institutionelle Form erhalten, die die Menschheit befähigt, selbst kooperativ und verantwortungsvoll ihre Aufgaben zu erledigen.

2.9 Der Ruf nach Veränderung in der Welt ist vielstimmig. Er kommt von vielen einzelnen Personen und zivilgesellschaftlichen Organisationen, die alle von einem notwendigen zukünftigen Wandel sprechen.

2.10 Es ist im Interesse derer, die an den Schalthebeln der Macht sind, dass die Stimmen, die nach einer geeinten friedlichen Welt rufen, getrennt und schwach und angreifbar bleiben.

2.11 Nichtstaatliche Organisationen arbeiten gewöhnlich innerhalb der Machtsphären des globalen »Tribalismus«. Sie müssen stattdessen Teil der globalen Kraft von allen-auf-einmal werden.

2.12 Das Globale Kooperative Forum würde den institutionellen Rahmen für eine nicht-»tribalistische« Welt bilden, die auf der immer-schon-bestehenden Einheit beruht und im Interesse aller-auf-einmal agiert.

2.13 Das Globale Kooperative Forum muss eine umfassend handlungsfähige Institution sein. Es darf nicht auf eine bloße Idee reduziert werden, mit der alle möglichen getrennten Parteien sich angeblich identifizieren.

2.14 Bloße Ideen führen nicht zu einer Institution, die auf der immer-schon-bestehenden Einheit beruht. Das Globale Kooperative Forum muss von allen geschaffen werden – und zwar von allen-auf-einmal.

2.15 Der Widerstand gegen die Vorstellung einer echten globalen Kooperative ist gewaltig. Es sollte jedoch klar sein, dass eine echte globale kooperative Ordnung nicht ein globaler Superstaat sein kann (der zwangsläufig totalitäre Züge hätte), sondern eine Ordnung, an der alle Menschen sich frei und ungehindert beteiligen.

2.16 Ein die ganze Welt umspannender Superstaat ist jedoch genau das, worauf die großen kriegerischen Staaten sich zubewegen. Jeder von ihnen will der Sieger sein und totalitäre Kontrolle über die ganze Welt ausüben.

2.17 Dies darf in keinem Fall zugelassen werden.

2.18 Das Globale Kooperative Forum lässt sich nicht von einem Gremium hochrangiger moralisch integrer Personen schaffen, die einfach nur öffentlich erklären, dass dies notwendig ist.

2.19 Die Aufgabe des Anfangsgremiums besteht darin, eine Verbindung mit der ganzen Menschheit herzustellen.

2.20 Ohne die Teilnahme der ganzen Bevölkerung der Erde wäre das Globale Kooperative Forum nur eine weitere Gruppe hochrangiger Personen, die hehre Ideen verbreiten und sich abmühen, sie umzusetzen. Es wäre dieselbe alte Geschichte.

2.21 Die anfängliche Gruppe, die das Globale Kooperative Forum initiieren und leiten würde, bestände aus Personen, die alle Illusionen über die Macht verloren haben und sich darüber im Klaren sind, dass die gegenwärtigen Anstrengungen nicht ausreichen, um die Lage der Menschheit entscheidend zu ändern.

2.22 Wenn das Anfangsgremium weiß, wie es die Verbindung zur Menschheit herstellen kann, und dies dann auch tut und sich als die richtige Vertretung der globalen Bevölkerung etabliert, wird das Globale Kooperative Forum spontan entstehen.

2.23 Es ist unabdingbar, dass die nahezu sieben Milliarden Menschen an dem Prozess beteiligt werden. Das bedeutet, dass die Menschen sich alle-auf-einmal als eine Ganzheit bewusst werden müssen.

2.24 Das Anfangsgremium muss sich mit allen-auf-einmal verbinden und sie befähigen, sich zu artikulieren.

2.25 Alle-auf-einmal müssen in der Lage sein, sich Gehör zu verschaffen und zu fordern, dass alle ihre Anliegen positiv und effektiv angegangen werden.

2.26 Dieser Prozess ist noch nicht im Gang. Niemand hat je versucht, die Verbindung zu den fast sieben Milliarden Menschen herzustellen.

2.27 Das Globale Kooperative Forum ist die institutionelle Form, in der die fast sieben Milliarden sich organisieren können.

2.28 Das Anfangsgremium ist das Erste, was nötig ist. Es definiert die Themen und organisiert die Verbindung zur ganzen Menschheit. Dann kann ein effektiver Prozess beginnen, in dessen Verlauf alle in den globalen Dialog eingebunden werden.

2.29 Das Internet ist das notwendige Instrument zur Herstellung dieser allseitigen Verbundenheit.

2.30 Die ganze Bevölkerung der Erde muss täglich Zugang zu den Websites des Globalen Kooperativen Forums haben und muss dann – auf der Basis eines geordneten und effektiven Kommunikationsprozesses – ihre Angelegenheiten erledigen.

2.31 Es ist zu klären, wie das Globale Kooperative Forum zu organisieren ist, damit es sämtliche Anliegen bewältigen kann, mit denen sich die Menschheit als ein Ganzes befassen muss.

2.32 Alle vorrangigen Aufgaben müssen klar umrissen werden – und die erforderlichen Vereinbarungen sind zu treffen.

2.33 Die Mobilisierung der ganzen Bevölkerung der Erde ist keine merkwürdige Form von Revolution. Sie ist ein geordneter Prozess, der dazu dient, die anstehenden Aufgaben zu bewältigen. Es gibt bisher kein Instrument dafür und nicht einmal ein Bewusstsein davon, dass es benötigt wird.

2.34 Aber genau darum geht es beim Globalen Kooperativen Forum: Es geht um eine einzigartige und völlig andere Einstellung als bisher, eine klare Ausrichtung auf die immer-schon-bestehende Einheit.

2.35 Um das Globale Kooperative Forum zu etablieren, bedarf es »lauterer Krieger«, die die Wahrheit der immer-schon-bestehenden Einheit in die menschliche Sphäre bringen, in der die Wahrheit noch nie wirklich Fuß gefasst hat.

2.36 Es ist nicht möglich, zur Einheit in der menschlichen Welt zu »gelangen«. Man muss mit ihr anfangen, von ihr ausgehen. Dann wird der Prozess alles Weitere mit sich bringen.

2.37 Das Globale Kooperative Forum muss von der Annahme der immer-schon-bestehenden Einheit ausgehen – und das ist eine völlig andere Art, wie Menschen sich selbst regieren. Diese Form gemeinsamer Selbstregierung hat es noch nie gegeben, da die Menschheit bisher immer in zahllose Individuen und Staaten oder »Stämme« aufgeteilt war.

2.38 Die »Stämme« existieren noch und die »Stammes«-Mentalität besteht noch. Aber die »Stämme« vernichten sich auch alle gegenseitig. Die »tribalistische« Welt ist nur noch wie ein totes Gerippe, sie hat sich als nicht lebensfähig erwiesen.

2.39 Etwas Neues kann und muss die »tribalistische« Welt ablösen – etwas, das im Kern authentisch ist, das die wesentlichen menschlichen Angelegenheiten verantwortungsbewusst in die Hand nehmen und neue Grundlagen für das menschliche Leben schaffen kann, anstatt endlos zu versuchen, sich in den bestehenden Verhältnissen zu behaupten.

2.40 Einheit ist immer schon der Fall und das Alte ist schon zu Ende. Wenn klar wird, dass das, was war, schon vorbei ist, kann große Klarheit entstehen.

2.41 Dies ist der »Ground Zero«* in der menschlichen Geschichte. Damit ist aber nicht einfach die leere Grube in New York gemeint. Die ganze Welt befindet sich am »Ground Zero«. Die ganze Basis für eine positive menschliche Zivilisation ist völlig vernichtet.

2.42 Die immer-schon-bestehende Einheit kann also zur Ausgangsbasis für die Errichtung einer völlig neuen Zivilisation werden,

* Der Ausdruck »Ground Zero« bezeichnet ursprünglich die Detonationsstelle einer Bombe oder Atombombe. Seit den Terroranschlägen des 11. September 2001 ist damit vor allem die Stätte der ehemaligen Twin Towers in New York gemeint. Im übertragenen Sinn bedeutet es einen völligen Zusammenbruch und absoluten Neuanfang. (Anm. d. Übersetzers)

die keine Zivilisation von »Stämmen« ist, sondern eine Zivilisation der gesamten Menschheit.

2.43 Die Generation, die gerade erwachsen wird, besitzt große Energie für das, was jetzt zu schaffen ist. Ihre vitale Kraft, ihre allseitige Vernetzung und ihr Impuls, für das Richtige einzustehen, müssen in dem großen Prozess zur Geltung kommen, der jetzt bereits überall auf der Welt zutage tritt.

III

Konkurrenzkampf, immer-schon-bestehende Einheit und Selbstmanagement

3.1 Die heutige Situation ist von weltweitem Konkurrenzkampf um Güter und Macht bestimmt.

3.2 Dieser Kampf ist maßlos und entzieht sich jeder Kontrolle. Es gibt keine Kraft, die für das Ganze eintritt und alles am Wohl des Ganzen ausrichtet.

3.3 Dieser Mangel an Kontrolle schadet nicht nur der Umwelt, sondern allen Bereichen des menschlichen Lebens.

3.4 Es gibt kein übergreifendes Prinzip, das Konsumenten in ihrem Drang zu konsumieren so disziplinieren könnte, dass sie nicht das System zerstören, von dem alles Leben abhängt.

3.5 Die Vorstellung, Konkurrenzkampf könne irgendwann zu Gerechtigkeit und Nachhaltigkeit führen, wird idealisiert – und in der Zwischenzeit ist jeder Exzess erlaubt.

3.6 Unter bestimmten Bedingungen ist Konkurrenzkampf durchaus in Ordnung und richtet in den großen Systemen, von denen das Leben abhängt, keinen Schaden an. So kann ein sportliches Kräftemessen zum Beispiel die Teilnehmer über die eigenen Begrenzungen hinausgehen und kreativ werden lassen.

3.7 Der einzige Konkurrenzkampf, der legitim ist, findet im Rahmen der immer-schon-bestehenden Einheit statt. Doch heute beruht aller Konkurrenzkampf auf der Annahme der Nicht-Einheit.

3.8 In Konsumgesellschaften konkurrieren alle Systeme miteinander. Die Konsumenten eines »Stammes« oder einer Gruppe streben danach, die großen Konsumenten zu sein und andere auszubeuten.

3.9 Wer herrscht, konsumiert. Die Unterlegenen oder Untergeordneten leben mit wenig oder in Armut.

3.10 Alle wollen jetzt ein »schönes Leben« haben und grenzenlos konsumieren. Aber das ist nicht möglich, weil die Erde nicht genügend Ressourcen dafür hat.

3.11 Die Regierungen fürchten sich davor, das wirtschaftliche Wachstum einzuschränken und die Verschmutzung und Zerstörung der Umwelt zu stoppen. Sie übernehmen in dieser Hinsicht keine Verantwortung.

3.12 Während der Amerikanischen Revolution wurde der Aufschrei laut: Steuer ohne Mitsprache ist Tyrannei. Dieser Aufschrei sollte jetzt von der ganzen Menschheit kommen. Alle Regierungen erheben Steuern, vertreten aber nicht in angemessener Weise die Interessen ihrer Bürger.

3.13 Die unkontrollierte Nutzung von Mitteln und Ressourcen seitens großer Wirtschaftsunternehmen, die im Prinzip niemandem Rechenschaft schulden, ist ein Teil des Missstands.

3.14 Die Regierungen haben Sorge dafür zu tragen, dass es für die Menschen weltweit angemessene Lebensgrundlagen gibt. Aber diese müssen in ein System eingebettet sein, das für Integrität sorgt und keine Exzesse zulässt, die das System zerstören.

3.15 Es muss ein Instrument der globalen Kooperation geben, das in den verschiedenen Bereichen der Industrie und Politik die erforderlichen Übergangsmaßnahmen einleitet. Ressourcen aller Art würden dafür eingesetzt werden, nach neuen Methoden und konkreten Lösungsansätzen zu forschen.

3.16 Es hat höchste Priorität, die immer-schon-bestehende Einheit in einem Globalen Kooperativen Forum zu institutionalisieren. Nur solch ein Forum könnte alle Themen systemorientiert angehen. Solange es dieses Forum nicht gibt, werden die Probleme sich nicht methodisch lösen lassen.

3.17 Jedes Einzelsystem innerhalb des ganzen globalen Systems muss demselben Prinzip folgen: Es muss auf der Basis der immer-schon-bestehenden Einheit operieren und diese durch die Disziplin des Selbstmanagements in der Praxis umsetzen.

3.18 Alle Probleme in den verschiedenen Bereichen des menschlichen Lebens lassen sich genau anhand der Begriffe »immer-schon-bestehende Einheit« und »Selbstmanagement« analysieren.

3.19 Für Wirtschaftsunternehmen und Regierungen bedeutet dies, dass sie – unter ständiger Beachtung des Prinzips der immer-schon-bestehenden Einheit – ihre Vorgehensweise systematisch mit der aller anderen und dem globalen Ganzen abstimmen müssen.

3.20 Die Einsicht darin, wie man in Übereinstimmung mit diesem Prinzip lebt und ihm durch Selbstmanagement Ausdruck verleiht, ist die Essenz und die praktische Umsetzung von Weisheit.

3.21 Und genau dies fehlt in der Welt. Die Menschen werden mit Propaganda dazu gebracht, an Unterschiede, Gegensätze und Konkurrenzkampf zu glauben.

3.22 Immer-schon-bestehende Einheit und Selbstmanagement gehören zusammen. Es ist sinnlos, Vorträge über die globale Erwärmung zu halten und zu hoffen, sie dadurch zu stoppen. Und ebenso wenig ist zu erwarten, die bloße Verbreitung der Idee der immer-schon-bestehenden Einheit werde zu Änderungen führen.

3.23 Das Prinzip der immer-schon-bestehenden Einheit muss daher zur führenden Kraft werden, die das System effizient steuert. Es muss den »Knüppel aus den Speichen« des Systems herausziehen und Ergebnisse erzielen, die von der Gesamtheit beabsichtigt oder gewünscht sind.

3.24 Wenn der Input oder der »Knüppel«, der das Chaos verursacht, beseitigt wird, kann das System die Einheit und das Gleichgewicht der Erdwelt wiederherstellen. Mit anderen Worten, alles, was Chaos und Nicht-Einheit auf der Welt erzeugt, muss durch verantwortungsbewusste Entscheidungen der ganzen Menschheit eliminiert werden.

3.25 Das ganze Tun der Menschen – Industrie und Regierungen eingeschlossen – sollte sich auf dieses Globale Kooperative Forum ausrichten. Dann werden alle Bereiche vernetzt und es wird eine Methode zur Regulierung des ganzen globalen Systems geben.

3.26 Dies wäre ein Prozess, der auf Prinzipien beruht, und kein Machtspiel zwischen konkurrierenden Interessengruppen. Konkurrenzkämpfe und Streitigkeiten würden mit den Mitteln dieses größeren notwendigerweise institutionalisierten Systems beseitigt, das in der Lage ist, Exzesse zu verhindern.

3.27 Es gibt eine Allumfassende Bewusste Kraft, die Unteilbar, egolos, Akausal und Absolut ist – und alles, was in Erscheinung tritt, ist eine augenscheinliche Modifikation dieser Kraft.

3.28 Die Wirklichkeit an sich ist eine immer-schon-bestehende Einheit. Alles, was in Erscheinung tritt, ist daher ein Teil dieser Einheit. Die Dinge sind nicht bloß irgendwie miteinander verbunden, sondern alles tritt in Dem in Erscheinung, Was Unteilbar und aus-sich-heraus Göttlich ist.

3.29 Das hat nichts mit Religion zu tun, sondern ist eine Spirituelle Realität. Und es hat auch nichts mit »Stammes«-Unterschieden zu tun und ist kein Gegenstand, über den zu diskutieren wäre, sondern es ist eine durch und durch menschliche Realität. Das, Was Eins und offensichtlich Göttlich ist, Transzendiert alle Religionen und Unterschiede. Und »Es« ist auch selbst von nichts »verschieden«.

3.30 Gegenwärtig wissen die Menschen nicht, dass das Prinzip der immer-schon-bestehenden Einheit dasselbe ist wie das Prinzip der Wirklichkeit an sich und dass es deshalb alles Durchdringt. Es ist daher notwendig, die Menschen darin zu unterrichten, dass die immer-schon-bestehende Einheit eine essenzielle Eigenschaft der Wirklichkeit an sich und folglich die wahre Natur der Dinge ist.

3.31 Auf dieser Grundlage lässt sich das Selbstmanagement sowohl in das Leben des Einzelnen als auch in jede Form von Vereinigung und Kollektiv einführen.

IV

Die Globalisierung der Menschheit auf kooperativer Grundlage

4.1 Die Globalisierung der Industriegesellschaft hat bis zu einem gewissen Grad funktioniert, aber sie hat ein weltweites Ungleichgewicht heraufbeschworen. Jede weitere Globalisierung der Industriegesellschaft würde die Umwelt nur noch mehr verschmutzen und ein noch größeres Chaos im Leben der Menschen nach sich ziehen.

4.2 Die industrielle Produktion belastet mit ihren Abfallstoffen die Luft und die ganze Umwelt. Sie trägt so zur globalen Erwärmung bei und hat auf vielen Gebieten verheerende Auswirkungen.

4.3 Deshalb muss die globale Zusammenarbeit der Menschheit auf andere Art organisiert werden. Alle Bereiche des menschlichen Lebens müssen als Kooperative organisiert werden.

4.4 Die kooperative Erzeugung der Nahrungsmittel würde zum Beispiel das Bestreben ersetzen, der ganzen Erdbevölkerung Zugang zu den Produktionsmitteln der Agrarindustrie zu verschaffen.

4.5 Die industriellen Methoden der Nahrungsmittelproduktion sind gegenwärtig mit einer katastrophalen Ausbeutung der Tierwelt verbunden. Und der Boden wird durch die Monokulturen der industrialisierten Landwirtschaft zerstört.

4.6 Eins der Ziele des Globalen Kooperativen Forums bestände darin, die Menschen von ihrer ausschließlichen Abhängigkeit von den industriellen Methoden zu befreien. Das Globale Kooperative Forum würde dafür sorgen, dass die natürlichen Ressourcen auf der lokalen und auf jeder anderen Ebene kooperativ verwaltet werden.

4.7 Alle Ressourcen gehören letztlich der Erde – und deshalb allen-auf-einmal – und nicht einzelnen Personen oder Gruppen, die sie zum eigenen Vorteil ausbeuten.

4.8 Eine globale Kooperative, die alle zum Leben notwendigen Dinge erzeugt, indem sie die Ressourcen der Erde verantwortlich nutzt, muss den Vorrang vor der Machtpolitik haben, die durch die Abhängigkeit vom Erdöl bestimmt wird.

4.9 Es gibt zwei Formen von Abhängigkeit, die globales Ausmaß angenommen haben und überwunden werden müssen: die Abhängigkeit vom Erdöl und die Abhängigkeit von tierischen Nahrungsmitteln.

4.10 Diese beiden Formen von Abhängigkeit haben weitreichende politische, soziale und wirtschaftliche Folgen und sind mit einflussreichen industriellen Machtkartellen verbunden.

4.11 Die Nutzung fossiler Brennstoffe verursacht bereits globale Erwärmung und extremes Wetter und wirkt sich auch global negativ auf Wirtschaft und Politik aus.

4.12 Auch die Haltung von »Nutztieren« spielt eine große Rolle bei der Erderwärmung, denn die Tiere produzieren eine riesige Menge Methangas. Und die Massentierhaltung wird mithilfe fossiler Brennstoffe betrieben.

4.13 Allmählich wird nun auch anerkannt, dass der regelmäßige

Verzehr tierischer Nahrungsmittel ernsthaft die Gesundheit bedroht.

4.14 Die menschliche Welt ist also sowohl durch den Abfall, den sie selbst produziert, als auch durch die Aufnahme toxischer Nahrungsmittel überbelastet. Diese Vergiftung durch toxische Energie und Nahrung ist die Hauptursache der problematischen Situation, mit der wir es heute zu tun haben – von der individuellen bis zur industriellen Ebene.

4.15 Das soll aber nicht heißen, dass die Industrialisierung aufgrund ihrer gegenwärtigen zerstörerischen Auswirkungen einfach nur als Feind zu bekämpfen wäre. Die Menschheit wird immer auf Wissenschaft und Technologie angewiesen sein.

4.16 Die bestehenden industriellen Strukturen sollten vielmehr umgestaltet und durch Umrüstung sollten neue Industrien aufgebaut werden.

4.17 Die jetzigen Unternehmen müssen daher reorganisiert werden und neue Produktionsverfahren einsetzen, die sich positiv auf die Erde und das Leben auf ihr auswirken. Zwangsläufig muss dabei auch die ungleiche Verteilung des Reichtums thematisiert werden.

4.18 Sobald es in einem Volk oder einem Nationalstaat oder einem Staatenverbund eine Klasse von Reichen gibt, verbreiten sich Gier und die Tendenz, sich »selbst« zu schützen und andere auszuschließen.

4.19 Unternehmen und einzelne Personen benutzen die Macht ihres Reichtums, um weitere Güter, weitere Macht und weiteres Land außerhalb der eigenen Kultur, des eigenen Staates oder Staatenverbundes zu erwerben.

4.20 Reiche Personen, Staaten und Unternehmen häufen jetzt überall auf der Welt immer mehr Eigentum und Güter an.

4.21 Die Macht des Reichtums zerstört überall das frühere Gleichgewicht – und das hat dramatische Folgen für das globale System.

4.22 Der »Tribalismus« führt daher nicht nur zu Militarismus, er äußert sich auch als Gier (die teilweise auf militärische Mittel zurückgreift).

4.23 Solange die Welt gespalten ist, wird diese Spaltung vom Machtstreben ausgenutzt. Ein globales kooperatives System hingegen würde verhindern, dass Nationen, Unternehmen und einzelne Personen ihren Reichtum und ihre Macht missbrauchen und das Gleichgewicht in der Welt stören.

4.24 Das Verlangen nach Reichtum und die Gier sind menschliche Eigenschaften, die als solche nicht verschwinden. Aber ein globales kooperatives System würde sich so organisieren, dass es imstande wäre, für Integrität zu sorgen und die destruktiven Konflikte zu vermeiden, die aus der massiven Störung des Gleichgewichts resultieren.

4.25 Es geht nicht darum, darauf zu warten, dass die von Gier motivierten Kräfte einlenken werden. Sie müssen vielmehr durch ein System in die Pflicht genommen werden, das der immerschon-bestehenden Einheit des Ganzen Geltung verschafft.

4.26 Es ist die Aufgabe des Globalen Kooperativen Forums, das Fehlen systematischer Verantwortung durch systematische Ordnung und Integrität zu ersetzen – durch ein System, das sich ständig selbst regiert, organisiert, korrigiert und in Ordnung bringt.

4.27 Das Globale Kooperative Forum ist »das Management globaler

Systeme«, um es technisch auszudrücken. Aber es ist auch ein ganz menschlicher Mechanismus, ein Mechanismus der Kooperation. Es gibt der Menschheit als einem Ganzen nicht nur eine Stimme, sondern auch ein Instrument.

4.28 Das Globale Kooperative Forum ist zugleich auch die Stimme der Erde als eines globalen Systems.

4.29 Der wirkliche Zweck der Verbreitung von Wissen besteht nicht darin, den Menschen die Basis für Macht und Ausbeutung zu verschaffen, sondern ihnen eine Grundlage für Kooperation zu geben.

4.30 Die menschliche Welt, die von dem Globalen Kooperativen Forum gemanagt würde, wäre eine Welt der Teilhabe und Teilnahme und kein totalitärer Staat, der einfach bestimmte Leitbilder durchsetzt und die Menschen kontrolliert.

4.31 Das Globale Kooperative Forum sollte eine Institution sein, die die universelle Verbindung zwischen allen Menschen fördert. Diese Wiederverbindung geschähe auf der Basis gegenseitigen Vertrauens und der Kooperation und würde der generellen Tendenz egoischer Zivilisation entgegenwirken, die Konkurrenz zwischen Menschen und Staaten zu betonen.

4.32 Es geht darum, dass die Menschheit als ein Ganzes die Kooperation zum herrschenden Modell macht, doch nicht als Ordnung um ihrer selbst willen (denn bloße Ordnung kann die Kooperation unterdrücken), sondern um eine kooperative Ordnung herzustellen, die dem Wohl aller-auf-einmal dient.

4.33 Das Globale Kooperative Forum ermöglicht allen, kooperativ an einem Prozess teilzunehmen, der das Überleben und Wohlergehen jedes Einzelnen und der Gesamtheit sicherstellt.

4.34 Wenn das Globale Kooperative Forum die alten »tribalistischen« Strukturen ablöst, wird diese Transformation alles verändern, auch den industriellen und wirtschaftlichen Bereich.

4.35 Das »tribalistische« System ist immer mit Personen in hohen Positionen verbunden, die den ganzen »Stammesbereich« regieren. Aber im Rahmen der Aktivitäten, die im Kollektiv der ganzen Menschheit stattfinden, gibt es keine Personen in »hoher Stellung«, denn das wäre ein Zeichen von »Tribalismus«.

4.36 Es wäre daher falsch zu erwarten, dass ein Gremium von Personen in »hoher Stellung« geeignet wäre, das Management der Menschheit und ihrer Interessen zu übernehmen.

4.37 Im Globalen Kooperativen Forum bestände die Versammlung der Repräsentanten nicht aus Personen in »hoher Stellung«. Die Vertreter besäßen keinen Status und hätten keine exklusive Position inne. Sie könnten sogar Kleidung derselben Farbe tragen, wenn sie zu einer Sitzung zusammenkommen, um sichtbar zu machen, dass es keine Unterschiede gibt.

4.38 Die Welt des Menschen muss grundlegend umgestaltet werden – und dazu wird ein Prozess benötigt, durch den diese völlig neue Struktur sich wirklich realisieren lässt.

4.39 Die alte Ordnung wird alles tun, ihr Fortbestehen zu sichern. Doch eines Morgens wird sie aufwachen und feststellen, dass es an ihrer Stelle jetzt ein Globales Kooperatives Forum gibt.

V

Die Menschheit muss die Kooperation mit dem verweigern, was nicht in Ordnung ist, und sich stattdessen einer Politik zuwenden, die auf der offensichtlichen Wahrheit der immer-schon-bestehenden Einheit beruht

5.1 Das Globale Kooperative Forum wäre keine Art von Weltparlament, das Ideen produziert und Dinge sagt wie »Würdet ihr Regierungen bitte mitmachen?« oder »Würdet ihr Unternehmen euch bitte anders verhalten?«

5.2 Was jetzt geschieht, ist ein globaler Zusammenbruch – und es wird nicht gelingen, ihn allein durch aufklärerische Maßnahmen und Appelle an den guten Willen der Menschen zu stoppen.

5.3 Das Globale Kooperative Forum braucht die nahezu sieben Milliarden Menschen, die darauf bestehen, dass ein grundlegender Wandel stattfindet.

5.4 Die Fast-sieben-Milliarden können einerseits miteinander kooperieren und an einer globalen Kooperative teilnehmen. Andererseits können sie aufhören, sich an Praktiken und Systemen zu beteiligen, die dem menschlichen Leben und Wohlergehen nicht dienen. Diese Fähigkeit der Nicht-Kooperation mit dem Status quo gibt dem globalen Kollektiv seine Kraft.

5.5 Ein Wandel kann eintreten, wenn die Menschheit versteht, worum es jetzt geht. Sie muss sich in organisierter Form weigern, das zu unterstützen, zu kaufen und zu konsumieren, was prinzipiell und eindeutig nicht in Ordnung ist.

5.6 Das wäre keine Revolution und keine Aktion, die negative Ziele verfolgt. Es würde einfach nur bedeuten, dass die Menschheit als ein Ganzes ihre Kraft benutzt und systematisch die eigenen Angelegenheiten erledigt.

5.7 Als fragmentierte Gruppen oder »Stämme« sind die Menschen nicht in der Lage, die menschliche Sphäre wirklich zu ändern, aber die Menschheit als ein Ganzes besitzt diese Fähigkeit von-Natur-aus und muss sie daher zu ihrem Vorteil einsetzen.

5.8 Es geht nicht um kleine, einzelne Versuche, die Situation zu ändern. Entscheidend ist vielmehr, dass die ganze Menschheit ständig in Kommunikation steht und kooperiert und als eine einzige Kraft alles angeht, was anders werden muss.

5.9 Die Methode kollektiver Nicht-Kooperation ist am effektivsten, wenn sie von ganzen Bevölkerungen und am besten von der ganzen Menschheit angewandt wird.

5.10 Tatsächlich wird die Methode gewaltloser Nicht-Kooperation nur dann Erfolg haben und nicht zu Trennung und Uneinigkeit führen, wenn sie von allen-auf-einmal praktiziert wird.

5.11 Wenn gewaltlose Nicht-Kooperation nur in bestimmten räumlich getrennten Gebieten praktiziert wird, kann es zur Spaltung in feindliche Lager und zu Gewalttätigkeiten kommen, auch wenn die ursprünglichen Ziele völlig gewaltfrei waren.

5.12 Gewaltlose Initiativen in Gebieten, wo Gewalt herrscht, müssen durch die größere Gemeinschaft von allen-auf-einmal wirksam beschützt werden. Dies ist die Kraft, die überall Machtmissbrauch und Gewaltherrschaft unterminiert.

5.13 Wenn die Methode gewaltloser Nicht-Kooperation von der ganzen Menschheit angewandt wird, gibt es de facto keine »andere« Seite.

5.14 Wenn das ganze System das Prinzip der immer-schon-bestehenden Einheit anwendet, wird das Ergebnis immer nur positiv sein, denn dann wird die Integrität des Erdsystems, das von-Natur-aus eine Einheit ist, wiederhergestellt.

5.15 Das Globale Kooperative Forum ist ein neues Fundament für die Politik, die Gesellschaft, die Kultur, die Wirtschaft und die ganze Menschheit, aber man kann die Menschen nicht dazu überreden.

5.16 Wenn man fast sieben Milliarden Menschen dazu überreden müsste, an die immer-schon-bestehende Einheit zu glauben und sich für das Globale Kooperative Forum zu entscheiden, würde es nie seine Arbeit aufnehmen können.

5.17 Die immer-schon-bestehende Einheit und die Notwendigkeit, ihr in einem Globalen Kooperativen Forum Geltung zu verschaffen, müssen als unmittelbare und für das Herz offensichtliche Wahrheit dargestellt werden. Und auf dieser Basis ist jeder Mensch zur Teilnahme eingeladen.

5.18 Das Globale Kooperative Forum beginnt tatsächlich in dem Moment, in dem die Bevölkerung darüber informiert wird. Alle-auf-einmal sind schon deshalb sofort imstande, das Forum zu implementieren, weil sie davon hören und direkt erkennen, dass es offensichtlich das Richtige und Notwendige ist.

5.19 Die Wahrheit offenbart sich nicht im Kopf, sondern im Herzen. Sie ist keine Behauptung, die in Konkurrenz zu anderen Behauptungen steht. Die Wahrheit ist aus-sich-heraus offensichtlich, denn das Herz erkennt sie in dem Moment, in dem es sie empfängt.

5.20 Die Wahrheit ist eine Umarmung, genauso wie die Liebe. Niemand wird zur Liebe überredet. Sie ist offensichtlich das Richtige.

5.21 Man antwortet auf die Wahrheit genauso wie auf die Liebe, indem man sie einfach erkennt. Es geschieht jenseits aller Argumente und Überlegungen und ohne jedes Für und Wider.

5.22 Auch das Globale Kooperative Forum wird auf diese Weise zustande kommen. Es wird mit allen-auf-einmal entstehen, einfach weil es wahr und richtig ist. Es gibt keine Gründe dafür oder dagegen. Es ist unmittelbar und offensichtlich wahr, sobald die Menschen darüber unterrichtet werden.

5.23 Lediglich eine weitere nichtstaatliche Organisation zu gründen, die versuchte, alle Menschen durch Argumente und Diskussion von der Richtigkeit des Globalen Kooperativen Forums zu überzeugen und sie dafür zu gewinnen, würde nie zum Erfolg führen. Es wäre nur eine weitere Facette der »tribalistischen« Welt.

5.24 Die immer-schon-bestehende Einheit ist keine Vereinigung von vielen. Sie ist eine Einheit, die von-Natur-aus existiert und in der es kein Getrenntsein, kein »Verschiedensein«, kein Anderssein, keine Gegensätze und keine Dualität gibt. Sie ist eins.

5.25 Die Arbeitshypothese der immer-schon-bestehenden Einheit lässt sich daher auf alles anwenden. Auf dieser Basis kann sich alles selbst organisieren, korrigieren, in Ordnung bringen und weiterentwickeln.

5.26 Die Arbeitshypothese der immer-schon-bestehenden Einheit ist noch nie die Basis des menschlichen Handelns gewesen. Tatsächlich ist sie aber die Wahrheits-Basis des menschlichen Handelns, die Wirklichkeits-Basis des menschlichen Handelns und deshalb auch die Göttliche Basis des menschlichen Handelns.

5.27 Im Globalen Kooperativen Forum gibt es keine »Fahnen«, keine »Namensschilder«, keine »Transparente«, nichts Getrenntes und keine Gegner. Es ist von-Natur-aus gewaltlos – doch nicht als Strategie, sondern weil es keinen Gegner gibt, der zu besiegen wäre.

5.28 Wenn jemand die Wahrheit der immer-schon-bestehenden Einheit ablehnt, geht er ihr einfach nur aus dem Weg. Aber er wird dadurch kein Gegner.

5.29 Das Globale Kooperative Forum ist ein Forum von allen-auf-einmal, das auf der immer-schon-bestehenden Einheit beruht, und muss daher niemanden überreden oder zwingen. Jeder gehört von-Natur-aus zu diesem einen Prozess und ist an der immer-schon-bestehenden Einheit beteiligt, die in der Menschheit als einem Ganzen lebendige Gestalt annimmt.

5.30 Die globale Situation ist derart prekär, dass die notwendige Mobilisierung der Menschheit als einem Ganzen durch das Globale Kooperative Forum jetzt geschehen muss, damit die globale Umgestaltung aller Systeme in den nächsten Jahren stattfindet und alle Systeme im Rahmen des Gesamtsystems funktionieren können.

VI

Regeln der Teilnahme an einer globalen kooperativen Ordnung

6.1 Gegenwärtig hat die internationale Gemeinschaft keine wirksamen Mittel zur Lösung geopolitischer Probleme, denn sie handelt immer noch nach dem Modell konkurrierender »Stämme«. Es gibt keine Institution, die alle vertritt und sich so dem System als einem Ganzen effektiv widmen kann.

6.2 Die einzelnen Teile des Systems stehen einander immer als Gegner gegenüber. Diejenigen, die durchhalten oder sich rücksichtslos durchsetzen, übernehmen schließlich die Kontrolle über das System.

6.3 Die »Supermächte« umgehen gewöhnlich die Regeln und streben nach Vorherrschaft. Doch alle sind an diesem »tribalistischen« Machtkampf beteiligt, der nicht im Interesse der Menschheit ist, sondern sogar deren Überleben gefährdet.

6.4 Regeln und Rechenschaftspflicht sind für ein System essenziell. Jeder Gedanke, man könne sich vor Rechenschaft drücken, ist eine Lüge, die nur dem Eigeninteresse dient. Es ist die typische Einstellung, die alle Krisen verursacht.

6.5 Systeme korrigieren sich selbst. Aber wenn sie umgangen werden, wie es heute weltweit geschieht, dann können sie sich nicht mehr selbst korrigieren. Sie schlingern dann sozusagen mit einem Knüppel zwischen den Speichen bergab und zerstören sich unvermeidlich selbst.

6.6 Die internationalen Machtkämpfe müssen daher von einer auf Systemen beruhenden Ordnung mit klaren Regeln und Grenzen abgelöst werden. Nur ein System, das sich als eine Ganzheit darstellen und seine Regeln allen gegenwärtig halten kann, ist in der Lage, sich selbst zu korrigieren.

6.7 Eine vernünftige und positive globale Situation erfordert Regeln für die Teilnahme, die auf globaler wechselseitiger Abhängigkeit und der immer-schon-bestehenden Einheit beruhen. Sie kann nicht auf Nationalstaaten oder sonstigen Gruppen basieren, die militant reagieren, wenn sie provoziert werden, oder die ihren Machtbereich ausdehnen wollen.

6.8 Globale Probleme mit Sanktionen lösen zu wollen genügt nicht. Es sollten Regeln für die Teilnahme aufgestellt werden – und dann würden die Türen entweder geöffnet oder geschlossen, je nachdem, ob ein Staat oder eine andere Organisation sich an die Regeln hält oder nicht.

6.9 Weder Konkurrenz noch Herrschaft und Sieg über alle anderen, sondern Teilnahme sollte das sein, was alle schätzen – Teilnahme an einem globalen System, das allen Staaten und allen menschlichen Bereichen die Möglichkeit gibt, zu überleben, zu wachsen, zu gedeihen und die Vorteile der Teilnahme an der Gesamtheit zu genießen.

6.10 Die Regeln für die Zugehörigkeit zur globalen Gemeinschaft dürfen nicht willkürlich sein oder bestimmte Angehörige begünstigen. Die Regeln müssen die positive und gleichberechtigte Teilhabe aller ermöglichen. Es sollte keine Doppelmoral geben, die von den einen verlangt, dass sie sich an die Regeln halten, und von den anderen nicht.

6.11 Das Globale Kooperative Forum ist das System, durch das alle-auf-einmal sich Geltung verschaffen und Regeln für die

Teilnahme aufstellen, die dafür sorgen, dass alle Angelegenheiten der globalen Gemeinschaft angemessene Beachtung finden, zum Beispiel ernsthafte Konflikte, Kampf um Ressourcen, Umweltverschmutzung, dramatische Störung im Wettersystem sowie Armut und Krankheit.

6.12 Klare und gerechte Regeln für die Teilnahme werden das Prinzip des Wettstreits der Nationalstaaten durch ein anderes Prinzip ersetzen. Sie werden die Menschheit als ein Ganzes befähigen, ein gut funktionierendes System zu werden, zu dem alle Teilnehmer Zugang haben, wenn sie bestimmten Verpflichtungen nachkommen, die generell gelten.

VII

Nullpunkt-Unterweisung

7.1 Die Ego-Kultur schafft sich Institutionen, die ebenfalls egoisch sind und nach dem Muster des getrennten und trennenden »Selbst« funktionieren. Dies geschieht heute überall auf der Welt.

7.2 Als Folge davon sind sowohl die weltlichen als auch die sakralen Institutionen egoisch verfälscht. Dies gilt für die Politik und die Erziehung und Bildung ebenso wie für die Religion und jeden anderen Bereich des menschlichen Lebens.

7.3 Die egoische Aushöhlung der Institutionen ist unausweichlich – es sei denn, es wird ständig eine Ordnung aufrechterhalten, die diese Aushöhlung verhindert. Die Integrität menschlicher Institutionen hängt davon ab, dass es ein System und eine Tradition sowie Menschen in führenden Positionen gibt, die dafür sorgen, dass die Integrität bewahrt wird.

7.4 Im Bereich der Erziehung weiß man seit langem, dass die Menschen nur dann zu einem Leben nach richtigen Prinzipien bereit und fähig sind, wenn es eine Erziehung gibt, die das nötige Verständnis vermittelt.

7.5 Heute wird das Erziehungs- und Bildungswesen tendenziell zu einer Propagandaindustrie gemacht, die nur den Zweck verfolgt, die nächste Generation von Mitgliedern einer programmierten Gesellschaft hervorzubringen, in der Regierung, Konzerne und Wirtschaftsinteressen dominieren. Diese Art von Erziehung und Bildung bezweckt daher nichts Besseres als die Produktion brauchbarer Arbeitskräfte.

7.6 Wirkliche Erziehung und Bildung hingegen sind der Prozess, der den eigentlichen Kern und Zweck des menschlichen Lebens enthüllt. Es gibt auch heute Menschen, die sich diesem Prozess widmen. Aber eine kollektive (oder globale) Erziehung und Bildung dieser Art gibt es gegenwärtig nicht.

7.7 Das gegenwärtige Erziehungs- und Bildungswesen beruht auf der Ego-Kultur, von der heute die ganze Menschheit durchdrungen ist. Erziehung und Bildung, die auf dem Ego basieren, führen zu Fragmentierung, Konkurrenz und weiterer »Tribalisierung«. Infolgedessen untergraben sie die globale Einheit der Menschheit und behindern das Bestreben, die praktischen Aufgaben der Menschen in einem globalen System zu organisieren.

7.8 Die Menschen werden überall auf der Welt indoktriniert, und zwar nicht nur von der Religion, sondern auch durch viele verschiedene Erziehungs- und Bildungssysteme und durch einen angeheizten Aktivismus.

7.9 Erziehung und Bildung als Instrumente, die ein Handeln auf der Basis von »Stammes«-Denken und Konkurrenz propagieren, müssen durch eine neue globale Erziehung und Bildung ersetzt werden, die nichts mit Religion oder mit wissenschaftlichem Materialismus zu tun haben.

7.10 Der Zweck des Globalen Kooperativen Forums ist ein völlig neues menschliches, politisches, soziales und wirtschaftliches Zusammenleben – und deshalb auch eine ganz neue Form von Erziehung, Bildung und menschlicher Kultur.

7.11 Das Globale Kooperative Forum soll den Übergang von der

Ego-Kultur zu einer Kultur der Ego-Transzendierung ermöglichen. Diese beruht auf einem höheren Prinzip, das allen Einzelnen, allen Gruppen und allen Kollektiven der Menschheit als Orientierung dienen muss.

7.12 Das Ziel dieser globalen Unterweisung besteht darin, das menschliche Leben wieder auf die Prinzipien der Egolosigkeit und der immer-schon-bestehenden Einheit zu gründen. Ich bezeichne diese Form von Unterweisung als »Nullpunkt«-Unterweisung.

7.13 »Nullpunkt«-Unterweisung ist kein institutionalisiertes Lernen. Sie handelt vielmehr von einer Lebensweise, in der es ein grundlegendes Verständnis von Egolosigkeit und der immer-schon-bestehenden Einheit gibt.

7.14 Dieses grundlegende Verständnis muss sich auf der individuellen Ebene und in der gesamten Welt zeigen, die von allen Menschen gemeinsam gestaltet wird.

7.15 Ist die »Nullpunkt«-Unterweisung wirksam, führt sie zum »Nullpunkt«-Leben oder »Nullpunkt«-Bewusstsein.

7.16 Die grundlegenden Eigenschaften und Auswirkungen, die aus der »Nullpunkt«-Unterweisung und dem »Nullpunkt«-Verstehen hervorgehen, müssen sich zwangsläufig in der globalen Politik und der Gestaltung der globalen Gesellschaft spiegeln.

7.17 Die »Nullpunkt«-Unterweisung ist die Grundlage für den globalen »Nullpunkt«-Aktivismus. »Nullpunkt«-Aktivismus ist ein durch und durch positiver und völlig kooperativer Prozess. Er dient der ganzen Lebensordnung, dem gesamten System des menschlichen Lebens.

7.18 Eine systematische »Nullpunkt«-Unterweisung würde die

Menschen unausweichlich zu richtigem und positivem Handeln im Rahmen der globalen kooperativen Ordnung bewegen.

7.19 Wenn die »Nullpunkt«-Unterweisung sowohl auf der lokalen als auch auf der globalen Ebene etabliert ist, kann sie ein Gegengewicht und eine Alternative zu der Art religiöser Indoktrinierung bilden, die zu den Verirrungen des fundamentalistischen Aktivismus führt.

7.20 Das Globale Kooperative Forum ist die institutionelle Manifestation der »Nullpunkt«-Unterweisung.

7.21 Dieser Moment der Menschheitsgeschichte ist der entscheidende Wendepunkt – der wirkliche »Nullpunkt«, an dem eine neue und systematische globale menschliche Kultur entstehen kann. Diese neue Kultur wird auf globaler Kooperation basieren und sich an Regeln orientieren, die ein verantwortliches Management der Erdwelt auf kooperativer Basis gewährleisten.

7.22 Es ist die Aufgabe des Globalen Kooperativen Forums, die »Nullpunkt«-Unterweisung weltweit anzubieten und alle zu der kooperativen Teilnahme und gegenseitigen Rechenschaftspflicht aufzufordern, die unerlässlich sind, wenn die Menschen für den ganzen menschlichen Bereich und für die ganze Erdwelt die Verantwortung übernehmen wollen.

7.23 Eine solche verantwortungsbewusste »Nullpunkt«-Unterweisung und das richtige Selbstmanagement werden die Menschheit befähigen, über die bisher vorherrschenden egoischen Prinzipien des »Tribalismus« und des ungezügelten Konsums hinauszugehen. Durch die »Nullpunkt«-Unterweisung werden die Menschen imstande sein, zu den Prinzipien der von-Natur-aus existierenden Egolosigkeit und der immer-schon-bestehenden Einheit zurückzukehren und allen »Tribalismus« und ungezügelten Konsum aufzugeben.

7.24 Die wahre »Nullpunkt«-Unterweisung ist nicht daran zu erkennen, dass sie eine bestimmte Philosophie vertritt. Sie beweist sich vielmehr in einem integren, geordneten Leben, das vor allem auch zur Disziplinierung des Ego-als-Konsumenten führt.

7.25 Wer die »Philosophie« der Ego-Kultur aufgibt und sich auf die »Nullpunkt«-Philosophie ausrichtet, der verspürt keine Lust mehr, als egoischer Konsument zu leben. Wer von der »Philosophie« der Ego-Kultur zur »Nullpunkt«-Philosophie übergeht, der bevorzugt ein geordnetes, diszipliniertes Leben, das spontan der stillschweigenden Erkenntnis der von-Natur-aus existierenden Egolosigkeit und der immer-schon-bestehenden Einheit entspringt.

7.26 Das stillschweigende »Nullpunkt«-Bewusstsein, das mit der von-Natur-aus existierenden Egolosigkeit und der immer-schon-bestehenden Einheit gegeben ist, zeigt sich ständig in einem disziplinierten Leben. Dieses transformierte Bewusstsein ist das typische Kennzeichen der Führung, die notwendig ist, um die Menschheit (als eine Ganzheit) dazu zu bewegen, Verantwortung für sich selbst zu übernehmen.

ZWEITER TEIL

NICHT-ZWEI IST FRIEDEN

I

Anthroposphäre (Der natürliche Bereich, für den die Menschen die Verantwortung tragen)

Ein erstes Wort über die einheitliche globale Ökologie auf der Basis einer neuen Form menschlicher Zivilisation

1

Meine Darstellung in *Nicht-Zwei ist Frieden* richtet sich an die gesamte Menschheit, denn sie lebt heute in einer völlig veränderten Situation, die noch nicht in vollem Maße anerkannt und verstanden wird. Die sozialen, politischen, wirtschaftlichen und religiösen Bereiche der menschlichen Sphäre sind alle von einem »überholten Fundamentalismus« geprägt und stellen eine Art »Retro-Welt« dar. Unter diesen Voraussetzungen ist eine Katastrophe unvermeidlich, denn die Menschheit hat sich noch nicht auf die aktuelle Situation eingestellt. Die jetzige Situation zeichnet sich dadurch aus, dass die immer-schon-bestehende Einheit der Menschheit heute offensichtlich ist, aber die Menschen nicht danach handeln. Sie hissen vielmehr weiter die alten »Fahnen« und sind darauf aus zu »siegen«.

Als die Menschen noch geografisch isoliert voneinander in Stammesgruppen lebten, die wenig direkten Kontakt miteinander hatten, konnten Nationalstaaten und von »Tribalismus« geprägte religiöse, soziale, wirtschaftliche und politische Mächte im jeweils eigenen Bereich einen gewissen positiven Einfluss ausüben. Dies ist jedoch nicht länger der Fall. »Tribalismus« führt jetzt zu Katastrophen.

Nationalstaaten sind in einer bestimmten Phase des chaotisch ablaufenden historischen Entwicklungsprozesses entstanden, als die Menschheit noch nicht global vernetzt war. Damals stellte die Erde als natürliche Sphäre den einzigen universellen »Rahmen« der Vernetzung dar. Die Erde konnte ungehindert ihre natürlichen Prozesse durchlaufen, aber je enger die Menschen miteinander in Kontakt kamen, desto mehr störten sie diese natürlichen Vorgänge. Vieles, was die Erde jetzt belastet, ist die unmittelbare Folge menschlicher Eingriffe. In früheren Zeiten haben die Menschen weitaus weniger störend eingegriffen, sodass der Erdprozess das Leben auf der Erde in einer gewissen Ordnung (oder Einheit) zusammenhalten konnte. Dieser Prozess ist jetzt – wie das Leben überhaupt – global gestört, und die Erde kann diese Funktion nicht mehr ausüben.

Die Menschen stehen jetzt weltweit in engem Kontakt miteinander. Aber die verschiedenen »Stammesgruppierungen«, aus denen die Nationalstaaten hervorgingen, stehen sich nach wie vor in Konkurrenz gegenüber. Die Menschen brauchen daher eine neue Methode, um eine Ordnung herzustellen, die ihrer engen Vernetzung Rechnung trägt. Diese enge Vernetzung birgt große Chancen in sich – aber nur, wenn die Menschen sich kooperativ und tolerant verhalten und ihre Tendenz zur Dominanz und Ausgrenzung aufgeben.

Ein richtig funktionierendes, alle umfassendes Globales Kooperatives Forum, das von der Arbeitshypothese der immer-schon-bestehenden Einheit der ganzen Menschheit ausgeht, wird das enge Zusammenleben der Menschheit zu einer positiven Voraussetzung für politische und soziale Ordnung machen.* Ohne dieses Globale Kooperative Forum wird es immer nur weitere »Stammeskriege« und globale Katastrophen geben – nicht nur für die Menschen, sondern für die ganze Natur und die Ordnung des Erdprozesses. Tatsächlich ist dieses Chaos schon voll im Gang.

Deshalb muss eine neue Form von Politik und Gesellschaft entstehen, die berücksichtigt, dass die Menschen jetzt in direktem Kon-

* Vollständige Erläuterung der Prinzipien des Globalen Kooperativen Forums im ersten Teil und in den Essays X–XVI (S. 119-172) und XIX–XXI (S. 182-223) im zweiten Teil

takt miteinander stehen. Alle sind mit allen verbunden, aber diese allseitige Verbundenheit tendiert dazu, sich negativ auszuwirken. Die Menschen sind in Konflikte verwickelt (die sie selbst absichtlich schüren). Sie streben nach Dominanz und Expansion.

Eine neue Methode ist erforderlich, die auf der Vernetzung aller Menschen beruht und auf dieser Basis der natürlichen Ordnung dient (und eine positive Teilnahme an ihr gewährleistet). Nur so lässt sich die verhängnisvolle Ausbeutung der Erde beenden. Die Menschheit muss als Einheit handeln und die Verantwortung für die weltweite politische, soziale, wirtschaftliche und natürliche Ordnung übernehmen.

Nationalstaaten sind einfach wie »Bezirke« in dieser Gesamtheit und sollten vorbehaltlos kooperieren. Nationalstaaten haben sich durch historische Wechselfälle etabliert, als die Menschen noch nicht so eng miteinander verbunden waren. Diese Staaten sind heute überall auf der Welt in Machtspiele verwickelt. Sie sollten jedoch nicht einfach ignoriert werden, sondern müssen im Rahmen einer umfassenden globalen Ordnung der Menschheit eine verantwortliche Rolle spielen.

Die richtige und wahre globale kooperative Ordnung, die es jetzt braucht, ist nicht totalitär. Eine totalitäre Ordnung wäre keine positive Lösung. Sie ist aber genau das, was entstehen kann, wenn der weltweiten Tendenz zum Konflikt nicht Einhalt geboten wird und alle Verantwortlichen weiter unter dem Deckmantel von Nationalstaaten agieren.

Tatsächlich hat sich die Situation der Menschheit in den letzten Jahrhunderten und besonders im 20. Jahrhundert entscheidend verändert. Die Menschheit ist schon umfassend vernetzt, alle sind schon mit allen in Kontakt. Die Erde muss daher eine Sphäre von »immer-schon-vereinten« Nationen werden. Das Globale Kooperative Forum muss von den Prinzipien der immer-schon-bestehenden Einheit der Menschheit und der Erde ausgehen. Dies ist absolut notwendig, denn die gegenwärtige Unordnung und Bedrohung der Menschheit und der Erde ist eine Folge davon, dass die globale Vernetzung und der direkte Kontakt aller Menschen ignoriert wird. Dieser enge Kontakt geht einher mit zahllosen Konflikten zwischen den verschiedenen Ideologien, Kulturen und Religionen.

Aufgrund der Veränderung der menschlichen Situation ist eine völlig neue und andere politische und ökologische Ordnung nötig. Dies ist eine völlig neue Lage, die erst in jüngster Zeit entstanden ist, vor allem im 20. Jahrhundert (und besonders in seinen letzten Jahrzehnten) und sie besteht auch jetzt, im 21. Jahrhundert.

Das Festhalten an alten Denk- und Verhaltensweisen ist die Ursache der heutigen »Nachbarschaftskriege«. Die Menschen verhalten sich, als wenn es möglich wäre, einfach so weiterzumachen wie bisher, und als wenn diese alte Politik sich irgendwie auszahlen könnte. Aber das trifft nicht zu. Die Zugehörigkeit zu einer bestimmten Religion, Nation oder Rasse hat in der jetzigen Situation, in der alle mit allen in Kontakt stehen, keine Relevanz mehr.

2

Die Menschheit muss aufwachen. Sie ist jetzt eins – und es gibt wirklich nur ein »Boot«. Alle stehen miteinander in Kontakt – und die chaotischen Folgen gegensätzlicher und getrennter (und insgesamt egoischer) Aktivitäten der Menschen zerstören die natürliche Ordnung, auf die alle sich bis vor 200 Jahren verlassen konnten, bevor die Menschen die natürliche Ordnung der Erde gravierend zu verändern begannen.

Heute herrscht das Ego. Aber das Ego hat immer geherrscht. Die Situation hat sich jedoch insofern grundlegend geändert, als das Ego jetzt die Macht besitzt, nicht nur die ganze Menschheit zu zerstören, sondern auch die natürliche Ordnung der Erde.

Zu glauben, eine getrennte absolute Gottheit sei für das jetzige Chaos und Leid der Menschheit und der Erde verantwortlich, ist pure Ignoranz. Die Menschen selbst haben störend eingegriffen. Wie auch immer die Erdwelt entstanden ist, die Einmischung der Menschen wirkt sich mittlerweile auf alle Bereiche der Natur aus. Daher reicht es nicht, sich lediglich an eine elterliche »Gottheit« um Hilfe zu wenden. Das Vollkommen egolose Absolute, das die Wirklichkeit an sich ist, »Erwartet« (oder »Erfordert« prinzipiell) von der Menschheit, dass sie grundlegend anders zu handeln beginnt.

Die Menschen sind noch immer im »Stammesdenken« befangen, obwohl sie in Wirklichkeit global miteinander verbunden sind und alle »im selben Boot sitzen«. Diese überholte Einstellung schafft große Probleme in Politik und Umwelt. Die alte Form menschlicher Kultur, in der die Menschen wie in einzelnen Stämmen leben, die nichts weiter als ständig in Konflikt miteinander stehende kollektive Egos sind, muss enden.

Es ist nicht so, dass jetzt plötzlich alle möglichen Probleme in der Welt auftreten. Probleme hat es immer gegeben. Das Neue ist, dass die Welt sich in einem ganz anderen Zustand befindet als je zuvor. Die Menschheit – und alle Erdbewohner und die Erde selbst – befinden sich in einer neuen Situation. Die Menschheit ist ein einziges Ganzes, in dem alle miteinander vernetzt sind, und die ganze Menschheit muss diese neue Situation anerkennen und sich darauf einstellen.

Diese neue Situation erfordert eine grundlegende Transformation des menschlichen Bewusstseins und Handelns. Meine Darstellung in *Nicht-Zwei ist Frieden* ist daher nicht bloß eine Reaktion auf die gegenwärtigen Geschehnisse, über die in den Medien berichtet wird. Ich spreche von der völlig neuen Situation der Menschheit und der Erde, die einer neuen Politik, einer neuen globalen menschlichen Ordnung bedarf.

Die neue globale Ordnung muss auf Prinzipien beruhen, die die Gesamtheit der Menschheit und der Erde repräsentieren. Dies erfordert eine globale »Revolution«. Aber diese »Revolution« hat in ihrem Kern schon stattgefunden: Sie besteht darin, dass alle tatsächlich schon direkt miteinander in Kontakt gekommen sind und dass diese Gesamtheit aller bereits ihre Auswirkung auf die Erde hat. Es ist daher von größter Dringlichkeit, dass die Menschen aufwachen und sehen, was geschehen ist, und die notwendigen Änderungen vornehmen.

Die massiven politischen und ökologischen Probleme, die jetzt überall auf der Erde auftreten, sind die Folge menschlicher Unbewusstheit, die völlig von Gewohnheiten bestimmt wird. Die Menschen machen einfach mechanisch weiter. Sie folgen immer noch alten Denk- und Verhaltensweisen, die früher – bis zu einem gewissen Punkt – von Nutzen waren, es heute aber nicht mehr sind. Ein neues Bewusstsein und Handlungsprinzip ist erforderlich, das auf der Einsicht basiert, dass die Welt, in der alle leben, eine unteilbare Einheit darstellt. Diese Einsicht allein reicht aber nicht aus. Alle müssen auch verstehen, dass sie kooperieren und sich im Handeln an der Tatsache ausrichten müssen, dass die Erde ein einziges System und auch die Menschheit ein einziges Ganzes ist. Sie dürfen sich nicht dazu zwingen lassen, unter einer einzigen totalitären Macht zu leben, sondern müssen alle kooperativ zusammen auf der Erde leben und sich an globalen Prinzipien orientieren, die positiv, richtig und wahr sind.

Nicht-Zwei ist Frieden handelt von der neuen Methode, die auf die schon bestehende neue globale Situation anzuwenden ist. Ich spreche von einer Situation, die aus der Unbewusstheit der Menschen resultiert, die versuchen, weiterhin mechanisch auf der Basis der überholten Methoden und Gewohnheiten der Vergangenheit vorzugehen. Wenn sie trotzdem in der jetzigen Situation angewendet werden, erzeugen sie Chaos und Leid unter den Menschen und Chaos in der Natur.

Die täglichen »Nachrichten« beweisen ständig aufs Neue, dass die Menschen in allen Bereichen in einer Weise handeln, die letztlich zu nichts führt. Die gesamte Menschheit muss wirklich und auf die richtige Art und Weise globalisiert werden. Regeln müssen aufgestellt werden, die dem Wohlergehen der ganzen Menschheit dienen und die dafür sorgen, dass das Leben auf der Erde naturgemäß funktionieren kann. Eine andere Art der Beziehung unter den Menschen ist daher vonnöten, die nicht auf »Stammeszugehörigkeiten« und Spaltungen basiert, sondern auf der Annahme der immer-schon-bestehenden Einheit.

II

Die Menschheit ist buchstäblich eine einzige Familie

Es gibt keinen Unterschied zwischen den Menschen. Sie sind eine einzige Spezies – und im Grunde alle gleich. Die verschiedenen Hautfarben ändern nichts daran. Sie beruhen auf kleinen genetischen Veränderungen, die sich im Laufe der Jahrtausende ergaben, als die Menschen über den ganzen Planeten wanderten und unter verschiedenen Bedingungen lebten. Natürlich haben sie dort, wo sie sich niederließen, jeweils ihre besonderen philosophischen Vorstellungen und kulturellen Eigenheiten entwickelt. Aber die auftretenden Veränderungen und Unterschiede sind völlig zufällig und nebensächlich.

Es ist wichtig zu verstehen, dass die Menschheit als Spezies (und in ihrer Gesamtheit) sich immer in einem globalen Prozess der Diaspora befunden hat und befindet. Die ganze Menschheit wandert ständig über die ganze Erde. Es ist eine bezeichnende historische Tatsache, dass die Menschheit (und sogar das Leben selbst als ein einziges Ganzes) sich ständig ausbreitet (oder versprengt). Aber in ihrer Zersplitterung (in alle möglichen getrennten Gruppen und Individuen) tut die Menschheit jetzt so, als wäre sie nicht eine Einheit, sondern eine Vielheit, und als machte die Differenzierung in verschiedene Stämme, Nationen, Religionen, Kulturen, Rassen, Sprachen und so weiter einen grundlegenden Unterschied, sodass die Menschheit keine unteilbare Art mehr wäre, sondern sich als viele getrennte, miteinander konkurrierende Arten neu definieren müsste.

Diese ganze augenscheinliche Vielfalt der Menschheit ist ein völlig oberflächliches Phänomen im Rahmen einer einzigen (von-Natur-aus unteilbaren) Spezies, die laut wissenschaftlicher (und auch genetischer) Analyse nach und nach aus Afrika abwanderte und sich über die ganze Erde verbreitete. Die unteilbare Gesamtheit ist daher jetzt verstreut. Relativ kleine Gruppen haben sich in der Vergangenheit an irgendeinem Ort (und dann auch in einer bestimmten Kultur) angesiedelt und daraufhin ihre besonderen Sprachen, politischen Systeme und religiösen Traditionen und so weiter entwickelt. Die räumliche Differenzierung (oder Zersplitterung in einzelne »Stämme«) ist endlos, und die Menschen nehmen diese augenscheinlichen Unterschiede zwischen sich allzu ernst. In Wirklichkeit sind diese Unterschiede jedoch nur ganz oberflächliche (lokale und folglich »tribalistische« oder lediglich provinzielle) Eigenschaften – normale Varianten des Menschseins, die nur durch einen verschiedenen »Standpunkt« in Raum und Zeit charakterisiert sind.

Die negative (und auf Rivalität beruhende) Hervorhebung des »Verschiedenseins« im Rahmen der generellen menschlichen Diaspora ist ein grundlegendes Problem – und muss jetzt enden. Die Menschheit muss von der immer-schon-bestehenden Einheit (oder von-Natur-aus existierenden Unteilbarkeit) ausgehen – und nicht von der Vorherrschaft einer Nation (oder eines »Typs«) über alle anderen. Sie darf nicht der Tendenz einer Anzahl von Nationen (oder »Gleichartigen«) folgen, sich auf strategische Auseinandersetzungen miteinander einzulassen mit dem Ziel, in einer »letzten Schlacht« zu entscheiden, wer über alle anderen herrschen wird.

Es ist, als würden die Menschen plötzlich ihre eigenen Brüder und Schwestern nicht mehr erkennen. Natürlich kann der eine anders aussehen als der andere und ein anderes kulturelles und intellektuelles Erbe und dergleichen besitzen. Die Menschen können daher alle verschieden aussehen und denken, aber sie sind und tun dasselbe. Jeder muss lernen, dies zu sehen.

Die Menschen sind alle Primaten – nicht gerade Affen, aber doch etwas in der Art. Was denkt ihr, über wie viel Wissen ein Primat von-Natur-aus verfügt? Sollte man von einem Primaten, der unter mehr oder weniger zufälligen Bedingungen aufgewachsen ist, erwarten, dass er ein fundiertes Wissen besitzt?

Warum haltet ihr Menschen immer noch an den Unterschieden fest, die ihr aufgrund eurer lokalen historischen Prägungen und eurer provinziellen, institutionell getrennten Gruppierungen macht? Warum begreift ihr nicht, dass ihr es jetzt mit der unteilbaren globalen Einzigkeit einer bestimmten Spezies zu tun habt? Jeder Mensch ist als solcher immer schon grundlegend mit jedem anderen Menschen artgleich und identisch und könnte sich daher auch in einer sehr produktiven und positiven Weise mit der ganzen Menschheit verbinden. Was dazu erforderlich ist, ist die Errichtung einer globalen kooperativen Ordnung, an der alle Menschen sich beteiligen – eine kulturelle, soziale und politische Globalisierung der Menschheit (und nicht eine bloß ökonomische Globalisierung des Handels in einer Welt, die durch Konkurrenzkampf und Unterscheidung charakterisiert ist).

Die ganze in einer Diaspora lebende Menschheit braucht eine kulturelle Neu-Orientierung, die von einer weltweiten »Heimat aller Menschen« ausgeht. Die ganze Menschheit muss erwachsen werden und sich als eine unteilbare Gesamtheit verstehen, die jetzt über den ganzen Erdball verstreut ist, und zwar nicht aufgrund vorübergehender politischer Einflüsse, sondern weil sie in zahllosen Jahrtausenden über den ganzen Planeten gewandert ist und dabei in getrennten geografischen Umständen verschiedene Denk- und Lebensweisen angenommen hat.

Die Menschheit ist jetzt gefordert, sich grundlegende Gedanken über das Leben und die Beziehungen der Menschen untereinander – und über die Wirklichkeit an sich – zu machen. Je nachdem, zu welchen Ergebnissen die Menschheit kommt, wird sie entweder einen alle Menschen erfassenden Krieg und Untergang heraufbeschwören oder sich in einer globalen kooperativen Ordnung zusammentun, die von der Arbeitshypothese der universellen, immer-schon-bestehenden Einheit und einer universellen Welt-»Heimat« ausgeht, die allen Menschen (und allen Erdbewohnern insgesamt) gehört.

Alle haben gelitten. Alle sind voll von unsinnigen Vorstellungen. Deshalb muss es eine neue allumfassende Politik geben, die sich aller Werturteile enthält. Diese Politik muss alle dazu bringen, sich miteinander zu versöhnen, zu kooperieren, einander zu tolerieren und zu respektieren und einander zu vertrauen.

Die Menschheit ist von-Natur-aus eine genetische Einheit. Diese

Einheit ist wissenschaftlich bewiesen. Aber die »Verschiedenheitsapologeten« reden und handeln, als gäbe es höhere und niedere Menschen, Nationen und so weiter und als wären zufällige Unterschiede von ungeheurer Wichtigkeit. Zufällige Unterschiede zu betonen, läuft auf nichts weiter hinaus, als über alte Geschichten zu streiten. Stattdessen müssen alle sich aufs Neue und immer im gegenwärtigen Augenblick auf die Wahrheit ausrichten und in der Wahrheit und als die Wahrheit leben.

III

K + T = F
Die Formel für Weltfrieden

1

Es ist von größter Dringlichkeit, dass die weltweit herrschende Grundstimmung, die zu politischem Separatismus, fanatischem Konkurrenzkampf und endloser Entzweiung führt, sofort völlig und dauerhaft überwunden wird, damit die gesamte Menschheit die intelligente und vom Herzen ausgehende Wahl treffen kann, Kooperation und Toleranz zu ihrem Lebensprinzip zu machen.

2

Die einzige Lösung für die gegenwärtige Weltkrise besteht darin, dass alle »das Gesicht verlieren« – anstatt ständig zu versuchen, »das Gesicht zu wahren«.

Die ganze Menschheit sollte – gemeinsam und als formelles Kollektiv – »das Gesicht verlieren«, indem sie anerkennt, dass sie in formell geregelter Kooperation und Toleranz leben muss, denn andernfalls versinkt sie unausweichlich in einem allumfassenden zerstörerischen Verhalten.

Nur wenn alle gemeinsam »das Gesicht verlieren«, wird die Menschheit die moralische Stärke und Autorität wiederherstellen können, die unerlässlich ist, um in allen Bereichen des Lebens Kooperation und Toleranz voneinander einzufordern. Und erst wenn die allgemeine moralische Stärke, Autorität und Ausgeglichenheit wiederhergestellt sind, werden alle sich gemeinsam entschließen, eine wirklich kooperative und tolerante globale menschliche Gemeinschaft zu schaffen und aufrechtzuerhalten.

3

Die Menschen müssen in aller Bescheidenheit akzeptieren, dass die rechtmäßige Position des Menschen (und aller anderen Lebewesen) in der von-Natur-aus unteilbaren Weltfamilie aller Erdbewohner nicht die »Ego-Position« der immer-schon-bestehenden »Uneinigkeit« (und folglich des Getrenntseins, des Separatismus und des Herrschaftsanspruchs) ist, sondern die »Herz-Position« der immer-schon-bestehenden Einheit (und folglich der Ego-transzendierenden Kooperation und Toleranz).

Das einzig wahre Mittel, Frieden zu schaffen, ist nicht die Suche nach Frieden (denn alle Suche basiert zwangsläufig auf einer bereits unterstellten Trennung von dem, was gesucht wird), sondern die aktive Bestätigung und Praxis des Friedens (oder die Annahme der immer-schon-bestehenden Einheit und Konfliktlosigkeit als eines Zustands, den alle immer anerkennen, praktizieren und aufrechterhalten müssen und von dem alle immer abhängen).

Frieden zwischen allen Lebewesen (oder ein naturgemäßes Dasein) ist daher nur möglich auf der Basis der Kooperation und Toleranz, in der das Ego transzendiert wird.

Dieser Aufruf zum Frieden und zu einem naturgemäßen Leben ist daher ein absolutes moralisches Gesetz. Dieses Gesetz lässt sich passend in der Formel »Kooperation + Toleranz = Frieden« oder kurz K + T = F ausdrücken.

Es ist unumgänglich, dass die Menschheit sich diese universelle moralische Einstellung formell zu eigen macht und entsprechend handelt.

4

»Kooperation + Toleranz = Frieden« ist die große Alternative zum egoischen Leben, das unausweichlich zu allgemeiner Zerstörung führt. Und deshalb muss dieses moralische Gesetz zu einer allgemein akzeptierten (und erwarteten) moralischen und praktischen »Selbst«-Disziplin werden.

Durch die universelle Anwendung dieses großen moralischen Gesetzes kann die ganze Weltfamilie der Völker, die die Erde bewandern, ihre wahre Stärke und ihre immer-schon-bestehende Einheit (oder ihre von-Natur-aus bestehende gegenseitige Verbundenheit) spüren. Das verleiht ihr die kollektive Kraft und Fähigkeit, die übliche »Realpolitik« des Ego zu transformieren und so tatsächlich menschlichen Frieden in der natürlichen Welt zu schaffen und aufrechtzuerhalten.

Die Menschen sollten sich alle konstruktiv der Aufgabe widmen, eine wirklich globale kooperative Gemeinschaft aufzubauen, denn diese Gemeinschaft ist kein »utopisches Ideal«, sondern tatsächlich realisierbar und absolut notwendig für das physische Überleben und natürliche Wohlergehen der Menschheit und aller anderen Erdbewohner.

5

Die Formel für Weltfrieden muss zur <u>notwendigen</u> Politik der Zukunft werden.

Kooperation und Toleranz sind der notwendige »Preis« für den Frieden – die »Vertragskosten« für das Überleben des Menschen, aller anderen Erdbewohner und der Erde selbst.

Dies ist das unumgängliche »neue Paradigma« für die Gestaltung der Zukunft der Menschheit.

IV

Über die Befreiung vom Ego <u>und</u> von der egoischen Gesellschaft

1

Das un-Erleuchtete (oder egozentrische) Körper-Geist-»Selbst« beruht auf der Aktivität der »Selbst«-Verkrampfung. Die »Selbst«-Verkrampfung bewirkt die Vorstellung eines realen und getrennten »Selbst«. Dieses getrennte »Selbst« wird von der immer schon egolosen Selbst-Natur unterschieden, die der Selbst-Zustand und Akausale Ursprungs-Zustand der Wirklichkeit an sich <u>ist</u>. Gleichzeitig bewirkt die »Selbst«-Verkrampfung, dass das (vermeintliche) getrennte »Selbst« von jeder Form von vermeintlichem (durch die »Selbst«-Verkrampfung definiertem) »Nicht-Selbst« unterschieden wird. Und indem die »Selbst«-Verkrampfung das »Selbst« als unabhängig und trennend definiert, führt sie auch zu dem ständigen, besorgten Bemühen um den Erhalt des (vermeintlich unabhängigen) »Selbst« (oder Ego-»Ichs«). Die auf dem »Selbst« beruhende (oder immer »selbst«-verkrampfte und auf potenziellen »Selbst«-Erhalt bedachte) Einstellung zum Dasein zeigt sich in der Psychologie der Suche und des Konflikts in Bezug auf alles, was für ein »Nicht-Selbst« gehalten wird. Einige, wenn nicht sogar alle Aspekte dieses »Nicht-Selbst« werden manchmal begehrt und gesucht, manchmal gefürchtet (oder abgelehnt und gemieden), in jedem Fall sind sie aber alle <u>immer</u> begrenzt, kurzlebig, vergänglich, unerklärlich und (folglich) von-Natur-aus unbefriedigend. Die Psychologie des »selbst«-verkrampften (egozentrischen) Daseins tendiert daher von-Natur-aus dazu, Kontrolle und Dominanz über alles anzustreben, was als »Nicht-Selbst« gilt. Aus diesem Grund ist das individuelle, egozentrische

Leben ständig von einer das Herz (und den ganzen Körper-Geist) durchdringenden Besorgtheit gekennzeichnet (und ständig von den primitiven egoischen Gemütszuständen der Angst, der Trauer, der Wut und jeder Form von Nicht-Liebe erfüllt). Aufgrund dieser primitiven Einstellung sind die individuellen Handlungen des Menschen immer ein mehr oder weniger mechanisches, verantwortungsloses Drama. In seiner Unbewusstheit wendet der Mensch fortwährend alle möglichen strategischen Techniken der »Selbst«-Manipulation an, um das »Selbst« zu erhalten. Und er ist immer bestrebt, »andere« zu manipulieren, um Kontrolle über das »Nicht-Selbst« zu erlangen. Und das Leben egozentrischer Menschen im Kollektiv (oder in der Gruppe) unterliegt der gleichen Tendenz zur Ausgrenzung, der gleichen emotionalen Grundhaltung, der gleichen grundlegenden Unmöglichkeit, befriedigt zu werden, und den gleichen Impulsen zum »Selbst«-Erhalt und zur Kontrolle über das, was »außerhalb« des »Selbst« liegt.

Die Struktur menschlicher Gesellschaften ist ein Spiegelbild des un-Erleuchteten Ego, denn die politischen und sozialen Systeme der heutigen Welt gehen nicht auf Erleuchtete (oder zumindest hoch-»entwickelte«) Personen, Ideale oder Institutionen zurück. Die Menschen dieser »Spätzeit« oder »dunklen« Epoche leben deshalb in einer un-Erleuchteten egoischen Welt, und das ist der Grund dafür, dass die Zeichen der Zeit so überaus negativ sind.

Da die ganze heutige Welt von egoischen Motiven bestimmt wird, ist sie fast völlig außer Kontrolle. Die Menschheit wird von materialistischen Philosophien und politischen Idealismen beherrscht und hat sich Technologien ausgeliefert, die die Bedürfnisse des Ego befriedigen sollen. Sie wird von negativen mechanischen Impulsen und Emotionen gesteuert und versucht sich daher auf alle erdenkliche Art und Weise Erleichterung zu verschaffen. Die Menschen werden ständig in ihren tiefsten Ego-transzendierenden Impulsen, die dem Herzen jedes lebenden Wesens innewohnen, frustriert und sind daher chronisch deprimiert. Deshalb bleibt dem individuellen und kollektiven Ego am Ende nur Trauer und Verzweiflung oder chronische Niedergeschlagenheit, denn das Leben als solches kann kein vollkommenes Glück, keine vollkommene Freude und keine Unsterblichkeit hervorbringen. Diese tiefe Niedergeschlagenheit führt schließlich zu Wut oder liebloser Konfrontation mit der ganzen Welt und dem vermeintlichen »Nicht-Selbst«. Und diese Wut macht nicht einmal Halt vor der von-Natur-aus egolosen und Akausal Wirklichen Selbst-Identität oder Selbst-Natur, die der Eine Einzige, Nicht-getrennte Selbst-Zustand ist, denn in ihrer konventionellen exoterischen Vorstellung tendieren die Menschen dazu, Gott als getrenntes Wesen zu betrachten und ihn dadurch zu einem »anderen« zu machen. Wenn die Wut zur Grundstimmung menschlicher Gesellschaften wird, frisst sich eine Art Feuer (oder die primitive und zerstörerische Absicht des frustrierten Ego) in die Welt des Menschen hinein. Dieses Feuer lodert ständig in Aggressionen und Konkurrenzkämpfen auf, die zu den unzähligen Leiden und schmerzhaften Illusionen der Menschheit und zu der auf dem Ego beruhenden Politik der Konfrontation führen. Und die letzte Konsequenz dieses Ego-Feuers ist der Ausbruch offener Kriegshandlungen.

2

Die Differenzierung des Daseins in egoisch-besessene einzelne Wesen erzeugt in jedem solchen Wesen ein Verlangen nach einem angenehmen und unbedrohten Leben. Dieses Verlangen (oder besessene Streben nach »Selbst«-Erhalt und »Selbst«-Verherrlichung) erzeugt seinerseits unausweichlich Konflikte, Angst, Trauer, Wut und alle möglichen destruktiven Handlungen in Bezug auf »andere« und das eigene »Selbst« (denn der extreme Drang nach »Selbst«-Erhalt ist in letzter Konsequenz ein aggressiver und gedankenloser Impuls, der bei dem Bemühen, das »Nicht-Selbst« zu beherrschen, das »Selbst« zerstört). Deshalb stehen alle Egos (oder individuellen und kollektiven un-Erleuchteten Identitätszentren) in aggressivem Konflikt mit allen anderen Egos (und mit allem, was als »Nicht-Selbst« oder als »außerhalb« des egoisch definierten Zentrums stehend betrachtet wird). Alle individuellen und kollektiven Egos sind in zerstörerische Programme involviert. In ihrer »Selbst«-Besessenheit, »Selbst«-Sucht und egoischen Suche nach Befriedigung und in ihren negativen emotionalen Reaktionen sowie un-Erleuchteten Vorstellungen und Gedanken usw. zerstören sie sich »selbst«. Gleichzeitig zerstören sie mit ihren negativen Reaktionen und Handlungen auch »andere« und »anderes«, da sie sich durch ihre Besorgtheit um das eigene »Selbst« ständig dazu getrieben fühlen, alles, was als »außerhalb« des »Selbst«-Zentrums befindlich betrachtet wird, unter Kontrolle zu bringen und schließlich zu beherrschen.

Das ständige Bemühen, das getrennte »Selbst« in seiner Unabhängigkeit zu bewahren und in höchstem Maße zu verherrlichen, ist das universelle Modell des un-Erleuchteten Ego. Machtkampf, Krieg und Leid sind daher in einer egoischen Gesellschaft unvermeidlich. Und wenn die Fähigkeit zu politischer Manipulation und zum Krieg ein hohes technisches Niveau erreicht, sind universelle Unterdrückung durch aggressive politische Maßnahmen und universelle Zerstörung durch Kriege das voraussehbare Los der Menschheit.

Die gegenwärtige »Spätzeit« oder »dunkle« Epoche ist eine solche Zeit hochentwickelter Technik, in der das egoische Modell der menschlichen Gesellschaft die allgemeine Weltanschauung ist. Der in Wissenschaft und Politik herrschende grobe Materialismus lässt dem Menschen nur die Wahl, sich wie ein gefangenes und bedrohtes Tier zu empfinden. Deshalb ist die allgemeine Stimmung so aufgeheizt und voll von Frustration, Angst und Verzweiflung. Diese Gefühle schlagen sich in primitiven Bedürfnissen und aggressiven Reaktionen nieder. Der egoische Impuls, das »Selbst« zu bewahren, führt heute zu jener äußerst destruktiven Verfassung, die vorherrscht, wenn das Ego sich völlig in die Enge getrieben fühlt. Dann besteht nicht mehr der Wille, das »Selbst« oder die Welt oder andere zu bewahren. Es bleibt nur ein explosives Feuer – das durch den tief sitzenden Impuls egoischer »Selbst«-Erhaltung entfacht wird, aber jetzt nur noch das primitivste Verhalten zulässt und damit sowohl das »Selbst« als auch das »Nicht-Selbst« zerstört. Im kollektiven Denken der Menschheit, die sich immer mehr in die Enge getrieben fühlt, stellt die Explosion der Atombombe lediglich den Archetypus der Wut dar. Und aus diesem Grund ist ein atomarer Holocaust in der jetzigen Situation sich verschärfender politischer Konfrontation ein irrationales und deshalb tatsächlich mögliches, wenn nicht sogar unvermeidliches Ergebnis.

In extremen Momenten der Konfrontation haben auch frühere Gesellschaften sowohl sich selbst als auch ihre Gegner zerstört. Dies ist so, weil egoische Gesellschaften im Wesentlichen genauso funktionieren wie egoische Individuen. Es vergeht kein Tag, an dem nicht jemand sich selbst oder einen anderen umbringt. Ebenso drohen Gruppen oder Gesellschaften sich gegenseitig zu zerstören, wenn sie egoisch aneinandergeraten. Und in Momenten heftigsten Aufeinanderprallens, in denen der Drang nach »Selbst«-Erhalt den Siedepunkt rechthaberischer Irrationalität erreicht, ist ein nuklearer Krieg höchst wahrscheinlich.

Die Motive der heutigen Gesellschaft unterscheiden sich in nichts von denen früherer Gesellschaften. Der einzige Unterschied liegt darin, dass die heutige Kommunikations- und Kriegstechnik die ganze Erde umspannt und äußerst effektiv geworden ist. Wenn daher weltweit kommunizierte Konfrontation den Gipfel der Irrationalität erreicht, werden kriegerische Absichten bereitwillig die ganze Welt zerstören, und zwar genauso leichtfertig wie in der Vergangenheit, in der kleine Stämme sich mit einfacherer Waffentechnologie in kriegerische Auseinandersetzungen stürzten, die letztlich zu ihrer Auslöschung führten.

3

Gegenwärtig gibt es viele Anstrengungen, die Regierungen zur Abschaffung der Atomwaffen zu bewegen. Doch selbst wenn sie Erfolg haben sollten, können fanatisierte und verblendete Individuen und Gruppen die allgemeine Ordnung immer noch mit »terroristischen« Anschlägen und »selbstgebastelten« Bomben bedrohen und zerstören. Und zwischen Regierungen, die vereinbart haben, keinen Atomkrieg zu führen, kann immer noch ein »begrenzter« nichtatomarer Krieg ausbrechen, der nicht weniger bedrohlich für die Menschheit ist.

Deshalb ist es jetzt an der Zeit, die Notwendigkeit für ein Ende der Konfrontation anzuerkennen und zu vereinbaren, dass eine politische Institution ins Leben gerufen wird, die wirklich direkt, formell und verantwortungsvoll den rechtmäßigen kollektiven Interessen der ganzen Menschheit dient. Die Menschen müssen ihre uralten egoischen Prinzipien und ihren politischen, sozialen und kulturellen Provinzialismus aufgeben. Selbst wenn Individuen innerhalb der kollektiven Ordnung der Menschheit noch an den Begrenzungen des un-Erleuchteten und unreifen egozentrischen Zustands leiden, müssen Regierungen, genauso wie Institutionen und führende Persönlichkeiten, in jedem Lebensbereich schon jetzt ihre egozentrische und subhumane Haltung aufgeben, die lediglich ihre materialistische, unkooperative und intolerante oder lieblose Lebensweise widerspiegelt. Tatsächlich muss die Menschheit in ihrer Gesamtheit in Gestalt eines Globalen Kooperativen Forums in Aktion treten und auf diese Weise die Verantwortung für ihre kollektiven Interessen übernehmen.

Habt ihr nicht genug von der stupiden und ausbeuterischen, entweder kindlichen oder adoleszenten Form menschlichen oder doch eher subhumanen Daseins, die im Namen und auf dem Rücken aller von konkurrierenden Regierungen, Politikern und Militaristen, von Wissenschaftlern, Technokraten und Pädagogen sowie exoterisch-fundamentalistischen religiösen Eiferern inszeniert wird, die aggressiv die provinziellen Religionen der Erlösung des Ego propagieren, anstatt die universelle Ego-transzendierende Religion der Liebe zu praktizieren? Seid ihr die Medienmacher mit all ihrem Schwindel noch nicht leid, die unermüdlich Konflikte erfinden und schüren, mit ihrem »Hab' ich dich erwischt«-Spiel an die niedrigsten menschlichen Instinkte appellieren und nichts Besseres bezwecken, als die Höhen und unvermeidlichen Tiefen und sogar die alltäglichen Bemühungen der Menschen bloßzustellen, zu trivialisieren und in scheinheiliger Weise lächerlich zu machen? Ist euch in eurem tiefsten Fühlen nicht klar, dass diese Welt, die die Weisheit ablehnt, von den niedrigsten und oberflächlichsten Vorstellungen vom Dasein beherrscht wird?

Es ist höchste Zeit für alle und jeden, sich selbst zu verstehen und die Welt von der Diktatur des Ego zu befreien und sie von all denen zurückzufordern, die mit der Politik und dem Leben im Allgemeinen herumspielen, als handele es sich um eine Sportveranstaltung, die die Zuschauer vor dem Bildschirm stimulieren und unterhalten soll.

Das Bemühen um atomare Abrüstung ist eine gute Sache, aber es ist zu oberflächlich und zu begrenzt. Es führt nicht zu einer Lösung, sondern nur zu einer kurzen Verschnaufpause in der Geschichte einer Menschheit, die auf immer neue Katastrophen zusteuert. Es gibt etwas Grundlegenderes als eine Abrüstungspolitik, bei der sich Feinde wie kultivierte Menschen an einen Tisch setzen und vereinbaren, wie sie sich töten werden, ohne einander auszurotten! Wirklich notwendig ist, dass die Menschen das in sich verstehen und transzendieren, was sie dazu bringt, sich als Konkurrenten und Feinde gegenüberzustehen.

Es mag naiv klingen, von der Notwendigkeit zu sprechen, die heutigen, in kindlichen und grob-adoleszenten Vorstellungen befangenen Regierungen und Institutionen müssten sich selbst verstehen und aufhören, sich als Feinde zu betrachten und zu bekämpfen. Aber das Gefühl, es sei naiv, so zu reden, spiegelt nur die egoische Frustration und Verzweiflung wider. Die Menschen der ganzen Erde müssen jetzt überall ebendiese Frustration und Verzweiflung transzendieren, falls sie die Versklavung und Zerstörung der Menschheit verhindern wollen.

Die Menschen leben heute in Unfreiheit. Sie sind jetzt schon weltweit egozentrischen und materialistischen Idealismen unterworfen, die ihnen die Freiheit nehmen, sich von Weisheit leiten zu lassen und die Wahrheit zu erkennen. Wenn die Menschheit diese Fesseln nicht abschüttelt, wird sie dem egoischen Schicksal eines »narzisstischen« Holocaust nicht entgehen, der die Menschheit entweder durch eine technologisch automatisierte politische und soziale Ordnung zu willenlosen Sklaven macht oder durch eine hochentwickelte Kriegstechnik vernichtet.

Es ist nicht naiv, einen tiefgreifenden Wandel in der globalen Politik zu fordern, wenn es Milliarden gibt, die diesen Wandel fordern können. Und es ist auch nicht abwegig, der Menschheit eine neue Ausrichtung geben zu wollen, wenn allgemeine Versklavung und eine Kultur des Todes die einzige Alternative sind. Deshalb müssen alle sich dazu entschließen, die Gewohnheiten zu verstehen, nach denen sie individuell und kollektiv leben und immer schon gelebt haben, damit sie diese Gewohnheiten und so auch das Schicksal ändern, das diese Gewohnheiten ihnen andernfalls unausweichlich auferlegen.

Das egoische Modell muss von jetzt an durch intensive Erziehung und Schulung aus der kollektiven Ordnung der Menschheit verbannt werden. Die gesamte kollektive Menschheit muss durch eine universelle Erziehung und Schulung dazu gebracht werden, die primitive egoische Basis der bisherigen kollektiven Ordnung zu verstehen. Und diese universelle Erziehung und Schulung muss sofort und grundlegend die Methoden ändern, mit denen Regierungen und Gesellschaften zueinander in Beziehung treten. Aber nur wenn die ganze Menschheit mit großer Klarheit und Entschiedenheit darauf besteht, werden sich Regierungen und Institutionen auf ein positives und kooperatives Miteinander einlassen. Wenn dieser Ansatz nicht in Kürze umgesetzt wird, stürzt die Menschheit möglicherweise in die potenziell zerstörerischste Phase politischer Konfrontation ihrer Geschichte.

4

Eine positive, tolerante und kooperative (oder durch und durch Ego-transzendierende) Sicht des Daseins (und damit auch der Politik) muss sich jetzt im Kollektiv der Menschheit durchsetzen. Die Menschen werden gegenwärtig von verwirrten Materialisten und egoischen Suchern in allen Bereichen menschlicher Aktivität der Unfreiheit und Zerstörung entgegengeführt. Das Prinzip der Weisheit ist durch das Prinzip von Macht-durch-Wissen ersetzt worden – und unter Wissen versteht man heute in erster Linie das vermeintliche Wissen und die Ansichten, die der Kultur und Methode des wissenschaftlichen Materialismus entspringen. Sie beruhen ausschließlich auf den intellektuellen Bemühungen der materialistischen Philosophie. Die Wissenschaft hat sich typischerweise mit der falschen archaischen Philosophie des Materialismus identifiziert und ist dadurch identisch mit der Technologie (oder der materialistischen Macht-Maschine des »Gewussten«) geworden. Die materialistische Technologie und die zu ihr passenden materialistischen, an das Ego appellierenden Idealismen sind zum primären Instrument der politischen Manipulation und der grobstofflichen (physischen und mentalen) Kontrolle über die ganze Menschheit geworden.

Heute sind die politischen Ideale und Mittel materialistisch. Sie basieren auf einer grobstofflichen und egoischen Auffassung vom menschlichen Leben. Solange die wahre (und von-Natur-aus egolose) Stimme der ganzen Menschheit nicht gehört und nicht durch eine moralisch integre Führerschaft umfassend und in angemessener Weise vertreten wird, kann es in der kollektiven menschlichen Situation keinen wirklichen Wandel geben. Nur wenn die ganze globale Menschheit darauf besteht, werden die Regierungen ihren »Regierungsstil« der »Selbst«-Erhaltung, der Kontrolle über »andere« und des aggressiven Vorgehens gegen die eigenen Bürger sowie gegen andere Gesellschaften aufgeben und zu einer Regierungsweise der Kooperation und Vereinigung sowie zu einer weltweiten kreativen Ordnung übergehen, die (notwendigerweise) auf Pluralismus, Toleranz und Freiheit beruht.

Die egozentrische Form individueller Existenz erzeugt automatisch (und unbewusst) Leid und Zerstörung. Alle Menschen müssen dies in sich selbst beobachten und verstehen. Sie müssen aus dieser Beobachtung des (persönlichen und kollektiven) Ego lernen und sich dadurch (sowohl persönlich als auch kollektiv) in die Lage versetzen, das egoische Modell des Daseins einfach aufzugeben.

5

Die ganze globale Menschheit muss sich dazu entschließen, den groben egoischen Stil politischer Konfrontation und egoisch motivierter sozialer Teilnahme oder Nicht-Teilnahme aufzugeben – denn sonst steuert die Menschheit kollektiv auf unerträgliche Versklavung oder nukleare (oder durch sonstige kriegerische Mittel herbeigeführte) Zerstörung zu.

Deshalb muss die Menschheit jetzt alle Formen wirklicher sozialer und politischer Kooperation und Toleranz eingehend prüfen und dann aktiv umsetzen, denn Kooperation und Toleranz sind die Voraussetzung für wirklichen sozialen und politischen Frieden.

Die ganze Menschheit muss jetzt und für alle Zukunft überall das einfachste Gesetz eines wahrhaft menschlichen Lebens verinnerlichen und Sorge dafür tragen, dass es überall auch wirklich angewendet und erfüllt wird. Dieses Gesetz lautet: Kooperation + Toleranz = Frieden.

V

Die bewährte Politik der Einheit und die zivilisationsfeindliche Politik der Individuation

Politik, Gesellschaft und Verhaltensnormen jeder kollektiven Ordnung spiegeln die Vorstellung (oder Philosophie) wider, die das Kollektiv generell von der manifesten Wirklichkeit hat.

Wenn die vorherrschende Vorstellung (oder Philosophie) auf der Annahme beruht, das manifeste Dasein sei keine Einheit (sondern eine unreduzierbare Vielfalt, die durch Getrenntheit, unabhängige Individualität und polare Gegensätze gekennzeichnet ist), dann wird die kollektive Ordnung im Zeichen einer Politik stehen, die durch trennende Individuation bestimmt ist. Die vorherrschende gesellschaftliche Vorstellung wird einen durch Konkurrenz geprägten Individualismus propagieren und Verhaltensregeln definieren, die ausschließlich dem Zweck getrennter und trennender individueller »Selbst«-Erfüllung dienen.

Wenn die vorherrschende Vorstellung (oder Philosophie) von der manifesten Wirklichkeit jedoch auf der Annahme beruht, das manifeste Dasein sei von-Natur-aus eine Einheit (und sei deshalb von den Merkmalen unteilbarer Einheit gekennzeichnet und müsse auf diese ausgerichtet werden), dann wird die kollektive Ordnung von der Politik kooperativer Einheit bestimmt. Die Gesellschaft weiß dann, dass sie eine unteilbare Einheit ist, und sie orientiert sich an Verhaltensregeln, die das Ego unterordnen – und dazu gehören auch Normen wie Kooperation, Toleranz und globaler Frieden.

Nach der bewährten traditionellen Vorstellung (oder Philosophie) ist die manifeste Wirklichkeit eine immer-schon-bestehende

Einheit. Politik, Gesellschaft und die Kultur menschlichen Verhaltens wurden traditionell auf der Basis der grundlegenden Vorstellung entwickelt, die manifeste Wirklichkeit sei eine immer-schon (oder von-Natur-aus) bestehende Einheit und die Nicht-manifeste Wirklichkeit (oder die Selbst-Natur, der Selbst-Zustand und der Akausale Ursprungs-Zustand der Wirklichkeit an sich) sei eine immer schon (oder von-Natur-aus) bestehende Einheit (und Unteilbarkeit).* Diese grundlegende Vorstellung wurde zuerst durch das Bekenntnis von Männern und Frauen großer spiritueller Reife kommuniziert und ist dann zur Grundlage der zahllosen Unternehmungen der Menschheit geworden, die mit Recht »zivilisationsfreundlich« genannt werden können. Im Gegensatz dazu hat es immer die politischen, sozialen und allgemeinen Verhaltensweisen und Folgeerscheinungen gegeben, die aus der Vorstellung (oder Philosophie) resultieren, die manifeste Wirklichkeit sei keine Einheit, sondern eine objektive Vielfalt ohne immer-schon-bestehende Unteilbarkeit. Und obwohl diese Bemühungen immer mit grundlegenden Forderungen verbunden waren, die jedem Menschen angemessene Rechte, wirkliches Wohlergehen und die notwendige Integrität gewährleisten sollten, lassen sie sich doch im Großen und Ganzen als zivilisationsfeindliche oder sogar barbarische Bemühung und Zielsetzung beschreiben. Mit anderen Worten, die politischen, sozialen und allgemeinen Verhaltensweisen und Auswirkungen der Vorstellung (oder Philosophie), die manifeste Wirklichkeit sei keine Einheit, sondern ein Reich objektiver Vielfalt, Getrenntheit, Polarisierung und unabhängiger Individualität, sind gekennzeichnet durch »Selbst«-Verherrlichung, allgemeine Entfremdung und Trennung, kollektive Entzweiung und Unordnung, wahlloses Ausnutzen aller sich bietenden Möglichkeiten, Verunglimpfung und Missachtung jeglicher Autorität, Verschärfung von Konflikten und Meinungsverschiedenheiten, übertriebener Konkurrenzkampf, Ausschweifung und Besitzgier, Niedergang der Kultur der Gemein-

---

* Die Wirklichkeit an sich – die die Wahre Selbst-Natur und der Wahre Selbst-Zustand (oder die »Ursprüngliche Wirklichkeit«) aller Dinge und Wesen ist – hängt von keinerlei Zuständen und Umständen ab und ist folglich völlig »Nicht-manifest«. Vgl. auch im Glossar: manifeste Wirklichkeit/Wirklichkeit an sich

schaft, Entwertung und Vernachlässigung philosophischer und Spiritueller Zielsetzung sowie Unterminierung der grundlegenden moralischen Einstellung von Kooperation, Toleranz und allgemeiner Friedfertigkeit.

Der politische, soziale und allgemein praktizierte »Materialismus« (oder konventionelle »Realismus«) ist an die Vorstellung (oder Philosophie) geknüpft, das manifeste Dasein sei keine Einheit (sondern bestenfalls eine Suche nach der Herstellung einer Einheit). Und dieser politische, soziale und allgemein praktizierte »Materialismus« (oder konventionelle »Realismus«) ist der vorherrschende Trend der jetzigen globalen Pseudo-Zivilisation – ungeachtet der Tatsache, dass die heutige Propaganda ständig ein Lippenbekenntnis für die politische und soziale »Einheit« ablegt und sie zum Ideal erklärt.

Freiheit, Wohlergehen und globaler Frieden für die ganze Menschheit hängen von einem individuellen und kollektiven Sinneswandel ab, dem ein entsprechender Wandel im Handeln folgen muss. Dies bedeutet, dass die grundlegende Einstellung und Lebensweise der ganzen Menschheit sich zu einem richtigen Verständnis der von-Natur-aus einheitlichen manifesten Wirklichkeit und zu einer richtigen (und wirklich Spirituellen) Hingabe an die Eine Einzige, von-Natur-aus Unteilbare Nicht-manifeste Ursprungs-Wirklichkeit wandeln muss.

Wenn es zur allgemeinen Lebensweise wird, das Ego aktiv aufzugeben, werden die Lebensumstände stets die Wahrheit bezeugen.

VI

Wirklichkeits-Politik für gewöhnliche Männer und Frauen

In dieser »Spätzeit« (oder »dunklen« Epoche) haben die Menschen typischerweise individuell und kollektiv ihre wirkliche und wahre Politik und die Verantwortung für ein wahrhaft menschliches Leben aufgegeben. Sie bemühen sich weder besonders darum, ihrem individuellen Leben eine wahrhaft menschliche Qualität zu geben, noch machen sie große Anstrengungen, dem gemeinsamen Leben der Menschheit als einer Ganzheit wahrhaft menschliche Qualität zu verleihen.

In dieser »Spätzeit« (oder »dunklen« Epoche) globaler Antizivilisation gehen die Menschen generell nicht davon aus, dass sie die Berechtigung haben, ihr Umfeld, ihre Ausrichtung im Leben und ihren Lebensentwurf insgesamt wirklich frei zu wählen und nach richtigen Prinzipien zu gestalten. Stattdessen nehmen sie an, sie müssten sich den Ideen und Plänen machtgieriger Bürokraten, ignoranter Intellektueller, materialistischer Wissenschaftler, religiöser Fundamentalisten und verwirrter politischer Revolutionäre unterordnen, die (in ihrer noch egoischen Einstellung) darauf hinarbeiten, die wahrhaft menschliche Politik zu verhindern, die nur in einer menschlich-intimen kooperativen Gesellschaft möglich ist. Diese generelle Abwesenheit eines wirklich menschlichen Lebens ist ein deutliches Zeichen dafür (und die Folge davon), dass die Menschen (als Egos) das universelle Lebensprinzip der Einheit und die lebensbejahende Vitalität Ego-transzendierender körperlicher Existenz verängstigt unterdrücken.

Da die Menschen heute überall von der Gesellschaft indoktriniert werden, sie müssten sich vor dem eigenen naturgegebenen Impuls zum Einssein mit allen-und-Allem fürchten, ist die heutige Welt, wie sie ist – die »Spätzeit« (oder »dunkle« Epoche) einer unwissenden, egoischen und allgemein irregeleiteten Menschheit. Die heutige Menschheit ist eine globale Masse bloßer Individuen, die – aufgrund ihrer Unfähigkeit, sich frei miteinander (und mit der Wirklichkeit oder Wahrheit an sich) zu »verbinden« – als Sklaven ihrer eigenen Vorstellungen und ihres egoisch getrennten »Selbst« leben. Die Menschen dieser »Spätzeit« (oder »dunklen« Epoche) sind großenteils eine unbewusste Masse, die »narzisstisch« den eigenen egoischen Motiven unterworfen ist und (unausweichlich) von anderen Egos beherrscht wird, die schlauer sind als sie selbst.

In ihrer wahren menschlichen Freiheit sind Männer und Frauen (natürlicherweise und in ihrem Herzen) auf die innig gefühlte Einheit aller Menschen und auf die Eine Wahrheit (oder Wirklichkeit an sich) ausgerichtet. In dieser Verfassung nimmt der einzelne Mensch positiv an der überall im Kosmos waltenden Struktur des universell sichtbaren und Alles-in-allem-vereinenden Lebensprinzips teil. Doch seit dem Aufkommen der modernen Spaltung zwischen jenseitig orientierten Religionen und diesseitig orientierten utopischen Idealvorstellungen nehmen die Menschen (aufgrund ihrer egoischen Zwiespältigkeit) paradoxerweise an, sie müssten den von-Natur-aus vereinenden Lebensimpuls negativ (oder zumindest puritanisch) manipulieren, unterdrücken und ins Unbewusste verdrängen. Und gleichzeitig nehmen sie an (oder hoffen irrigerweise), das Leben in dieser Welt werde durch ihre zwiespältigen Anstrengungen schließlich zu einem Paradies, das aber nur eine Utopie sein kann. Aufgrund dieser kulturellen Zwiespältigkeit ist der moderne Mensch in Bezug auf die vitalen Impulse seiner natürlichen Lebensabläufe zutiefst beunruhigt. Und in Bezug auf den Letztlichen Zweck (und die von-Natur-aus egolose Eigentliche Wahrheit) des Lebens ist er völlig verunsichert. Deshalb ist die globale menschliche Gesellschaft in dieser »Spätzeit« (oder »dunklen« Epoche) dadurch gekennzeichnet, dass die Lebenskraft manipuliert und unterdrückt wird und gleichzeitig dem materiell eingestellten Geist zu viel Raum gegeben wird.

Zwiespältigkeit führt zwangsläufig zu »finsterer« Kontrolle. Deshalb sind alle am Ende ohne Wirklichkeit und Wahrheit. Das moderne Dogma lautet: Die Menschen sind dazu da, um zu arbeiten. Das ist die Askese, die von allen erwartet wird. Du sollst nur ein einfacher zuverlässiger Arbeiter sein, dem es grundsätzlich nicht gestattet ist, ein ekstatisch-egoloses Leben zu führen, das von der immer-schon-existierenden Freude erfüllt ist. Es wird zudem nicht erwartet oder erlaubt, dass du voll bewusst bist – und auch das Bewusstsein (an sich) wird nicht geschätzt. Du sollst arbeiten, Junk-Food und Fernseher kaufen und immer auf die Propaganda der Medien hören. Und du darfst dir nicht die Freiheit nehmen, etwas »Geheimnisvolles« zu ahnen, das dich auf die Idee bringen könnte, ekstatisch und tiefgründig zu werden.

Einige Anthropologen behaupten, die Einzigartigkeit der Menschen bestehe darin, dass sie Werkzeuge herstellen. Ob gerade das die Menschen in einzigartiger Weise auszeichnet, ist fraglich und von zweitrangiger Bedeutung. Was die Menschen wirklich einzigartig macht, ist die Tatsache, dass sie das Problem des Überlebens verinnerlichen. Das Gefühl, das Dasein selbst sei ein Problem oder Dilemma, ist typisch für den un-Erleuchteten Menschen. Und vom Verlangen angetrieben, arbeitet er ständig an neuen Lösungen für dieses Problem.

Der Mensch sucht nach einem Zustand der Befreiung, der über die grobstoffliche Erfahrung und den Tod hinausgeht. Deshalb erfindet er einen inneren geistigen (oder auch mystischen) Prozess, durch den er aus dem gewöhnlichen Denken und dem normalen körperlichen Leben aussteigen und in eine illusionäre Welt eintauchen kann. Aber da er einen Geist hat, ist er auch fähig, die funktionalen Prozesse in sich selbst und in der Welt zu transformieren (oder zumindest zu manipulieren). Infolgedessen macht er Wissenschaften und Technologien zu praktischen Werkzeugen, mit denen er auf die materiellen Aspekte des Daseins Einfluss nehmen kann. Doch beide Möglichkeiten, die inneren (geistigen oder mystischen) wie die äußeren (technologischen oder utopischen), sind nur Varianten der gewöhnlichen Problemlösung.

Solange der Mensch keine grundlegende Einsicht in seinen begrenzten (egoischen) Zustand gewinnt – und vor allem, solange er sich nicht direkt (und notwendigerweise Ego-transzendierend) mit der Unteilbaren und Nicht-dualen (Einen Einzigen) Selbst-Natur verbindet, die der Selbst-Zustand und Vollkommen Subjektive Akausale Ursprungs-Zustand aller begrenzten Umstände, Zustände und Wesen ist –, solange lässt er sich leicht von anderen beeinflussen und ausbeuten, die willkürlich eine materielle Macht beanspruchen, die seiner eigenen überlegen ist. Deshalb werden die einfachen Menschen, die in einer Fabrik oder in einem Büro arbeiten und vertrauensvoll die »Nachrichten« hören, ständig (und unvermeidlich) von gerissenen Leuten ausgebeutet, die auf der materiellen Ebene die Kontrolle über ihr politisches, soziales, kulturelles und persönliches Leben ausüben.

Für den gewöhnlichen Menschen bedeutet Politik nicht viel mehr, als jeden Abend die »Nachrichten« zu sehen. In dieser »Spätzeit« (oder »dunklen« Epoche) ist Politik entweder eine kindliche oder eine adoleszente Reaktion des Menschen auf die Tatsache, dass er der Kontrolle der »Nachrichten« und der abstrakten, alles-beherrschenden Politik des Staates ausgeliefert ist. Der eine spielt »System« und der andere spielt »Revolution«. Das Kind überlässt sich dem »System« und erwartet, dass es funktioniert, und der Jugendliche ist ein ewiger Revolutionär, dessen kindliche Erwartungen nicht erfüllt wurden. Beide beziehen sich auf die Welt als eine elterliche »Instanz«, deren Kontrolle sie unterstehen.

Wenn ihr aufhört, die »Nachrichten« zu hören (und an sie zu glauben), und stattdessen einfach beobachtet, was wirklich vor sich geht, wird euch das (unausweichlich) depressiv machen und das Gefühl geben, dass ihr nicht die Kontrolle über euer Leben habt. Aber Depression ist nur eine sehr begrenzte Erkenntnis. Es ist offensichtlich, dass alle (sowohl von der Natur als auch von der Kultur) kontrolliert werden. Die typische Reaktion der Menschen auf die Erkenntnis, von den Mächten des Lebens beherrscht zu werden, besteht darin, dass sie sich an einer Revolution beteiligen, sich betrinken, ein paar üble Politiker aus dem Amt werfen, einen Krieg anzetteln, sich an landläufigen Illusionen »berauschen« und »für« oder »gegen« irgendeine Politik sind. Aber Reaktion ist offenbar nicht die Methode, mit der die reale Politik sich wirklich verbessern lässt. Ein vollkommen anderes Prinzip menschlicher Kultur und Politik muss geltend gemacht werden, das nicht von der Reaktion auf all die schlechten »Nachrichten« bestimmt wird.

In der gewöhnlichen, chaotischen, egoisch un-Erleuchteten Welt gibt es grundsätzlich nur schlechte »Nachrichten«. Anstatt auf Hilfsaktionen von außen zu warten – von der Regierung, von den Medien, von konventioneller Religion oder Mystik, aus dem Weltall oder wovon auch immer ihr sonst Hilfe erwartet –, müsst ihr selbst die Initiative ergreifen und euch an vertrauter kooperativer Gemeinschaft (oder wirklicher kooperativer und sozialer Kultur) mit anderen Menschen beteiligen. Ihr müsst in verantwortlicher, gegenseitig abhängiger, kooperativer, toleranter, friedlicher und enger Beziehung mit anderen Menschen eine wahrhaft menschliche Kultur und Gesellschaft aufbauen, in der ihr täglich menschlich-intim mit anderen Menschen zusammenlebt.

Es gibt nur einen einzigen Grund dafür, dass die »Nachrichten« der Welt und die abstrakte (unpersönliche) Politik des Staates euch ausbeuten und beherrschen können: Ihr befindet euch im »Vitalschock« und dieser Schock definiert euch als Ego. Es ist eine Abwendung vom universalen Lebensprinzip der immer-schon-bestehenden Einheit, die euch zwiespältig und »selbst«-zerstörerisch macht. Und gleichzeitig entfremdet ihr euch dadurch völlig von der Einen Einzigen, Nicht-dualen Wirklichkeit an sich (die von-Natur-aus egolos und Frei ist) und glaubt, eine Anzahl von Dingen zu benötigen und sie nur bekommen zu können, wenn ihr für oder gegen das »System« arbeitet. Wenn ihr jedoch immer schon egolos an der Selbst-Natur teilhabt, die der Selbst-Zustand der Wirklichkeit an sich ist, braucht ihr euch nicht besonders um die »Nachrichten« aus der Welt des Ego zu kümmern. Ihr könnt und müsst vielmehr eure eigene Politik schaffen – die menschlich-intime Politik kooperativer Verbindung mit euren Mitmenschen.

Das große politische »System« spielt letztlich keine entscheidende Rolle im täglichen Leben des Einzelnen. Ihr könnt und müsst ungeachtet des »Systems« und der »Nachrichten« ein wirklich freies, verantwortungsvolles Leben führen. Natürlich ist das etwas leichter, wenn das »System« relativ entgegenkommend und die »Nachrichten« einigermaßen erträglich sind. In einer absolutistischen Gesellschaft oder zu Kriegszeiten in einer ausgebombten Stadt müsstet ihr erfinderischer sein. Aber ungeachtet der großen Politik und der Art der »Nachrichten«, könnt (und müsst) ihr die wirklich menschliche (und humanisierende) Politik eines menschlich-intimen kooperativen Lebens betreiben. Die Ego-transzendierende Disziplin menschlich-intimen kooperativen Lebens ist die einzige echte Politik – die einzige echte »Realpolitik« (oder Wirklichkeits-Politik) für gewöhnliche (oder wirklich menschliche) Männer und Frauen.

Der wirkliche Wandel, den ihr selbst herbeiführen müsst, betrifft primär nicht das »System« (oder die elternhafte Welt konkurrierender Egos), sondern die gewöhnliche, alltägliche Beziehung zwischen euch und anderen Menschen. Wenn ihr frei sein wollt, müsst ihr in einer nicht-egoischen und nicht-konkurrierenden Weise in enger Kooperation miteinander leben. Ihr müsst euer inneres und äußeres Ego wirklich verstehen und euch auf dieser Basis an eine kooperative und tolerante Lebensweise gewöhnen. Ihr müsst alle persönlich die Verantwortung für euer tägliches Leben übernehmen und einfach vertraut und ernsthaft zusammenleben, ohne negativ auf die abstrakte elternhafte Welt der »Nachrichten« zu reagieren oder euch abhängig von ihr zu machen.

Eine wirklich rationale und konstruktive Politik lässt sich nicht dadurch verwirklichen, dass die Menschheit in ein weltweites System elternhafter Bürokratien eingebunden wird. Das abstrakte System schafft kindliche Abhängigkeiten und Scheinlösungen und beeinträchtigt die generelle Möglichkeit echter persönlicher Verantwortung oder eines wahrhaft menschlichen Lebens (sowie die Ego-transzendierende Erkenntnis der Einen Einzigen, Nicht-dualen Selbst-Natur, die der Selbst-Zustand der Wirklichkeit und Wahrheit ist). Die wahre Politik des Einzelnen findet in der Beziehung menschlicher Intimität statt. Eine wirklich menschliche Politik spielt sich im Umfeld realer täglicher Beziehungen ab, wo die Stimme und Erfahrung des Einzelnen direkt gehört und verständnisvoll aufgenommen wird. Genau das ist Politik. Alles Übrige ist nur der egoische Mummenschanz der abgeschmackten und entmutigenden täglichen »Nachrichten«.

Eine Politik, die auf wahrhaft menschlichen, kooperativen Beziehungen beruht, wird nicht ohne Weiteres in großem Umfang in einer modernen Stadt entstehen. Doch auch das wird sich schließlich als notwendig erweisen (wenn alle erst einmal auf der menschlich-intimen persönlichen und lokalen Ebene kooperieren). Moderne Städte sind nur eine wahllose Ansammlung unmenschlicher und menschenunwürdiger Notlagen. Die Menschen drängen sich aus allen möglichen subhumanen, im Widerstreit miteinander stehenden Gründen in modernen Städten zusammen, die nicht wirklich menschengemäß sind. Eine echte Stadt wäre eine große kooperative, soziale Ordnung (oder wirkliche Gemeinde oder Gemeinschaft) – eine im Wesentlichen autonome, umfassend kooperative, wirklich menschlich-intime und auf die Wirklichkeit ausgerichtete (oder auf der immer-schon-bestehenden Einheit basierende) Ordnung von Personen, die alle voneinander abhängen und sich der höheren evolutionären Kultur einer wirklich humanen (Ego-transzendierenden und zur Wirklichkeit erweckten) Menschheit widmen. Aber von dieser menschlichen Ordnung ist in den heutigen Städten nichts zu sehen. Die heutige Stadt ist tendenziell keine bewusste, positiv organisierte Verbindung wahrhaft menschlicher (Ego-transzendierender und zur Wahrheit erweckter) Personen, sondern meist nur eine Ansammlung gestörter und faszinierter Bürger.

Ohne eine Gemeinschaft, die auf verantwortungsvollen Beziehungen und höheren kulturellen Vereinbarungen aufgebaut ist, kann es keine vernünftige Politik geben. Eine wirklich menschliche Politik ist notwendigerweise der Ausdruck eines wahrhaft menschlichen Lebens. Sie ist die praktische Realisierung der angemessenen kollektiven Beziehungen zwischen Einzelnen, die in freier Zusammenarbeit miteinander leben.

Die wirkliche kooperative Gemeinschaft (oder einheitliche soziale Ordnung) ist nicht bloß eine utopische Kommune, in der jedes Ego vollkommen zu sein oder vollkommen befriedigt zu werden versucht. Vollkommenheit oder volle Befriedigung ist nicht möglich für das Ego (oder für die von-Natur-aus begrenzten und vergänglichen Formen des menschlichen Lebens). Höhere menschliche »Selbst«-Erkenntnis ist das Lebensprinzip einer wirklich kooperativen Gemeinschaft. Gemeinschaften sind nur dann richtig organisiert und geführt, wenn die Mitglieder ihre kreative Fähigkeit, Probleme zu lösen, in angemessener Weise »selbst« erkennen und nutzen, und zwar im Rahmen einer echten Kultur, die auf der Transzendierung des Ego-»Ichs« und der Erkenntnis der von-Natur-aus egolosen Selbst-Natur basiert, welche der Selbst-Zustand der Wirklichkeit (an sich) ist. Die Menschen müssen daher ihr Ego grundlegend verstehen und die Verantwortung dafür übernehmen – das heißt, sie müssen die Tendenz in sich kennen, ihr Leben als ein naturgegebenes (oder unauflösliches) Dilemma (der Entzweiung) und als eine endlose Suche nach der »selbst«-verherrlichenden Erfüllung liebloser (oder individueller und trennender) Neigungen zu leben.

In einer echten kooperativen Gemeinschaft ist jeder sich darüber im Klaren, was jeder andere zu werden tendiert (wenn er verantwortungslos ist) und was er werden kann (wenn er verantwortungsvoll ist). Und mit dieser Klarheit dient jeder allen anderen. Jeder kennt die persönlichen Eigenarten und Fähigkeiten aller anderen, genießt ihre Gesellschaft, unterstützt sie und lässt sich von ihnen helfen, wo immer es nötig und angebracht ist. In einer wahrhaft menschlichen (oder wirklich Ego-transzendierenden, kooperativen und toleranten) Gemeinschaft muss immer Verantwortung für das praktische Leben (und somit für die positiven einigenden Qualitäten des Einzelnen und aller Mitglieder der Gemeinschaft) vorausgesetzt und gefordert werden. Wenn dies nicht geschieht, wird es unausweichlich die Gemeinschaft schwächen – und folglich anderen, gerissenen Männern und Frauen die Möglichkeit geben (oder sie sogar dazu einladen), die Mitglieder der Gemeinschaft auszunutzen, zu unterdrücken und wieder zu Sklaven der eigenen egoischen Tendenzen zu machen.

Wenn Männer und Frauen in eine echte kooperative Gemeinschaft – und folglich in wirklich kooperative und höhere kulturelle Beziehungen miteinander – eintreten, lassen sie sich nicht mehr von den lebensfeindlichen (entmutigenden und die Freiheit unterdrückenden) Einflüssen aus dem abstrakten sozialen und politischen Bereich der weltlichen »Nachrichten« ausbeuten. Die schädliche Dominanz der Bürokratie von Egos verschwindet nur dadurch, dass die Menschen keinen Gebrauch mehr von ihr machen. Und sobald dies geschieht, wird selbst der Staat wieder dazu verpflichtet, als ein einfaches Instrument verantwortlicher Abmachungen zwischen den Menschen zu wirken. Wenn die Bürger wirklich intelligent werden und uneingeschränkt kooperieren, wird der Staat zwangsläufig genauso handeln. Und wenn die Menschen tatsächlich kollektiv zur Einsicht gelangen und Verantwortung übernehmen, kann die Freiheit des Einzelnen niemals wirklich von dem unterdrückt werden, was die »Nachrichten« verkünden.

Konventionelle Politik ist immer mit bestimmten Idealen verknüpft gewesen. In der modernen Zeit ist das frühere humanistische Ideal generell in ein wirtschaftliches Ideal umgeschlagen. Alle bloß idealistischen Systeme stützen sich jedoch gewöhnlich auf provisorische Lösungen grundlegender Probleme, denn der konventionelle Idealismus ist eine Abstraktion: Er ist nicht die Basis für eine menschlich-intime kooperative Politik praktischer Verantwortung der Menschen für sich selbst und für ihre politische Vereinigung (oder ihren Staat), sondern die Basis für eine Politik der Manipulation der Bürger durch den abstrakten Staat. Die Taktik abstrakter Staatspolitik zielt immer auf eine mehr oder weniger verantwortungslose und von außen gelenkte Bevölkerung ab – und der Staat ist daher gewöhnlich von der Vorstellung beherrscht, das menschliche Leben sei ein Dilemma, das immer neue Notstandsmaßnahmen erfordert, um die nie endende Krise weiterer dringender Probleme zu lösen. Als Folge davon besteht die Politik aus einer irrsinnigen Ansammlung von Zwischenlösungen, die von einem riesigen bürokratischen, repressiven, rigiden, übermächtigen und untragbaren Staat durchgesetzt werden.

Die Grundbedingungen des Lebens müssen von vornherein auf

der lokalen und regionalen Ebene der kooperativen Gemeinschaft geklärt werden. Innerhalb der kooperativen Gemeinschaft sollte jedem Mitglied Zugang zu den grundlegenden Gütern und Möglichkeiten garantiert werden (vorausgesetzt, dass jeder Einzelne verantwortungsbewusst und kooperativ seine Pflichten innerhalb der Gemeinschaft erfüllt). Die Befriedigung menschlicher Grundbedürfnisse erfordert im Allgemeinen keine Unterstützung durch die Mittel eines abstrakten Staates, sie sollte vielmehr in der eigenen Gemeinschaft und in natürlicher Zusammenarbeit mit anderen Gemeinschaften stattfinden. (Mit anderen Worten: Schafft zuerst die vertraute, kooperative Gemeinschaft und plant die nötigen Lösungen für alle Grundbedürfnisse – und überlegt dann auf dieser Basis, welche Abmachungen für die Zusammenarbeit mit anderen Gemeinschaften und mit großen kooperativen Organisationen von Nutzen sind.)

Wahre kooperative Politik ist eine große menschliche Unternehmung, in der die Menschen von-Natur-aus verpflichtet sind, ihr Menschsein als eine Ego-transzendierende Disziplin zu leben. Die Menschen haben in Wirklichkeit und Wahrheit nicht das Recht, ihr Menschsein oder das alles Vereinende Lebensprinzip oder die im ganzen Kosmos waltende Einheit, die sie am Leben erhält, zu verleugnen. Sie müssen die naturgegebene Verantwortung für ihre Beziehungen übernehmen, alle niedrigen und höheren Ebenen des menschlichen Daseins als reale Daseinsbedingungen akzeptieren und in jedem Bereich der Erfahrung für die positive Leitung der Lebenskraft verantwortlich werden. In dem Grad, in dem sie das alles tun, sind sie zu einem wahrhaft menschlichen Leben in Raum und Zeit verpflichtet, und nur in dem Fall besitzen sie die nötige Freiheit, in dem kreativen Entwicklungsprozess und dem ekstatisch Ego-transzendierenden Wirklichkeits-Prozess ihres Lebens als Menschen fortzufahren.

Wenn die Menschen nicht die rechtmäßige, Ego-transzendierende, kooperative und kollektive Verantwortung für ihr Leben übernehmen, werden die täglichen »Nachrichten« der Ego-Welt unausweichlich ihr Leben bestimmen und zu einem kläglichen Dasein machen. In der Welt der Egos tendieren alle dazu, geduldig wie Schafe die täglichen »Nachrichten« zu konsumieren und zu erwarten, dass alles sich eines Tages zu einer höheren Politik oder einem besseren Schicksal wendet. Aber eine wahrhaft menschliche Politik und ein wahrhaft menschliches Leben kommen nicht unbewusst zustande. Wahrhaft menschliche Politik beginnt, wenn das Bewusstsein sich intelligent und über die »Selbst«-Verkrampfung hinaus an die Nicht-duale Wirklichkeit und Wahrheit hingibt (die das Herz und Licht des Bewusstseins an sich ist) und in dieser Verfassung in das menschliche Dasein eintritt.

Es gibt keine wahrhaft menschliche Politik ohne bewusste Verantwortung. Ihr könnt nicht jeden Abend wie Schafe vor dem Fernseher sitzen, brav die offiziellen »Nachrichten« sehen und dann zu Recht erwarten, dass irgendein dafür zuständiger Bürokrat ein »Superprogramm« ankündigt, das euch aus eurem niedrigen egoischen Zustand befreit. Ihr müsst vielmehr selbst die Verantwortung für euch übernehmen. Wahrhaft menschliche Politik betreibt ihr nicht, indem ihr den Staat durch eine Revolution verändert oder mit egoischer Selbstbezogenheit auf die täglichen »Nachrichten« reagiert, sondern nur, indem ihr bewusst eure kindlich-egoische Abhängigkeit vom abstrakten Staat und eure adoleszente Reaktion auf die täglichen »Nachrichten« aufgebt. Ihr müsst daher auf persönlicher und lokaler Ebene mit anderen zusammenarbeiten und so Sorge für eure eigenen Bedürfnisse tragen. Ihr müsst in wirklich vertrauter Gemeinschaft mit anderen zusammenleben (in der ihr euch aufeinander verlasst, mit Energie zusammenarbeitet, einander in Liebe toleriert und ungehindert in Frieden zusammenlebt). Ihr müsst eure Aufgaben und Tätigkeiten, eure Mittel und eure vitale Energie kooperativ mit anderen Menschen teilen. Dies ist die einzig wahre, echt menschliche und wirklich befreiende Politik. Die Entscheidung, in wirklicher, vertrauter, kooperativer Gemeinschaft mit anderen Menschen zu leben, ist daher die einzige wirkliche und wahre Politik für gewöhnliche Männer und Frauen.

Das Leben des gewöhnlichen (oder egoischen) Menschen beruht auf der Vorstellung, das Gesetz des Lebens bestehe im Überleben und der ganze Sinn und Wert des Daseins liege im Überleben. In Wahrheit (und folglich in der Wirklichkeit an sich) besteht der grundlegende Prozess des menschlichen Lebens und sogar des ganzen Kosmos jedoch in wirklicher »Selbst«-Hingabe – oder in der ständigen Transzendierung aller Verkrampfung und Beschränkung auf das getrennte und trennende »Selbst« (oder Ego-»Ich«) und in der Transzendierung der lieblosen Trennung von allem, was aus egoischer Sicht für ein »Nicht-Selbst« gehalten wird.

Wirkliche »Selbst«-Hingabe – oder die von-Natur-aus Ego-transzendierende Teilnahme an unbegrenztem Bezogensein – ist das Gesetz. Das gewöhnliche Leben basiert hingegen nicht auf dem Ego-transzendierenden Prinzip der »Selbst«-Hingabe, sondern auf dem Ego-befriedigenden Prinzip des Überlebens – oder der aggressiven Ego-Glorifizierung des individualisierten, getrennten und trennenden Wesens. Dies ist der allgemeine Wahn. Und dieses von-Natur-aus lieblose Spiel des Überlebens des getrennten, trennenden und auf sich »selbst« beschränkten Individuums macht das menschliche Leben zu dem überwältigenden Chaos von Problemen, zu dem es in dieser »Spätzeit« (oder »dunklen« Epoche) globaler Antizivilisation für alle geworden ist.

Ihr müsst letztlich alle vermeintlichen »Dinge« aufgeben (und transzendieren) und folglich euer ganzes Dasein zu einem Prozess machen, in dem ihr bewusst das Ego aufgebt (oder wirklich transzendiert) und an nichts um seiner selbst willen krampfhaft festhaltet. Der einzelne Mensch muss (durch geeignete kulturelle Umstände) zu der Erkenntnis kommen, dass das Gesetz des Lebens in der positiven Hingabe aller vergänglichen Erscheinungen an das alles Vereinende Lebensprinzip (oder die kosmische Realität der immer-schon-bestehenden Einheit) besteht und dass es darüber hinaus erfordert, dass das getrennte und trennende Selbst sich in jedem Augenblick an die von-Natur-aus egolose Selbst-Natur hingibt, die der Selbst-Zustand und Vollkommen Subjektive Akausale Wirklichkeits-Zustand aller begrenzten Umstände, Zustände und Wesen ist. Der einzelne Mensch muss daher (durch geeignete kulturelle Umstände) zu der Erkenntnis gelangen, dass der von-Natur-aus bestehende Zweck des Lebens letztlich nicht in bloßem »Überleben«

oder einem Leben ohne Liebe besteht. Und er muss begreifen, dass er nicht unabhängig von dem von-Natur-aus immer-schon-bestehenden Prinzip der Einheit der manifesten und der Nicht-manifesten Realität existiert. Nur wenn der einzelne Mensch in dieser Weise schließlich das Ego-Prinzip aufgibt und sich an das immer-schon-bestehende Prinzip der Einheit hingibt, kann er politisch frei werden. An diesen Punkt zu kommen, ist schon als solches (von-Natur-aus) die politische Freiheit.

VII

Die Ego-Kultur des Verlangens und die Ego-transzendierende Kultur der Liebe

Die Lebenskraft, die ihr in eurem vermeintlich persönlichen Körper-Geist spürt, setzt ihr gewöhnlich ein, um Umstände zu schaffen, die eure egoischen Wünsche befriedigen sollen. In Wirklichkeit ist die Lebenskraft jedoch kein »innerliches« oder persönliches (vom Ego oder einer »Sichtweise« anhängiges) Phänomen – sie ist vielmehr Universell (oder Unteilbar und alle-und-Alles-Durchdringend). Wenn die Lebenskraft daher von »inneren« Impulsen manipuliert wird, die auf die Erfüllung persönlicher Wünsche gerichtet sind, dann ist die Befriedigung nicht nur selten und unvollständig, sondern die Lebenskraft selbst wird dadurch immer frustriert, denn wenn sie persönlichen Wünschen untergeordnet wird, kann sie nicht ihre Universelle (Unteilbare, alle-und-Alles Durchdringende) Funktion Erfüllen: Sie kann dann nicht als die immer-schon-bestehende Einheit Wirken und (dadurch) ihre aus-sich-heraus Existierende Göttliche Freiheit in der manifesten Welt Realisieren.

Der gewöhnliche Mensch ist unreif – und immer unzufrieden –, bis er seine persönlichen Wünsche (und seine ganze Suche nach Befriedigung) hinter sich lässt und ein Leben Ego-transzendierender Liebe zu führen beginnt (oder in jedem Moment seine egoischen Wünsche und Gewohnheiten transzendiert). Er lebt dadurch ständig in der Universellen Moralischen Disposition der immer-schon-bestehenden Einheit und übernimmt in allen Bereichen der Erfahrung, des Handelns und der zwischenmenschlichen Beziehungen grundlegende Verantwortung.

Der reife Mensch ist typischerweise frei von den grundsätzlich und zwangsläufig frustrierenden Begrenzungen des manifesten Daseins und von der egoischen Politik in den persönlichen und kollektiven Beziehungen.

Der reife Mensch hat große Strahlkraft in der Welt, sodass die immer-schon-bestehende Einheit der Wirklichkeit an sich egolos als diese Person Lebt.

Ein die ganze Welt umspannendes Kollektiv von reifen Menschen (die durch eine wahrhaft menschliche und esoterische Kultur geprägt worden sind) kann daher eine wahrhaft menschliche, segensreiche, moralisch integre und von der Wirklichkeit Erleuchtete Kultur hervorbringen, die darauf beruht, dass die Selbst-Natur oder der Selbst-Zustand der Wirklichkeit an sich unmittelbar aus-sich-heraus Erfasst wird.

Nur solch ein weltumspannendes Kollektiv reifer Menschen ist wirklich frei von den unvermeidlichen Frustrationen, die sonst nur zu subhumanen Gesellschaften, subhumanen zwanghaften Bedürfnissen und subhumanen Schicksalen (im Leben und nach dem Tod) führen.

VIII

Die heilende Kraft der kooperativen Gemeinschaft

Nur die menschlich-intime kooperative Gemeinschaft bietet den Rahmen, in dem alle positiven menschlichen Qualitäten sich ständig entwickeln und bewähren können. Wenn die Menschen außerhalb der kooperativen Gemeinschaft leben, tendieren sie zu allen möglichen antisozialen und egoischen Verhaltensweisen, und sobald diese einmal da sind, lassen sie sich nicht wirklich ändern, es sei denn, jemand kehrt wieder zum menschlich-intimen Rahmen der kooperativen Gemeinschaft zurück.

Solange der Einzelne nicht in der kooperativen Gemeinschaft lebt und sich an ihrem Leben beteiligt, scheint es die Aufgabe von Spezialisten und Institutionen zu sein, ihn von seinen antisozialen, subhumanen, egoischen Verirrungen zu »heilen«. Doch weder die weltliche »Maschine« des abstrakten Staates noch irgendeine Kombination aus willkürlichen Sozialgesetzen und Polizeigewalt, noch die große »Priesterschaft« der Psychiater und Sozialarbeiter* bringen zustande, was <u>nur</u> möglich ist, wenn der Einzelne wieder in den intimen Rahmen der kooperativen Gemeinschaft eintritt und sich dem humanisierenden Einfluss ihrer kulturellen Inspiration und Erwartung öffnet.

Benutzt daher die politische Freiheit, die euer natürliches Recht ist, um in echter kooperativer Gemeinschaft mit anderen zu leben. Steckt die ganze freie Energie, die euch zur Verfügung steht, in die

---

* Mit dieser Aussage ist gemeint, dass Psychiater und Sozialarbeiter in der modernen säkularen Welt die autoritative Stellung einnehmen, die früher die Priester innehatten.

Entfaltung eines wahrhaft menschlichen Lebens. Bringt ständig Integrität in euer Leben, indem ihr das getrennte und trennende Ego-»Selbst« transzendiert und es immer der Wirklichkeit und Wahrheit unterordnet, die immer schon alle-und-Alles einschließt, durchdringt, erfüllt, transzendiert und überstrahlt.

IX

Die immer-schon-bestehende Einheit ist das Prinzip wahrer Gerechtigkeit

1

Die immer-schon-bestehende Einheit ist das Prinzip wahrer Gerechtigkeit.

Inwieweit hat ein Mensch das natürliche moralische Recht, einen anderen Menschen zu töten? Grundsätzlich nur insoweit, als sein Leben unmittelbar in Gefahr ist und er sich körperlich gegen den Angreifer wehren muss. Dies gilt für den Einzelnen ebenso wie für Staaten, gesellschaftliche Gruppen oder ganze Gesellschaften.

Im Rahmen des natürlichen menschlichen Lebens kann man es für vertretbar halten, wenn jemand sich in einer unvermeidlichen lebensbedrohlichen Situation unglücklicherweise nur durch heftige körperliche Gegenwehr verteidigen kann und den anderen dabei (vielleicht) tötet. Dasselbe gilt für Notwehr in kollektiven Auseinandersetzungen, in denen sogar viele Menschen getötet werden. Aber in allen Situationen, in denen jemand nicht unmittelbar physisch bedroht ist und sich nur physisch verteidigen kann, hat niemand das Recht, einen anderen zu töten. Und selbst die Entscheidung, sich aggressiv zur Wehr zu setzen, sollte möglichst nur getroffen werden, wenn klar ist, dass dies wahrscheinlich die insgesamt besseren Folgen hätte – denn es gibt Fälle, in denen es sogar besser wäre, das eigene Leben zu opfern.

Wenn ein Gewalttäter überwältigt und eingesperrt worden ist, stellt er weder für einzelne Personen noch für die Gesellschaft eine Bedrohung dar. Die Gesellschaft hat daher keinen Grund mehr, sich bedroht zu fühlen und zu glauben, sie müsse sich verteidigen und diesen Menschen auf gerichtliche Veranlassung hin ermorden. Er ist schon an weiteren Gewalttätigkeiten gehindert und es besteht daher kein Grund und kein Recht mehr, ihn zu töten.

Es ist niemals gerechtfertigt oder akzeptabel, andere zu ermorden oder Rache an ihnen zu üben – selbst wenn sie die schrecklichsten Verbrechen begangen haben. Außer im Falle unmittelbarer und unvermeidlicher Notwehr ist jede Form der Tötung anderer Menschen Mord und es spielt keine Rolle, ob die Tötung durch Einzelne, durch eine Gruppe oder durch die Gesellschaft erfolgt.

Jeder befindet sich von-Natur-aus in einem universellen kosmischen Netz von Ursachen und Wirkungen. Deshalb gibt es im Bereich moralischer Vergehen nichts »Persönliches«, das absolute Geltung hätte. Im Fall der Todesstrafe wird die hingerichtete Person mit einem speziellen Vergehen identifiziert und somit als absoluter »persönlicher« Fall betrachtet – und diese Verabsolutierung einer »Person« (oder die fixierte und ausschließliche »Objektivierung« eines »Selbst«) reduziert die »Person« auf ein »Ding«, obwohl sie mehr als das ist. Die Todesstrafe leugnet sowohl die universelle nicht-»objektive« und unreduzierbare Selbst-Natur der Wirklichkeit als auch die undefinierbare (nicht-»objektivierbare« und von-Natur-aus egolose) tiefere Natur des Menschen. Die gerichtlich verhängte Todesstrafe ist wie jeder andere Mord und jede Tötung aus Rache ein aggressiver Akt, der sowohl den Bestraften als auch den Bestrafenden oder das bestrafende Kollektiv entmenschlicht.

Die Gesellschaft hat sowohl das Recht als auch die Pflicht, sich selbst und alle ihre Mitglieder physisch zu verteidigen. Es ist daher zweifellos angemessen, wenn die Gesellschaft physische Kontrolle über Menschen oder Situationen ausübt, die eine akute physische Bedrohung darstellen. Aber sobald die physische Bedrohung nicht mehr besteht, besteht auch kein moralisches Recht mehr, die Person oder Personen, die vorher eine Bedrohung waren, hinzurichten. Dann besteht nur die Verpflichtung, die Person oder Personen in einem Umstand festzuhalten, in dem sie niemandem mehr Schaden zufügen können.

Außer im Fall unvermeidlicher akuter Notwehr ist jedes Töten von Menschen von-Natur-aus unrechtmäßig. Mord ist daher kein menschliches Recht, Rache ist kein menschliches Recht und die Todesstrafe ist kein menschliches Recht. Menschen (und ganze Gesellschaften), die Mord oder Rache verüben, »vergiften« und schädigen dadurch sich selbst und vernichten sich dabei vielleicht sogar. Die moralische Integrität, die den Menschen zum Menschen macht, wird in individuellen oder kollektiven Mordtaten oder Racheakten aggressiv missachtet und zerstört. Die Todesstrafe verletzt daher ein moralisches Gesetz, das in jedem Menschen verankert ist.

Wer die Todesstrafe ausübt, sie als Zuschauer mitverfolgt oder sie stillschweigend duldet, ist daher zwangsläufig aktiv oder als Zuschauer oder durch stillschweigende Duldung an Mord, Blutrünstigkeit, Rache und böswilligen Absichten beteiligt und verleugnet das fühlende Herz. Dies zeigt sich in der Tatsache, dass praktisch alle, die in irgendeiner Weise Gewalttaten an anderen Menschen verüben oder Zeuge davon werden oder sie billigen, unvermeidlich einen unauslöschlichen Schmerz in ihrem Herzen spüren.

Deshalb sollten alle Menschen dieses moralische Gesetz immer achten. Selbstverteidigung (und körperliche Verteidigung menschlichen Lebens im Allgemeinen) ist im Prinzip vernünftig – und sie kann angemessen sein, um eine unvermeidliche Situation unter Kontrolle zu bringen, in der eine akute physische Bedrohung für einen selbst oder andere besteht. Aber niemand ist berechtigt, eine Person oder Personen zu töten (und das heißt, sie zu ermorden oder Rache an ihnen zu verüben), sobald ihre lebensbedrohenden Handlungen physisch vereitelt worden sind. Wenn gewährleistet werden soll, dass die Menschen dieses universelle Gesetz immer befolgen, dann muss die Gesellschaft mit allen möglichen Mitteln dafür sorgen, dass Individuen, Nationen oder Gruppen von Menschen im Allgemeinen daran gehindert werden, Morde und Racheakte zu verüben.

2

Die immer-schon-bestehende Einheit ist das Prinzip wahrer Gerechtigkeit.

Mord und Rache sind von-Natur-aus amoralisch und niemals gerechtfertigt. Die Todesstrafe ist daher amoralisch und niemals gerechtfertigt.

Die Ausbeutung und Tötung von Menschen verletzt das Herz jedes Menschen. Deshalb sollten alle immer aktiv zusammenarbeiten und darauf hinwirken, dass das »Selbst« und die Beziehungen zwischen allen Menschen moralisch integer und emotional ausgeglichen sind, sodass im höchsten Maße vermieden und verhindert wird, dass Menschen (außer in Fällen unvermeidlicher Notwehr) andere Menschen ausbeuten oder töten.

Auch die Ausbeutung oder Tötung anderer Lebewesen verletzt das Herz jedes Menschen. Deshalb sollten die Menschen auch dafür sorgen, dass das menschliche »Selbst« sich allen anderen Lebewesen gegenüber positiv und friedlich verhält und dadurch in höchstem Maße vermeidet und verhindert, sie auszunutzen oder unnötig oder inhuman zu töten.

Die Ausbeutung, zunehmende Beeinträchtigung und potenzielle Zerstörung der grundlegenden Ordnung der natürlichen Umwelt, von der alles Leben auf der Erde abhängt, verletzt das Herz eines jeden Menschen und ist eine unmittelbare Bedrohung der Existenz aller Lebewesen. Deshalb sollten die Menschen immer mit der nötigen »Selbst«-Disziplin und in globaler Kooperation die grundlegende Ordnung der natürlichen Umwelt der Erde respektieren und erhalten.

Wenn alle Menschen ihr moralisches Verhalten (untereinander sowie anderen Lebewesen und der Umwelt gegenüber) in diesem Sinne ändern würden, dann würde dies in jeder Hinsicht wahre menschliche Integrität demonstrieren. Die Menschen würden aufhören, die menschliche und natürliche Welt und Umwelt physisch, politisch, sozial und kulturell zu »vergiften«, zu schädigen und insgesamt negativ zu beeinflussen (und sie mit physischen Mitteln sowie auch allgemein durch ihr geistiges, verbales, emotionales und »psychisches« oder psychologisches und energetisches Verhalten in Mitleidenschaft zu ziehen).

Dieser Prozess, in dem alles menschliche Handeln sowohl in Bezug auf die anderen Menschen als auch in Bezug auf die anderen

Lebewesen und die Umwelt in Ordnung gebracht werden, muss immer darauf konzentriert sein, das menschliche »Selbst« zu disziplinieren (und umfassend zu »entgiften«). Und die Menschen müssen diese Disziplin in all ihren Beziehungen einhalten und eine soziale Ordnung der Kooperation aufbauen, die den egoischen Mustern ihre Kraft nimmt, die immer nur zur »Selbst«-Zerstörung und zur Zerstörung »anderer« und der Welt führen.

Die positive moralische Einstellung, selbst die Verantwortung zu übernehmen, würde sich unter anderem auch darin zeigen, dass die Menschen nicht nur vom Gesetz gezwungen, sondern aus eigenem Antrieb und durch konkrete physische Maßnahmen die negativen Konsequenzen des eigenen Handelns vermeiden und verhindern würden – zum Beispiel ungewollte Schwangerschaften, medizinisch nicht notwendige Schwangerschaftsabbrüche, sexuell oder auf sonstige Weise körperlich übertragbare Krankheiten, alles Suchtverhalten, das zu »Selbst«-Vergiftung, Illusionen über sich »selbst« und zu negativem Sozialverhalten führt, sowie jede Beteiligung an politischen, sozialen, kulturellen, religiösen und philosophischen Institutionen, Traditionen und Idealismen, die einen negativen und potenziell zerstörerischen Einfluss ausüben, zu gefährlichen Illusionen verleiten und offensichtlich falsch (oder völlig unvertretbar) sind.

Um ihr ganzes moralisches Verhalten (untereinander sowie den anderen Lebewesen und der Umwelt gegenüber) zu ändern, muss die Menschheit von vornherein die immer-schon-bestehende Einheit zu ihrem Prinzip und ihrer Praxis machen und dann ständig an dieser Praxis festhalten und sie immer wieder erneuern. Sie muss also immer die mitfühlende gegenseitige Verbundenheit kultivieren, die prinzipiell jede »Objektivierung«, Entfremdung, Ausbeutung, gedankenlose Bedrohung und Gewalttätigkeit, ungerechtfertigte Zerstörung und die Tendenz zur Beziehungslosigkeit und zum Chaos meidet (und verhindert).

Die von-Natur-aus bestehende Integrität der immer-schon-bestehenden Einheit ist das Prinzip, auf dem alle Gerechtigkeit basiert.

3

Die immer-schon-bestehende Einheit ist das Prinzip wahrer Gerechtigkeit.

Personen, die ein Verbrechen begangen haben (und ordnungsgemäß verurteilt sind), lediglich zu inhaftieren, zu unterdrücken und zu bestrafen, ohne ihnen eine Chance zur Besserung anzubieten, verletzt das Herz jedes Menschen und bedroht letztlich den sozialen Frieden in der Zukunft. Menschen zu inhaftieren, ohne ihnen die Möglichkeit zu geben, ihre Menschenrechte auszuüben und ihren moralischen Impulsen zu folgen, ist grundsätzlich ein Unrecht. Solche Inhaftierung und überhaupt jede gezielt repressive Bestrafung (ohne Besserungsmaßnahmen) ist nur ein Akt der Aggression seitens der größeren Gesellschaft gegen Personen, die bereits unter Kontrolle gebracht sind (und gegenwärtig keine Bedrohung für andere darstellen). Solche Vorgehensweisen sind daher selbst kriminelle Handlungen. Es sind Racheakte und nicht Akte der Gerechtigkeit.

Akte der Gerechtigkeit sind (und erfordern) per definitionem moralisches (und insgesamt positives) Handeln.

Diejenigen, die zu Recht wegen Verbrechen verurteilt sind, sollten daher (in dem Maße und solange, wie es nötig ist) in Gewahrsam genommen und davon abgehalten werden, weitere Verbrechen (und sonstige aggressive und bedrohliche Handlungen) zu begehen. Aber solange sie sich in dieser Situation befinden, sollten sie <u>täglich</u> (unter angemessener Überwachung) <u>Wiedergutmachungsdienste</u> leisten, und zwar in <u>direkter</u> Beziehung zu den Personen, denen sie Unrecht getan und Schaden zugefügt haben, und auch in <u>direkter</u> Beziehung zu der Gesellschaft, in der sie ihre Straftat begangen haben. Soweit es in diesem sicheren Gewahrsam möglich ist, sollten sie ihre täglichen Wiedergutmachungsdienste in der Öffentlichkeit und auch in den privaten Umständen derer, denen sie Unrecht getan und Schaden zugefügt haben, verrichten.

Wenn verurteilte Verbrecher diesem moralischen Prozess unterworfen werden, wird damit das folgende moralische Gesetz erfüllt, das allgemeine Geltung erlangen sollte: <u>Alle</u> Racheakte und <u>alle</u> bloß repressiven Strafen (ohne Besserungsmaßnahmen) verstoßen von-Natur-aus immer gegen das moralische Gesetz und sind selbst der eigentliche Kern aller kriminellen Absichten und Handlungen.

Eine Gesellschaft, die sich nicht (auch im Umgang mit denen, die anderen Unrecht getan oder Schaden zugefügt haben) an wirklich moralische Gesetze hält, ist ungerecht und gesetzlos.

Wenn die Gesellschaft gesetzlos ist, bringt sie unausweichlich Rechtsbrecher oder Verbrecher hervor – Menschen, die von dem Impuls getrieben werden, kriminelle Handlungen zu verüben, zu rechtfertigen und zu dulden (oder Racheakte zu begehen und repressive Strafen ohne Besserungsmaßnahmen zu verhängen).

Wenn eine ungerechte oder gesetzlose Gesellschaft Racheakte verübt und nur repressive Strafen (ohne Besserungsmaßnahmen) gegen diejenigen verhängt, die anderen Unrecht getan oder Schaden zugefügt haben und dafür verurteilt sind, dann stellt diese Gesellschaft eine Bedrohung für sich selbst dar.

Deshalb sollte jede ungerechte und gesetzlose Gesellschaft auf der Erde (von allen gerechten und am Gesetz orientierten Gesellschaften) dazu aufgefordert werden, sich selbst zu korrigieren. Dies sollte von allen erwartet und unterstützt werden.

4

Die immer-schon-bestehende Einheit ist das Prinzip wahrer Gerechtigkeit.

Dieses richtig verstandene und wirklich moralische Handeln sollte in der ganzen globalen kooperativen Gesellschaft der Menschheit kultiviert werden, und es sollte zur Richtlinie für alle Staaten, für jeden Einzelnen und für die ganze kooperative Gesellschaftsordnung werden.

X

Ihr, die Menschen

Die Notwendigkeit einer globalen kooperativen Ordnung der ganzen Menschheit

1

Die Arbeitshypothese der immer-schon-bestehenden Einheit – und nicht die Suche nach Einheit – bildet den richtigen und wahren Kontext für das menschliche Zusammenleben. Wenn die Menschen die immer-schon-bestehende Einheit voraussetzen, können sie durch Ego-transzendierende Kooperation und Toleranz dauerhaft Frieden schaffen. Tun sie das nicht, gibt es nur den Konkurrenzkampf zwischen Egos, der inzwischen solch ein Ausmaß angenommen hat, dass er die Erde und die Menschheit – auf allen Ebenen des gewöhnlichen, natürlichen, wirtschaftlichen, politischen und sozialen Lebens – zu zerstören droht. Konkurrenzkampf zwischen Egos, die permanent auf Konfrontationskurs sind, entsteht immer dann, wenn Nicht-Einheit und Getrenntheit vorausgesetzt werden. Er beschwört eine Situation herauf, in der jeder nach Dominanz über alle anderen strebt. Dieses Irrenhausdrama gnadenloser Konkurrenz und Konfrontation gefährdet letztlich das Leben auf der Erde.

Die ganze Welt steht am Rande absoluter Zerstörung, obwohl es nicht so sein müsste und nicht zu rechtfertigen ist. Da die jetzige Situation nicht aus der Sicht der Wahrheit beurteilt und korrigiert wird, scheint es aber keinen wirklichen Ausweg aus diesem Irrsinn zu geben. Es gibt nur rivalisierende Parteien, die alle ihren politischen, religiösen oder sonstigen »Absolutheitsanspruch« erheben. Stets werden die Ansprüche und Forderungen von »jedermann« und seinem »Stamm« der Wahrheit und jeder größeren Wirklichkeit vorgezogen.

Jede Gruppe von Menschen – und folglich auch die Gesamtheit aller Staaten – kann nur richtig funktionieren, wenn sie von der immer-schon-bestehenden Einheit (oder Unteilbarkeit) ausgeht. Aber in diesem Moment der Geschichte sind die Nationen nicht »vereint«. Sie sind völlig entzweit und von der Manie des Verschiedenseins besessen, sodass sie ständig miteinander konkurrieren und sich gegenseitig bekämpfen.

Die Menschen betrachten Einheit gemeinhin als etwas Positives. Aber sie glauben, sie müssten auf die Einheit »hinarbeiten«. Ich hingegen spreche von der immer-schon-bestehenden Einheit. Ich spreche davon, dass die Menschen in einen Dialog miteinander treten müssen, ohne ihre gewohnten egoischen Vorstellungen von Getrenntheit, Konflikt und Konkurrenz ins Spiel zu bringen. Sie müssen stattdessen von der immer-schon-bestehenden Einheit ausgehen und sich an das absolute Gesetz halten, dass der Frieden stets bewahrt werden muss, anstatt an einem Status quo festzuhalten, der auf der Annahme der Getrenntheit, Konfrontation und globalen Zersplitterung beruht.

Maßvoller und fairer Wettbewerb kann der Gesellschaft durchaus nützen. Aber wenn die ganze Welt zu einem einzigen Wettkampf wird, richtet er nur noch Schaden an.

Die immer-schon-bestehende Einheit oder Unteilbarkeit hat den Vorrang vor dem Wettbewerb. Es ist absolut notwendig, dass jeder Dialog und alle Ereignisse in der Welt von dem Arbeitsprinzip der immer-schon-bestehenden Einheit ausgehen. Kooperation und Toleranz sind keine bloßen »Ideale«, die praktisch umgesetzt werden sollten. Wirkliche Kooperation und wirkliche Toleranz folgen vielmehr aus der Annahme der immer-schon-bestehenden Einheit. Deshalb geht es nicht darum, nach Einheit, Kooperation, Toleranz und Frieden zu suchen. Einheit, Kooperation, Toleranz und Frieden sind das Gesetz und der Ausdruck eines wahrhaft menschlichen Lebens. Einheit, Kooperation, Toleranz und Frieden existieren immer schon. Sie sind daher das Prinzip, das den Menschen fortwährend bewusst bleiben muss und an dem sie sich ständig orientieren müssen.

Der heute übliche Dialog zwischen den Menschen basiert nicht auf dem Gesetz richtigen Lebens, sondern auf dem genauen Gegenteil. Er handelt zwar von »Einheit«, »Kooperation«, »Toleranz« und »Frieden«, aber nicht in dem Sinn, dass sie immer-schon-bestehen. Sie werden vielmehr in egoischer Weise als Ziel oder als Ideal vorgegeben oder propagandistisch zur Manipulation von Menschen und Situationen eingesetzt.

Die Menschen müssen eine grundlegend richtige Diskussion untereinander führen. Und dazu braucht es eine globale Institution, die dem Dialog Form verleiht und alle Menschen repräsentiert und einbezieht. Diese globale Institution wird jedoch nur entstehen, wenn die Menschen sich nicht länger von der Annahme korrumpieren lassen, es gäbe keine Einheit (oder die immer-schon-bestehende Einheit oder Unteilbarkeit sei nicht immer schon vorhanden).

2

Die heutige Welt gleicht einem verrückten Sportereignis, bei dem die Teilnehmer – wie bei einem Gladiatorenkampf im alten Rom – sich gegenseitig bedrohen und aufeinander losgehen. Es ist Wahnsinn. Und das Fernsehen trägt seinen Teil dazu bei. Überall versuchen Einzelne und Gruppen, Aufmerksamkeit auf sich zu ziehen und ins Fernsehen zu kommen, oft indem sie ein schlimmes Verhalten an den Tag legen oder sogar die scheußlichsten Gewalttaten begehen. Die heutige Welt ist ein Irrenhaus, ein Mummenschanz, eine absurde Seifenoper, die das Leben der ganzen Menschheit beherrscht und in der die Menschen und die Welt völlig bagatellisiert werden.

Dieses absurde Drama in der menschlichen Welt hat »philosophische« Ursachen. Eine bestimmte Denkweise und Einstellung hat sich in der Menschheit breitgemacht. Die egoische Sicht und Einstellung hat von der Welt Besitz ergriffen – sie gilt als »notwendig« und als »Wahrheit«. Dieser grauenvolle Trend in der Geschichte ist mit einer starren philosophisch-dogmatischen »Denkgewohnheit« verbunden, die sich im Laufe von Jahrhunderten herausgebildet hat. Es ist die »Gewohnheit«, das »Selbst«, das manifeste Dasein und die Wirklichkeit an sich zu »objektivieren« und sich nicht nur im Denken, sondern auch im Handeln mit dieser »objektiven« Sicht der Dinge zu identifizieren. Aus dieser immer »objektivierenden« Sicht heraus wird alles – sogar das menschliche »Selbst« und die Wirklichkeit an sich – als »Objekt« betrachtet. Das »objektive Selbst« ist das reflektierte »Selbst«, die vom Ego hervorgebrachte Vorstellung eines »Selbst«. Es ist »Narziss«, der sich nicht wirklich seiner »selbst«, sondern nur seines Spiegelbildes bewusst ist, als wäre es ein »anderer«.

Die ganze Gesellschaft ist jetzt »Narziss«, und als Folge davon ist sie grundlegend von der Wirklichkeit an sich getrennt und wird immer gereizter. Dies führt zu einer absurden, wahnwitzigen Lebensweise, die sich im Konkurrenzkampf aller gegen alle ausdrückt. Dieser weltweit herrschende Konkurrenzkampf hat auch die natürlichen Systeme der Erde geschädigt – und er verursacht überall (und unaufhaltsam) schreckliches Leid.

Der Impuls zum »Objektivieren« kennzeichnet auch die Sichtweise des »wissenschaftlichen Materialismus«. Wissenschaft (oder die wissenschaftliche Methode) ist an sich einfach nur freie Forschung ohne philosophische Vorurteile und ohne vorgefasste Meinungen bezüglich der »Ergebnisse« und »Interpretationen«. Aber die Gesellschaften werden heute nicht von der reinen Wissenschaft, sondern vom wissenschaftlichen Materialismus beherrscht (mit anderen Worten, von der Philosophie des »objektiven Materialismus«, der sich in einer von philosophischen Vorurteilen geprägten Kontrolle über die Interpretationen und sogar über die eindeutigen Ergebnisse ausdrückt, die mithilfe der angewandten wissenschaftlichen Methode erzielt werden). Es lässt sich mit Recht sagen, dass der wissenschaftliche Materialismus die philosophische Rechtfertigung für die egoische Gesellschaft und Lebensweise liefert, denn es ist die Einstellung (und grundlegende Methode) des wissenschaftlichen Materialismus, zuerst jedes »Subjekt« zu »objektivieren« und es dann als »Objekt« zu betrachten. Die Methode des wissenschaftlichen Materialismus besteht also darin, jeden »Gegenstand« zu »objektivieren«, sich von ihm zu trennen und ihn dann in völlig »objektiver« Manier zu analysieren, zu sezieren und zu manipulieren – bis zum Schluss philosophisch behauptet (und psychologisch vorausgesetzt) wird, die Wirklichkeit an sich sei lediglich »objektiv«.

In der programmatischen Methode materialistischer »Objektivierung« wird auch das »Selbst«, das ein Teil der Wirklichkeit ist, als »objektiv« betrachtet (und auf den Status eines »Objekts« reduziert).

Dieses Unterfangen ist das Programm des »Narziss«. »Narziss« hält sogar sich selbst für ein »Objekt«. »Narziss« sieht nur sein Spiegelbild, sein Image, das ihm widergespiegelt wird, ohne dass er es als solches erkennt. Er denkt immer nur, er sehe einen »anderen«.

Systematische »Objektivierung« des »Selbst« und sogar der ganzen Wirklichkeit ist die typische Methode des Ego. Für jedes Ego-»Ich« ist das »Selbst« daher ein »Objekt«. Das Ego-»Ich« betrachtet sich als ein »objektives« Ding – als wäre es ein »objektiver« und getrennter »anderer«. Dies ist sowohl für das egoische Individuum als auch für die ganze egoische Gesellschaft eine tragische und »selbst«-zerstörerische Situation. Das persönliche und gesellschaftliche Ego-»Ich« beruht auf »Selbst«-Täuschung. Es ist Wahnsinn, das »Selbst« zu »objektivieren« – und es somit nur von außerhalb der subjektiven Position zu »sehen«, als wäre das »Selbst« jemand »anderer« oder stände der eigenen »Sicht« als etwas »anderes« gegenüber. Dieser Wahnsinn ist jedoch weit verbreitet – denn »Narziss«, das (immer von außerhalb betrachtete und vorgestellte) »objektivierte Selbst«, ist jedes Ego-»Ich« (oder jedes vermeintlich getrennte und trennende »Selbst«).

Die Welt zu »objektivieren«, ist dasselbe, wie sich von ihr zu trennen. Paradoxerweise lässt sich aber sogar das, was augenscheinlich »außerhalb« des »Selbst« ist, nur von »innerhalb« richtig verstehen (und zwar durch eine Ego-transzendierende Disziplin, die auf der Basis der eigenen »subjektiven« Position ausgeübt wird). Doch in dieser »Spätzeit« (oder »dunklen« Epoche) basiert die ganze menschliche Kultur und Gesellschaft auf dem Prozess der »Objektivierung«, und folglich ist der Grundzustand oder Selbst-Zustand (oder die Vollkommen Subjektive Selbst-Natur) der Wirklichkeit an sich für die Menschheit durch bloße und endgültige »Objektivierung« verlorengegangen.

Das »Selbst« ist per definitionem nicht »objektiv«. Das »Selbst« ist notwendigerweise völlig »subjektiv«. Alle Erscheinungen und das ganze erfahrbare Dasein sind daher von der ursprünglichen »subjektiven« Ebene her zu verstehen (und folglich von innen nach außen wahrzunehmen und zu verstehen). Erfahrungen lassen sich anders (von außen nach innen) nicht richtig erfassen und verstehen. Sobald die Welt und das »Selbst« oder alles und jeder »objektiviert« sind, wird ein allumfassender Zustand der Entfremdung und Trennung erzeugt (der immer nur negative Folgen hat). Die Welt des Ego und die egoische Gesellschaft basieren auf dieser Gewohnheit der Entfremdung – der Gewohnheit der »Objektivierung« von allem und jedem, das »Selbst« eingeschlossen.

Die Wiederherstellung von Vernunft und Wahrheit – oder der Wirklichkeit an sich – erfordert die Überwindung der auf »Selbst«-Täuschung beruhenden Aktivität der »Selbst-Objektivierung«. In dem »selbst-objektivierten« Ego-Zustand wird das »Selbst« zum bloßen Spiegelbild, als würde es von außen betrachtet.

In der Welt des Ego ist sich das »Selbst«-Bewusstsein nicht wirklich seiner »selbst« bewusst (so, wie es ist), sondern nimmt sich als ein »Selbst«-Bild wahr – ein Spiegel-Bild von sich »selbst«, das von außen als »Objekt« gesehen wird. Kein »Objekt«-Bewusstsein ist richtiges und Wirkliches »Selbst«-Bewusstsein. Das richtige und Wirkliche »Selbst«-Bewusstsein ist das Transzendente Bewusstsein – das Ur-Bewusstsein oder Bewusstsein an sich, so, wie es ist. Das Bewusstsein an sich ist der stillschweigende, Freie (und von-Natur-aus egolose) Zeuge* von allem, was in Erscheinung tritt. Das Bewusstsein an sich lässt sich nicht »objektivieren«. Es kann nicht in Gestalt eines »Objekts« oder als manifeste Kenntnis von »Objekten« existieren. Das Bewusstsein an sich – das die Wirklichkeit an sich ist – existiert immer schon vor allen-und-Allem. Die wahre Selbst-Position existiert daher immer schon vor allem, was sich manifestiert.

Diese Erkenntnis ist die notwendige Grundlage für die Wahrnehmung der Wirklichkeit an sich. Die Wirklichkeit an sich ist die einzige Basis für psychisches und physisches Wohlergehen. Die

* Wenn das Bewusstsein Frei von der Identifikation mit dem Körper-Geist ist, Steht Es in Seiner natürlichen »Position« als der Bloße Zeuge von allem da, was in Erscheinung tritt.

immer-schon-bestehende Einheit der gesamten in Erscheinung tretenden Welt und die immer-schon-bestehende Einheit der Menschheit entspringen (ohne »Verschiedensein«) der immer-schon-bestehenden (und von-Natur-aus egolosen) Selbst-Natur, die der Selbst-Zustand und Akausale Ursprungs-Zustand und die Wirklichkeit an sich ist und immer schon vor aller »Objektivierung« und Entfremdung und vor allem Getrenntsein existiert.

Die Einstellung, die der Wirklichkeit an sich gerecht wird, zeigt sich im gewöhnlichen Leben als eine Einstellung, die nicht davon ausgeht, dass es keine Einheit gibt, sondern dass Einheit immer-schon-besteht. Diese Transformation – von der Nicht-Einheit zu der immer-schon-bestehenden Einheit – ist die »Selbst«-Erkenntnis oder das »Selbst«-Verständnis, das die »Objektivierung« des »Selbst« transzendiert (die von dem egoischen Akt der Trennung erzeugt wird, der das »Selbst« nur als von außen gesehen widerspiegelt).

Wahre »Selbst«-Erkenntnis besteht darin, das »Selbst« und die Welt von innen heraus zu sehen. Das »objektivierte Selbst« ist skurril, verrückt, getrennt, entfremdet, permanent in Schwierigkeiten, vom Tod bedroht und von einem »Selbst«-Bewusstsein bedroht, das (auch für die bewusste Wahrnehmung des »objektivierten Selbst«) von Grund auf abscheulich ist. Von außen betrachtet – als würde er von einem anderen gesehen, der sich selbst wahrnimmt –, ist der »Körper als objektiviertes Selbst« abstoßend. In dem Fall ist das »Selbst« nur noch anstößig und auf seine Funktionalität reduziert. Die »Selbstheit«, die von-innen-heraus existiert – bevor irgendetwas in Erscheinung tritt oder das »Selbst« von außen gesehen wird –, ist verlorengegangen. Das »Selbst« von außen zu sehen, bedeutet, sich negativ seiner »selbst« als getrennt und entfremdet bewusst zu sein. Diese »objektivierte« Sicht des »Selbst« erzeugt ein anstößiges »Selbst«-Bild – das grobstoffliche, lediglich physische »Selbst«-Bild, das zustande kommt, wenn jemand »sich« wie von außen betrachtet.

Nur von außen gesehen und auf diese »äußere Sicht« reduziert, ist das körperliche »Selbst« (oder das »Selbst« als nur-der-Körper) anstößig und abscheulich. Wie in vulgärer Anspielung auf die reine Funktionalität des menschlichen Körpers gesagt wurde, ist dieser (von außen gesehen) lediglich eine »Scheißmaschine«. Von außen betrachtet (oder von der Position, die dem »Arschloch« nach- oder untergeordnet ist), ist der Körper ekelerregend und beschämend. Von außen betrachtet, wird (immer zuerst) das »Endprodukt« einer »Scheißmaschine« gesehen. Von innen betrachtet (oder aus der Position, die dem »Arschloch« immer schon vorausgeht und von höherem Rang als dieses ist), ist der Prozess körperlicher Ausscheidung einfach nur ein natürlicher, als angenehm empfundener Vorgang der Selbstreinigung. Der Körper ist so eingerichtet (und wird vom Gehirn so gesteuert), dass er sich ständig reinigt und dabei das angenehme Gefühl hat, sich zu erleichtern und zu entgiften – ein Gefühl, das mit dem ganzen Zyklus richtiger Nahrungsaufnahme und effizienter Ausscheidung verbunden ist. Wenn die körperlichen Funktionen (zum Beispiel durch richtige Ernährung und richtige Sexualität) geregelt werden, sodass der Energiehaushalt im Körper im Gleichgewicht ist und die Ausscheidung gut funktioniert, genießt der Mensch ständig ein natürliches Gefühl körperlichen Wohlbehagens. Es ist nichts Beschämendes an diesen Vorgängen. Beschämend ist nur die »Selbst«-Identifikation mit dem »Endprodukt« – und auch die generelle Unfähigkeit der Menschen, die Abfallprodukte, die sich unvermeidlich im täglichen Leben ergeben, sinnvoll und effizient wiederzuverwerten.

Sobald der Körper »objektiviert« (oder nur wie von außen gesehen) wird, tritt an die Stelle natürlicher Beteiligung am Ausscheidungsprozess (oder am »Scheißen«) einfach nur die »Scheiße« (oder das sichtbare Abfallprodukt des Körpers). Diese »äußere Sichtweise« führt zu einem grobstofflich »objektivierten« »Selbst«-Bild. Diese von Grund auf anstößige (oder ekelhafte), »dunkle« und entfremdete äußere Sicht vom »Selbst« als einem »Objekt« ist die starre »Sichtweise« des »Narziss«. »Narziss« ist in dieser starren »Sichtweise« gefangen – und die Aufmerksamkeit ist folglich in Raum und Zeit auf das Äußere, auf bloße Spiegelbilder und auf eine vulgäre, schuldbewusste und chronisch schamvolle Vorstellung vom Dasein beschränkt. Um darüber hinauszugehen, muss der Mensch wieder zu seiner von-Natur-aus bestehenden Innerlichkeit zurückkehren, sodass er die

Wirkliche Natur (oder von-Natur-aus bestehende egolose Selbst-Natur) »Lokalisieren« kann, die der eigentliche Selbst-Zustand seiner Innerlichkeit ist.

Worin besteht die Wirkliche Natur der subjektiven Position? Wenn die subjektive »Position« richtig (in ihrem Transzendenten Ursprung) entdeckt und verstanden wird, wird nichts mehr von außerhalb – aus der getrennten Sicht – gesehen, sondern alles, was augenscheinlich »objektiv« ist, wird als Das gesehen, Was Ist.

In der Welt des Menschen dreht sich alles tendenziell nur um das Ego. Und durch die jahrhunderte- und sogar jahrtausendelange kulturelle Entwicklung auf »Narziss« (oder das Ego) hin ist das Ego zu einem Ideal geworden – und zwar in dem Grade, dass das Bewusstsein an sich (oder die Wirklichkeit an sich) jetzt völlig »objektiviert« ist (und nur noch als ein materiell verursachtes, manifestes, getrenntes und der Zeit unterliegendes »Ding« betrachtet wird). Als Folge davon befindet sich die Menschheit gegenwärtig in einem Prozess der »Selbst«-Zerstörung und steht schon am Rande der Vernichtung allen Lebens. Diese entsetzliche Situation ist das Endergebnis einer falschen Philosophie. Dies ist tatsächlich die »dunkle« Zeit oder »Endzeit« der falschen Philosophie des wissenschaftlichen Materialismus. Wenn sich die Welt des Menschen daher von ihrem »dunklen Endzeit-Zustand« zu einer wahrhaft Erleuchteten Lebensform wandeln soll, muss die ganze Menschheit eine politische, soziale und kulturelle Transformation durchlaufen und alle falschen »objektiven« Sichtweisen aufgeben.

Der wissenschaftliche Materialismus steht auf der »falschen Seite« des »Arschlochs« menschlicher Erfahrung und Bewusstheit. Die Kultur der »Objektivierung« steht auf der Seite, auf der es keine Teilnahme gibt, sondern nur Entfremdung, und auf der alles immer nur als Spiegelung, Gegensatz und Abstraktion existiert. Der wissenschaftliche Materialismus und die gesamte Kultur der »Objektivierung« stehen auf der »falschen Seite«, weil sie sich mit der starren Position (und der starren, getrennten und folglich egoischen »Sicht«) der Außenseite der Wirklichkeit an sich (und folglich der Wahrheit an sich) identifizieren (und nicht mit der teilnehmenden, nicht-getrennten und von-Natur-aus egolosen »Position« ihrer Innenseite).

Der kulturelle Zwang zur »Objektivierung« des »Selbst« und des ganzen Lebens, muss beseitigt werden, denn alle Existieren in der Wirklichkeit und Wahrheit (und sind Identisch mit ihr). Der Prozess der »Objektivierung« (und der »Äußerlichkeit«) muss der Wahrheit weichen, denn die Wahrheit ist der eigentliche Kern moralischer und Spiritueller Transformation. Die Wiederherstellung der Transzendenten, Spirituellen und von-Natur-aus egolosen Selbst-Position (die die Wahrheit und Wirklichkeit an sich ist) erfordert (und ermöglicht) eine moralische und Spirituelle Transformation, die das menschliche Leben wieder in den universellen Kontext der immer-schon-bestehenden Einheit stellt, welche von allen Menschen vorausgesetzt werden muss. Die wirklich »moralische« Disposition beruht daher auf Kooperation, Toleranz und Mitgefühl und auf dem, was über das Mitgefühl hinausgeht. Wahrer Frieden besteht in dieser Disposition.

3

Konflikt und Zerstörung nehmen in der menschlichen Welt und Geschichte die unterschiedlichsten Formen an. Es hat zahllose schreckliche Tyrannen gegeben, aber die Menschen scheinen sich nicht bewusst zu sein, dass heute »jedermann« der Tyrann ist. »Jedermann« ist der neueste – und letzte – Tyrann. »Das Volk« ist der letzte Tyrann. In dieser »Spätzeit« ist »das Volk« nur noch eine vom Ego getriebene, manipulierbare, chaotische und völlig durchgedrehte »Horde«, ein grobes chaotisches Kollektiv. Diese tyrannische »Horde« ist denselben Launen und Absurditäten unterworfen, wie jeder individuelle Tyrann es war oder ist. Diese grauenvolle »Horde« kennt keine Grenzen – und nichts von dem, was sie denkt oder zu wissen glaubt, hat das Geringste mit der Wirklichkeit oder Wahrheit zu tun. Die »Horde«, zu der »das Volk« geworden ist, ist nur ein weiterer Tyrann – und der letzte Tyrann, der in der Geschichte aufsteigt und fällt.

Was heute geschieht, ist die »Tyrannei von jedermann«. Jeder schwelgt in der »narzisstischen Vorstellung von einem Selbst« und fordert, dass all die willkürlichen Impulse, die in seinem Körper-

Geist auftauchen, sofort Beachtung finden. Jeder droht allen-und-Allem mit »Konsequenzen«, falls das getrennte »Selbst« am Ende des Tages noch nicht befriedigt ist. Jetzt herrschen die »Nachbarschaftskriege« zwischen allen Egos, »Stämmen« und Kulten, die »ihr Ding« anbeten. Jetzt gibt es die privaten Kriege von »jedermann«, die Gesellschaft von »jedermann«, die Religiosität von »jedermann« und die »Spätzeit« von »jedermann«. »Jedermann« ist »Narziss«, der letzte Tyrann – das Ego. Wenn jeder zum Tyrannen wird – das ist die Endzeit. Wenn nur ein Einzelner der Tyrann ist, gibt es Revolutionen, Höhen und Tiefen und bestimmte Zyklen. Aber wenn schließlich alle zum Tyrannen werden, gibt es keine Zyklen mehr, sondern nur noch einen immer gleichen Verlauf – und alles kommt ins Stocken und fällt auseinander. Das ist der fürchterliche Zustand dieser Zeit, in der das Ego der Menschheit das Sagen hat.

Eine sofortige und vollständige Transformation der Kultur, Gesellschaft und Politik ist daher absolut nötig. Eine neue Institution muss geschaffen werden, die wirklich für eine globale kooperative Ordnung sorgt. Diese neue (und notwendigerweise globale) Institution muss eine nicht-tyrannische (und sogar kontra-tyrannische oder völlig post-tyrannische) Ordnung herstellen, in der alle Staaten, Kulturen und »Stämme« miteinander kooperieren.

Es genügt nicht, »im Dialog zu sein« oder auf Einheit »hinzuarbeiten«. Solche Bemühungen sind alle noch mit einem starken Drang zum Herrschen verbunden. Es ist vielmehr nötig, dass die immer-schon-bestehende Einheit zur allgemeinen Ausgangsbasis des Handelns wird und alle Menschen der Erde ihre Waffen niederlegen, ihre Konflikte beilegen, ihren aggressiven Konkurrenzkampf aufgeben und dann ganz direkt die Angelegenheiten erledigen, die alle angehen.

Diese Angelegenheiten werden gegenwärtig jedoch nicht geregelt. Alle stehen jetzt allen anderen auf Leben und Tod gegenüber. Es ist überall das Gleiche. Die täglichen »Nachrichten« zeigen immer nur das Gleiche. Der Alltag ist zu einem Sportwettkampf geworden, der bis aufs Messer geführt wird. Die heutige Welt ist wie gigantisches Reality-TV – eine fürchterliche Miniserie, die noch ein paar Wochen bis zum Tod läuft. Die heutige Welt ist reiner Wahnsinn – Reality-Wahnsinn. Alles dreht sich um »jedermann« – alle sind besessen vom Ego, besessen von »Narziss«. Jeder ist der letzte Tyrann – alle führen Krieg gegen alle bis in den Tod.

Wenn dieser wahnsinnige Mummenschanz der ganzen Welt ungehindert weitergeht, dann ist dieser Moment der Geschichte das Ende der Menschheit. Es geht nicht mehr um einen Obertyrannen, ein Staatsoberhaupt, das von allen zum »Feind« aller erklärt und voller Genugtuung zur Zielscheibe ihres Hasses gemacht werden kann. In dieser »Spätzeit« (oder »dunklen« Epoche) ist jeder der »Feind«. Jeder ist im Unrecht. Jeder ist im Irrtum. Jeder ist »Narziss«. Jeder ist »jedermann«. »Jedermann« ist überall. Das »objektivierte Selbst« ist allgegenwärtig. Wenn »jedermann« nicht bald von der Wahrheit, die die Wirklichkeit an sich ist, zur Vernunft gebracht wird – sodass »jedermann« »seine« Grenzen, »seinen« Platz erkennt und akzeptiert –, dann wird »jedermann« nicht nur die Menschheit, sondern die ganze Erde und alles Leben auf ihr zerstören.

4

Die Kultur und Zivilisation einer wirklich humanen Menschheit ist ein Prozess, der sich immer mehr über die ganze Erde erstreckt (und potenziell alle und alles einschließt). Diese Kultur ist verloren gegangen. Sie wird in der »Horde« und in der Eile, mit der alle sich ins Unrecht stürzen, vergessen. Es muss gesagt werden, dass eine wirklich menschliche Kultur besonders in den letzten Jahrhunderten durch einen fürchterlichen »Fortschritt« schon verschwunden ist – und dass sie jetzt (in nur hundert verhängnisvollen Jahren) in eine wirklich »dunkle« Phase eingetreten ist. Man muss sich nur das letzte Jahrhundert ansehen. Das 20. Jahrhundert war das tödlichste, mörderischste Jahrhundert der Geschichte. Und gleichzeitig ist es dennoch auch das Jahrhundert der größten »Fortschritte« in der »Objektivierungs«-Kultur des wissenschaftlichen Materialismus.

Die echte wissenschaftliche Forschung hat offensichtlich viele positive Ergebnisse vorzuweisen, die das menschliche Wohlergehen fördern. Nichtsdestoweniger ist der Drang des wissenschaftlichen Materialismus zum »Objektivieren« ein grundlegendes und generell negatives (und Machthunger offenbarendes) Kennzeichen dieser »Spätzeit«-Kultur von »jedermann«.

Der reduktionistische Materialismus dieser alles-»objektivierenden« Epoche der »Spätzeit« ist grundsätzlich negativ in seinen philosophischen Wurzeln und deshalb nie wirklich positiv in seiner »Sichtweise« oder seinen Interpretationen oder Ergebnissen. Die »Spätzeit«-Bestrebungen des (alles-»objektivierenden«) wissenschaftlichen Materialismus verfolgen das egoische Ziel uneingeschränkter Cleverness – und sie gehen weit über die Grenzen dessen hinaus, was dem Menschen nützt. Die Mentalität der »Objektivierung« übt durch ihr lediglich »objektives« (reduktiv materialistisches und deshalb auch psychisch reduktives) Wissen Kontrolle über das »Selbst«, den »anderen«, die Welt und praktisch den gesamten physischen Bereich aus. Diese Cleverness hat eine wahnwitzige »Intelligenz« produziert – und ein wahnwitziges »Buch ihres Wissens«. Dieses »Buch« besitzt einen gewissen Grad von Authentizität – aber gleichzeitig ist es ein Ausdruck des egoischen Geistes, der sich selbst in dem Grade »objektiviert« hat, dass er sich nur noch durch Spiegelbilder kennt. Das nur gespiegelte »Selbst« ist entfremdet und kennt keine Grenzen. Seine Wahrheit ist einzig das, was es aufgrund seiner »Objektivierung« von allem nur für »Wahrheit« hält.

Echte wissenschaftliche Praxis und Erkenntnis ist als solche nichts Negatives. Das Negative an der Wissenschaft ist ihre Revision (oder reduktive Neuformulierung) als »wissenschaftlicher Materialismus«. Wissenschaftlicher Materialismus ist der Gipfel »narzisstischer« Kultur. Die Praxis und Kultur der Wissenschaft muss daher wie alle anderen menschlichen Aktivitäten in die Sphäre der Wahrheit – und der Vollkommen Subjektiven Wirklichkeit an sich – eingebettet werden, denn sonst dient die Wissenschaft wie jede andere lediglich clevere Methode nur der Erzeugung von Illusionen (oder »Selbst«-Täuschungen) und wird potenziell zum Instrument der Zerstörung.

Es ist absolut notwendig, dass der Vollkommen Subjektive Zustand des Bewusstseins an sich wieder zur Geltung kommt. Es muss eine globale Kultur geben, die über jede »Sichtweise« oder »Objektivierung« und folglich auch über alle Entfremdung, Getrenntheit und Entzweiung hinausgeht. Die reduktionistische Rechtfertigung der Kultur der »Objektivierung« muss hier und jetzt durch ein umfassendes Grundverständnis ersetzt werden – denn sonst wird der »letzte Tyrann« die Welt zerstören.

Wenn die Zerstörung der Welt verhindert werden soll, muss der egoischen »Spätzeit«-Kultur sofort Einhalt geboten werden. Der Teich, in den Narziss starrt, muss bis in die Tiefe aufgerührt werden, sodass das nur an der Oberfläche erzeugte Spiegelbild verschwindet. Die ganze Menschheit muss den immer-schon-bestehenden Vollkommen Subjektiven Wirklichkeits-Zustand wieder verstehen und ihn zuletzt Vollkommen Erkennen. In diesem Rahmen ist dann auch jede Art von gewöhnlicher und auch echt wissenschaftlicher (oder auf wirklich freier Forschung beruhender) Erkenntnis – und jedes »objektive« Wissen, das auf gesunder Urteilskraft beruht – in Ordnung und potenziell nützlich. Wenn solche Forschung im Rahmen der Vollkommen Subjektiven Wahrheit (oder der Wirklichkeit an sich) durchgeführt wird, hat sie ihre natürlichen Grenzen und ihren angemessenen Platz – und sie basiert dann nicht auf »Selbst«-Täuschung und ist nicht entfremdend und zerstörerisch (wie es zwangsläufig der Fall ist, wenn die Wahrheit oder Wirklichkeit an sich nicht von-Natur-aus in ihrer Tiefe Erkannt wird).

Die Tiefe der Wahrheit (oder Wirklichkeit an sich) darf nicht zum bloßen Ziel des Lebens gemacht werden, sondern sie muss das Fundament des Lebens bilden. Diese Tiefe ist nicht bloß das Ziel der Ego-Kultur, sondern das notwendige Fundament echter Kultur. Diese Tiefe muss zur täglich gelebten Wahrheit werden, die die unmittelbare Erfahrung jedes Menschen transformiert.

5

Ich spreche nicht von einer Utopie – als sei zur Transformation der Welt nichts weiter als ein Vortrag erforderlich. Es ist vielmehr notwendig, eine Institution zu schaffen, die ständig ganz praktisch für die globale Menschheit arbeitet, indem sie immer mit allen in Kontakt steht und alle jederzeit in die Bewältigung der anstehenden Aufgaben einbezieht.

Das Internet ist unentbehrlich für die globale Menschheit und von einzigartiger und zentraler Bedeutung bei der Gestaltung, Errichtung und (in jedem Sinne praktischen) Umsetzung der globalen kooperativen Ordnung der ganzen Menschheit. Das Internet sollte daher umgehend für diesen Zweck genutzt werden.

Wenn das Internet und (möglicherweise) auch andere schon bestehende (aber notwendigerweise entsprechend angepasste) Instrumente globaler Kommunikation benutzt werden, um die Menschheit in einen ständigen (und immer verantwortungsvoll geführten) Dialog einzubeziehen, dann kann die ganze Menschheit in die Lage versetzt werden, kooperativ, systematisch und effektiv die globalen Aufgaben anzugehen. Diese kollektive und kooperative globale Organisation kann (und muss) darauf bestehen, dass die Menschen überall auf der Welt systematisch für Verbesserungen sorgen, ihre Situation in Ordnung bringen, und ihre Konflikte und jedes Streben nach weltweiter (oder sonstiger negativer) Dominanz beenden.

An diesem kritischen Wendepunkt der Geschichte ist es notwendig, aus den Tragödien menschlichen Versagens in der Vergangenheit zu lernen. Die herausragende »Lektion«, die es zu lernen und zu akzeptieren gilt, ist das universale Gesetz der Menschheit: Niemand – kein Staat und keine Kultur – hat in der Wirklichkeit an sich das Recht oder die Erlaubnis, jetzt oder in Zukunft aus irgendeinem Grund oder zu irgendeinem Zweck auf globaler oder sonstiger Ebene Operationen der Massenvernichtung zu planen, sich dafür zu rüsten oder sie durchzuführen.

Anstatt daher wie Banden von Jugendlichen in einem tödlichen Spiel den globalen Konkurrenzkampf bis zum schrecklichen Ende zu führen, ist es notwendig, ein wirkliches Globales Kooperatives Forum zu schaffen, das von der immer-schon-bestehenden Einheit ausgeht und auf ihrer Basis agiert – und dadurch global die ganze Menschheit in die Lage versetzt, ihre Aufgaben direkt anzugehen und effektiv durchzuführen. In diesem Globalen Kooperativen Forum (und in dieser natürlichen Ordnung) der Menschheit werden – und müssen – alle sich auf die wirklich zwingenden Anliegen konzentrieren, die alle betreffen.

6

Es muss ein Globales Kooperatives Forum aufgebaut werden, das alle Menschen und alle Staaten einschließt, ohne dass irgendwelche nationalen, politischen, gesellschaftlichen oder institutionellen Besonderheiten ein Ausschlusskriterium bilden. Es wäre daher das Globale Kooperative Forum (und die dadurch hergestellte und für immer aufrechterhaltene richtige Ordnung) der ganzen Menschheit.

Das Internet sollte – in Verbindung mit anderen global tätigen Institutionen – umgehend genutzt werden, um die globale Beteiligung der gesamten Menschheit am Globalen Kooperativen Forum zu organisieren. Es ist nicht nötig, zuerst irgendetwas anderes zu unternehmen – zum Beispiel »vorbereitende« Reformen oder Schulungs-»Programme« durchzuführen. Die Gesamtheit der Menschheit und die dringendsten Aufgaben existieren bereits – und alle befinden sich immer schon (oder von-Natur-aus) in einem Zustand der Einheit. Es gibt daher keine weiteren Voraussetzungen für eine positive Veränderung. Die wirkliche positive Änderung erfordert nur eines: die richtige und aktive Benutzung der unmittelbar verfügbaren Werkzeuge, um die Menschheit als eine Ganzheit zu organisieren (und sie dadurch direkt zu wirksamem Handeln zu veranlassen).

Das Internet ist das notwendige Werkzeug und die notwendige Methode, und es steht unmittelbar zur Verfügung, um die ganze Menschheit zu organisieren!

Das Globale Kooperative Forum sollte (und muss) ein auf dem Internet basierender Prozess sein, in dem alle über eine einzige Website miteinander in Verbindung stehen und in dem alle praktischen globalen Aufgaben von denen thematisiert und organisiert werden, die alle Menschen formell vertreten und allen gegenüber umfassend zur Rechenschaft verpflichtet sind.

Das Globale Kooperative Forum hat den Zweck und die Aufgabe, eine Agenda aufzustellen und sich (anhand dieser Agenda) systematisch und effizient mit allen Anliegen zu befassen, die für das menschliche Leben von essenzieller Bedeutung und für das Leben insgesamt förderlich sind. Es muss deshalb dafür sorgen, dass die schrecklichen Dinge, die überall »im Gang sind«, aufhören – zum Beispiel der überall grassierende Konkurrenzkampf, der entzweiende, kriegerische Nationalismus, die strategischen Kriegs-»Spiele«, das aggressive Streben von Konzernen und etablierten Institutionen nach weltweiter Dominanz, die verheerenden Veränderungen in der Natur, wie zum Beispiel die globale Erwärmung und der Klimawandel, die globale Ausbreitung von Seuchen und Armut, die globale Erschöpfung natürlicher Ressourcen, die globale Umweltverschmutzung, die globale Abhängigkeit von völlig veralteten praktischen, politischen und gesellschaftlichen Technologien und Methoden, die die Arbeitskraft des Menschen ausbeuten.

Die Kultur dieser »Spätzeit« ist das globale Drama entzweiter, konkurrierender Nationen. Es ist ein absurder globaler Gladiatorenkampf. Wenn jedoch die immer-schon-bestehende Einheit (oder die von-Natur-aus bestehende Unteilbarkeit) das universelle Prinzip ist, dann wird das Zusammenleben der Menschen nicht lediglich dadurch geprägt, dass sie sich gegeneinander ausspielen und jeder versucht, den anderen zu beherrschen. Niemand kann eine solche Herrschaft ausüben, wenn es ein Globales Kooperatives Forum gibt, das von der Arbeitshypothese der immer-schon-bestehenden Einheit ausgeht. Wenn daher alle einen Sitz in diesem auf der immer-schon-bestehenden Einheit basierenden Globalen Kooperativen Forum haben, wird ausdrücklich und grundlegend verhindert, dass Einzelne oder Nationen die Wichtigkeit ihrer »objektivierten« Rolle dramatisieren. Den Gewohnheiten und Strategien egoischen Posierens wird im Globalen Kooperativen Forum nicht der Raum gegeben, sich lauthals Gehör zu verschaffen und durchzusetzen.

Wenn die immer-schon-bestehende Einheit vorausgesetzt wird, hat niemand mehr das Gesicht von »Narziss«. Wenn jedoch immer schon »Entzweiung« vorausgesetzt wird, führen alle einen Mummenschanz auf, spielen ein falsches Spiel, verkleiden sich, bekommen ihren »großen Auftritt« im Fernsehen und machen sich die neuesten »Nachrichten« zunutze.

All dieses »narzisstische Fernsehen« ist völlig unerträglich und passé – und alle Zeichen in der Welt weisen darauf hin, dass es viel zu spät ist, um mit diesem Unfug weiterzumachen. All das muss einfach aufhören.

Alle, die irgendwo auf der Welt im Staat, in einer Institution oder einem Unternehmen eine führende Rolle spielen, nutzen jetzt nur die Kultur des »objektivierten Selbst« von »jedermann« aus und spielen sich wie Halbstarke gegeneinander aus – als sei die Welt ein bedeutungsloses Spiel exzessiven und verschwenderischen Konsums und dafür da, dass sie sich vor aller Augen zum »narzisstischen Objekt« der Bewunderung machen können. Diejenigen, die »an der Macht« sind, müssen daher zu wirklicher Verantwortung erweckt werden – und zwar von allen anderen. Einmal erweckt, müssen sie direkt und ständig Rechenschaft gegenüber den jetzigen und zukünftigen Milliarden der ganzen Menschheit ablegen – sodass alle, denen eine führende Rolle in der Welt anvertraut wird, immer als wahre und global verantwortliche Diener der ganzen Menschheit agieren.

Es ist jetzt und für alle Zukunft einfach nicht akzeptabel, absurde Spiele mit den Menschen und der natürlichen Welt zu treiben. Die Zeit ist abgelaufen. Solchem Unfug darf kein Raum mehr gegeben werden.

7

Wenn alle Menschen sich nicht nur in Bezug auf ihre lokale Situation, sondern wirklich mit Blick auf die ganze Menschheit am Globalen Kooperativen Forum beteiligen, werden alle, die eine führende Rolle in der Welt spielen, von einer einzigen globalen Stimme in die Pflicht genommen, die überall-zugleich ertönt.

Es sollte einen globalen kooperativen Prozess geben, in dem jeder bestimmte Aufgaben im Rahmen der globalen Gemeinschaft übernimmt. Die richtige Lebensweise hat nichts damit zu tun, dass irgendjemand exklusiv und ohne Rechenschaft ablegen zu müssen »an der Macht« ist. Das Erledigen von Aufgaben muss aus praktischen Gründen von einzelnen Personen, Institutionen und effizienten Systemen organisiert werden – und wenn die Politik sich an einem vernünftigen globalen Mechanismus orientiert (der ständig auf der Arbeitshypothese der immer-schon-bestehenden Einheit beruht), dann ist auch sie ein wahrhaft integres Unterfangen. Jeder Verrat würde im Globalen Kooperativen Forum von vornherein unterbunden. Jedem Verrat würde im Globalen Kooperativen Forum – sofort – die Basis entzogen.

Eine solche Politik, die sich an der richtigen Lebensweise orientiert, würde nicht zu einem Zustand absoluter sozialer Perfektion führen und kein »Utopia« schaffen. Die Menschen können nicht alles erreichen, aber vieles – denn viel von dem, worunter alle leiden, ist die Folge menschlichen Handelns. Alles Negative, was von Menschen verursacht ist, lässt sich auf sehr positive Weise beseitigen. Die Energie der Menschen kann so eingesetzt werden, dass die wirklichen Probleme gelöst und die absurden globalen Konflikte und der weltweite Mummenschanz sofort gestoppt werden.

Die menschliche Gesellschaft ist kein Utopia und wird es nie sein. Es gibt immer das Negative und das Positive. Aber gegenwärtig wird ausschließlich das Negative globalisiert. Es ist überwältigend und überall vorherrschend. Es wird von allen verkörpert. Deshalb muss die Situation als solche durch eine neue Situation abgelöst werden, die auf globaler Kooperation basiert.

Wer muss das Globale Kooperative Forum (und die globale kooperative Ordnung) der Menschheit schaffen und managen? Ihr – die Menschen der ganzen Welt, alle und jeder. Jeder einzelne »jedermann« muss sich ändern und zu der Verfassung zurückkehren, die frei von Trennung und Entfremdung ist. Es genügt nicht, anders zu denken, ihr müsst auch anders handeln, anders teilnehmen und euch auf die globale Gesamtheit ausrichten. Ihr müsst euch alle zusammentun – ohne das unproduktive, trennende Bewusstsein einer »objektivierten« Person. Ihr müsst alles angehen, was für das Wohlergehen und Überleben von allen und allem notwendig ist.

Also – macht euch an die Arbeit. Das ist grundsätzlich alles, was dazu zu sagen ist.

XI

Wascht alle Fahnen (und gebt alle Namensschilder und Transparente am Eingang ab)

1

In internationalen Angelegenheiten vertreten alle letztlich nur die Interessen einzelner Staaten. Jeder macht sich zum Fürsprecher einer nationalen Identität – oder einer religiösen, kulturellen, sozialen oder politischen Identität. Politische Diskussionen und Verhandlungen gehen immer von dem »objektivierten Selbstbild« einer begrenzten Identität aus, die kleiner ist als die ganze Menschheit. Dies ist die Hauptursache vieler Probleme in der Welt.

Das Prinzip echter Zivilisation verlangt, dass alle Menschen immer von dem Bewusstsein ausgehen, in erster Linie ein Teil der Menschheit zu sein. Dies ist unerlässlich für jede wahrhaft menschliche (oder zivilisierte) Diskussion. Das Bewusstsein, in erster Linie zur Menschheit zu gehören, eröffnet eine allumfassende »Sicht« der Dinge, aber es verlangt von niemandem, seine Staatsangehörigkeit aufzugeben und sich von seiner Nation und seinem Geburtsort loszusagen. Es verlangt vielmehr, dass jeder immer dazu bereit ist, über jedes Sonderinteresse und jede spezielle »Sichtweise« hinauszugehen und alle menschlichen Probleme als Anliegen der ganzen Menschheit zu betrachten. Mit dieser Einstellung – und nur auf der Basis dieser zivilisierten »Selbst«-Disziplin – lassen sich alle konkreten, praktischen Probleme in der Welt wirklich bewältigen.

Die grundlegende Einstellung, immer in erster Linie ein Teil der ganzen Menschheit zu sein, schließt eine gewisse Egolosigkeit ein. Natürlich ist diese Einstellung noch mit einer manifesten menschlichen Identität und folglich auch mit einem Ego verbunden und ist nicht dasselbe wie Spirituelle oder Transzendente Erleuchtung. Trotzdem geht diese grundlegende Haltung bewusster Zugehörigkeit zur ganzen Menschheit von-Natur-aus (und aktiv) über die getrennte und trennende »Sichtweise« hinaus, mit der die Menschen normalerweise all ihre Unternehmungen angehen.

Die Menschen begrenzen sich auf viele verschiedene Formen von Identität: Sie identifizieren sich mit der eigenen Person, ihren Freunden, Bekannten und Verwandten, ihrer Erziehung und Familie, ihrer Religion und Rasse, ihrem Dorf, Volk und Land. Alle diese »Selbst«-Bilder oder »Sichtweisen« trüben jedermanns Klarheit – aber sie sind gewöhnlich das Erste, was jeder von sich zeigt. Es ist ein Mummenschanz, eine Sammlung von »Selbst«-Bildern, eine konventionell »objektivierte« Person, mit der sich normalerweise jeder identifiziert. Wenn jemand »ich« sagt, meint er damit immer diese »objektivierte« Ego-Person.

Aber wenn alle Menschen es als eine moralische »Selbst«-Disziplin ansehen, sich immer <u>zu</u> <u>allererst</u> als Teil der Menschheit zu sehen, dann schaffen sie sich damit eine universelle Ausgangsbasis für die Beurteilung aller Aspekte des Lebens. Diese umfassende »Sichtweise« <u>entschärft</u> unausweichlich die potenzielle Aggressivität, zu der die Menschen sich aufgrund ihrer »Selbst«-Bilder in Diskussionen leicht hinreißen lassen. Und wenn die Menschen sich alle bereit erklärt haben, nicht als Erstes ihre getrennte und trennende Identität vorauszusetzen, dann werden sie auch fähig, zu kooperieren und Toleranz zu üben. Zumindest sind sie sich darin einig, immer von der universellen Identität ihrer Zugehörigkeit zur ganzen Menschheit auszugehen. Und dann kann jeder mit allen anderen zusammen alle Aufgaben erledigen, die sie gemeinsam haben. Von dieser universellen »Sichtweise« ausgehend, kann sich die Diskussion dann direkt mit allen speziellen und auch nationalen Anliegen befassen. Aber es ist wichtig, dass alle Aufgaben wirklich im Rahmen der ganzen Menschheit geklärt werden, und nicht im Rahmen der geringeren (getrennten und trennenden) Identitäten und der verbalen und sonstigen Strategien, mit denen diese Identitäten agieren.

Wer am Globalen Kooperativen Forum der Menschheit beteiligt ist, muss daher über das »Selbst«-Bild der getrennten und trennenden Identität hinausgehen und die »Sichtweise« des konventionellen Lebens aufgeben, sei es im persönlichen oder lokal begrenzten Bereich oder im größeren Zusammenhang des »Stammes« oder Volkes oder der Nation. Es ist absolut notwendig, diese Basis für einen universellen Diskurs zu schaffen. Und genau dies ist die Aufgabe des Globalen Kooperativen Forums – und der Grund, warum es global als Korrektiv und als ausgleichendes Element wirken kann. Aber gegenwärtig ist überall im gewöhnlichen Leben und in den täglichen »Nachrichten« nur die Sprache zu hören, die von »Standpunkten« und »Sichtweisen« geprägt ist und die verschiedenen »Selbst«-Bilder widerspiegelt. Alle drücken ein »Selbst«-Bild aus, das geringer ist als die ganze Menschheit – und jedes »Selbst«-Bild steht im Gegensatz zu allen anderen »Selbst«-Bildern. Der gewöhnliche Diskurs beruht daher auf der Sprache der Konfrontation.

Der konventionelle Diskurs ist eine Form von Theater oder Rollenspiel, ein Mummenschanz. Das Globale Kooperative Forum macht es möglich, über diesen Mummenschanz, diesen bloß »theatralischen« Diskurs zwischen Identitäten (oder »Selbst«-Bildern) hinauszugehen. Das Globale Kooperative Forum transzendiert den ganzen Mummenschanz von-Natur-aus, indem es eine einzigartig freie Form von Diskurs zur Verfügung stellt. Im Globalen Kooperativen Forum gelten ganz andere Regeln für den Diskurs als in Foren, in denen eine besondere Identität (oder ein besonderes »Selbst«-Bild) die Basis für den Austausch darstellt. Solange der Diskurs nicht von der universellen Identität, sondern von einer begrenzten Identität ausgeht, beruht die Sprache nur auf »plus« und »minus«. Es ist immer nur Konfrontationssprache, Sprache als Ausdruck vermeintlicher Unterschiede. In diesem Fall kommt es kaum je zu einer gemeinsamen Resolution, denn jeder will »gewinnen« oder »das Gesicht wahren«.

Im Globalen Kooperativen Forum gibt es kein »Gesicht«, das zu »wahren« wäre. Das Globale Kooperative Forum zeichnet sich dadurch aus, dass es nicht von einem begrenzten »Selbst«-Bild ausgeht. Es lässt den Mummenschanz hinter sich. Es geht über die Identität des gewöhnlichen Ego hinaus, indem es diese Identität einfach außer Acht lässt.

2

Der Diskurs im Globalen Kooperativen Forum wird nicht nach den konventionellen Regeln geführt. Jeder »institutionalisierte« Diskurs folgt bestimmten »Verfahrensregeln«, und das Globale Kooperative Forum ist eine institutionalisierte Plattform für den Diskurs der Menschheit. Es braucht daher Ordnung und Regeln. Wenn es effektiv sein will, muss es organisiert sein – die Vorgehensweisen müssen alle klar definiert sein. Wie macht man dieses Forum effektiv? Wie organisiert man Repräsentation und Teilnahme? Wie sehen die Diskurs- und Verfahrensregeln aus?

Das grundlegende Prinzip, dem der Diskurs im Globalen Kooperativen Forum folgen sollte, ist der Verzicht darauf, sich an einer begrenzten Identität zu orientieren – und es spielt keine Rolle, ob diese Identität auf Faktoren in der persönlichen Lebenssituation oder auf nationalen, rassischen oder religiösen Faktoren beruht. Keine begrenzte Zugehörigkeit sollte von denen, die sich am Globalen Kooperativen Forum beteiligen, zu einem »Label« gemacht werden. Solche Formen von Zugehörigkeit sind im Globalen Kooperativen Forum nicht grundlegend von Bedeutung. Bestimmte nationale, rassische, religiöse oder sonstige Themen müssen vielleicht manchmal im Globalen Kooperativen Forum geklärt werden – aber die »Identitäts-Label«, die mit solchen begrenzten Themen verbunden sind, dürfen nie zur Ausgangsbasis des Diskurses im Globalen Kooperativen Forum gemacht werden.

Das Globale Kooperative Forum ist anders als alle bisherigen internationalen Institutionen. Niemand hat einen »Sitz« im Globalen Kooperativen Forum. Niemand hat ein Schild vor sich stehen, das seine nationale Identität verkündet und damit auch, welche Interessen er vertritt. Als Bezeichnung auf dem Schild würde »Mensch« genügen. Das Globale Kooperative Forum hat also eine ganz andere Grundlage für den Diskurs. Seine Diskussionen sind nicht »heiß«, sondern »kühl«.

Indem die üblichen »Etiketten« abgeschafft werden, wird die Fixierung auf »Selbst«-Bilder, die Unterschiede in die Welt setzen, von vornherein vermieden, und man kann sich ruhig und (im richtigen Sinne) objektiv ganz direkt und sachlich mit realen Anliegen auseinandersetzen, ohne dass irgendeine egoische Identität sich einmischt. Der Diskurs konzentriert sich – ohne »heiße Debatte« – auf die Sache selbst, die nun mit Ruhe und Klarheit und frei von begrenzten Identitäten geprüft werden kann. Das Globale Kooperative Forum ist also der weltweite Diskurs, der auf der immer-schon-bestehenden Einheit von allen basiert – die schon vorausgesetzt wird und über die deshalb nicht debattiert wird.

Ziel und Zweck des Globalen Kooperativen Forums ist nicht, für mehr Status und Unterschiede zu sorgen. Im Globalen Kooperativen Forum gibt es keine besonderen »Fahnen« und keine Konfrontation. Das Globale Kooperative Forum verzichtet prinzipiell auf jede Konfrontation, jeden Krieg und jedes »Selbst«-Bild – außer dem der Zugehörigkeit zur gesamten Menschheit, die eine Verantwortung für den ganzen Erdball mit sich bringt.

3

Die Menschen sind nicht grundlegend von allen anderen Lebewesen verschieden. In der Welt als einer Ganzheit ist vielmehr eine immer-schon-bestehende Einheit gegenwärtig. Es gibt offensichtlich eine bestimmte Einstellung, die Menschen als Menschen im zivilisierten Diskurs kennzeichnet. Aber als Menschen, die sich über die immer-schon-bestehende Einheit der Welt klar sind, müsst ihr euch um die Erde kümmern, mit all den Arten, die auf ihr existieren, mit all den Strukturen, Formen und Prozessen und den nicht-menschlichen Wesen, die zur Welt gehören.

Das heißt nicht, ihr solltet die nicht-menschlichen Wesen mit Menschen gleichsetzen. Es bedeutet vielmehr, dass ihr euch als Teil eines größeren Ganzen sehen solltet. Dies ist die notwendige Ausgangsbasis für die Erörterung aller Anliegen sowohl der Menschen als auch aller anderen Lebewesen – und ebenso aller Umweltfragen und aller sonstigen Aspekte der Welt. Die ganze Erde ist die natürliche Lebensbasis und der natürliche Aufgabenbereich der Menschheit, und deshalb müssen die Menschen sich mit allem befassen, was die Erde und alle anderen Lebewesen betrifft. Sie müssen immer allen gegenüber mitfühlend und verantwortlich handeln.

Die Menschen können erfassen und benennen, was es mit der Erde und allen anderen Lebewesen auf sich hat. Deshalb müssen sie sich allen Fragen, die die Erde und alle Lebewesen auf ihr betreffen, mit Vernunft und Mitgefühl widmen.

Alles, was mit der Erde und den Menschen und allen anderen Lebewesen zu tun hat, würde daher im Globalen Kooperativen Forum besprochen werden. Und ebenso alles, was über die Erde hinausgeht und was die Menschen beeinflussen können – zum Beispiel durch die Erforschung des Weltraums. Alle diese Dinge müssen auf der Basis richtiger Prinzipien untersucht werden, sie dürfen nicht zum Anlass weiterer Konflikte werden. Konflikte und Konfrontationen sind endlos, wenn Nicht-Einheit und »Selbst«-Bilder im Vordergrund stehen. Man kann das Universum genauso zum Mummenschanz machen wie die Erde. Das Ego veranstaltet einen Mummenschanz – und die Egolosigkeit transzendiert ihn. Deshalb muss das Globale Kooperative Forum seiner Natur entsprechend auf der Basis der Egolosigkeit operieren, der Basis der immer schon stattfindenden Transzendierung aller »Selbst«-Bilder.

Das Globale Kooperative Forum schließt daher notwendigerweise und per definitionem alles ein und ist nie auf Konfrontation aus.

4

Das Globale Kooperative Forum wird keine bestehenden nationalen, sozialen oder politischen Institutionen abschaffen. Darum geht es nicht. Es geht vielmehr um die Kooperation zwischen all diesen Institutionen. Und die Grundlage für diese Kooperation ist eine Art »Tabula rasa« (oder ein unbeschriebenes Blatt) ohne »Selbst«-Bild. Sie ist der Umstand, in dem alle zusammen die gemeinsamen menschlichen Probleme angehen.

Das Globale Kooperative Forum muss sich aktiv mit den gemeinsamen (oder globalen und allgemeinen) menschlichen Problemen befassen, denn während alle viel Aufhebens um den neuesten Mummenschanz der »Nachrichten« machen, wird die allgemeine Lage immer schlimmer, weil die Menschen sich ständig von allem möglichen Unsinn ablenken lassen, anstatt sich direkt und effektiv um die dringendsten Anliegen zu kümmern. Sie müssen sich um den Zustand der Erde kümmern, um die Umweltverschmutzung, die globale Erwärmung, den Klimawandel, den Machtmissbrauch durch Konzerne und Regierungen, die Notwendigkeit neuer Technologien und Methoden in jedem Bereich des Lebens, den Mangel an Brennstoffen sowie insgesamt an natürlichen und menschlichen Ressourcen, um Krankheit, Hunger, Armut, Übervölkerung, Verstädterung, Globalisierung, Migration, territoriale Streitigkeiten, Gewaltverbrechen, die massive Anhäufung (und manchmal Anwendung) von Massenvernichtungswaffen, die Tendenz von Staaten oder einzelnen Gruppen, Kooperation und gegenseitige Hilfe abzulehnen oder Krieg (und sonstige unsagbar schreckliche Gewalt) als Mittel einzusetzen, um ihre nationalen und sonstigen idealisierten Ziele zu erreichen – und so weiter und so fort. Der menschliche Erfindungsgeist muss sich von dem Mummenschanz befreien – diesem irrigen und unnötigen menschlichen Drama, das ständig die Fähigkeit des Menschen untergräbt, seine rechtmäßigen, notwendigen und dringlichen Angelegenheiten zu regeln.

Die Nachrichtenmedien befassen sich tendenziell immer nur mit Drama und Konflikt. Sie sind immer auf der Suche nach »Unterschieden«, »Gegensätzen«, Kontroversen und Konfrontationen und machen aus allem ein menschliches Drama (das auch der Massenunterhaltung dient). Drama ist die Arbeitshypothese der Nachrichtenmedien, aber es ist gewiss <u>nicht</u> das Prinzip des Globalen Kooperativen Forums. »Kein-Drama« ist das Prinzip des Globalen Kooperativen Forums – kein Gegensatz, keine Unterschiede, keine Kontroverse, kein Unsinn, sondern »alle Aufgaben erledigt«.

5

Im Globalen Kooperativen Forum ist kein Platz für »Kriegsherren« und »hohe Tiere«. Es gibt notwendigerweise Vertreter, aber diese müssen sich stets vor den Menschen, die sie vertreten, und vor den nötigen zivilisatorischen Prinzipien verantworten. Sie müssen daher imstande sein, ihr »Selbst«-Bild, ihre konventionelle Identität – ihre »Namensschilder«, »Fahnen«, »Spruchbänder« und »Parolen« – beiseite zu lassen und sich als echte Diener der ganzen Menschheit realen und praktischen Aufgaben zu widmen. Es kann viele solche Diener und Vertreter geben, aber keiner von ihnen ist ein »Kriegsherr« oder ein »hohes Tier«. Im Globalen Kooperativen Forum ist kein Raum für separatistische Gruppen-Mentalität. Seiner Definition und Funktion nach operiert das Globale Kooperative Forum immer auf der Basis der absoluten, immer-schon-bestehenden, selbstverständlichen Gleichheit aller. Die geltende Übereinkunft ist, dass es keine »Kriegsherren«, keine »hohen Tiere« und keine höheren (oder niedrigeren) Interessengruppen gibt.

Wenn von Anfang an Unterschiede vorausgesetzt werden, bleibt jeder Diskurs bald ohne Ergebnis stecken. Aber wenn von Anfang an keine Unterschiede angenommen werden, kann der Diskurs ungehindert und effektiv geführt werden. Das Globale Kooperative Forum verfährt daher nach dem Prinzip: keine Unterschiede, keine »Senioren«, keine »Junioren«, keine Höhergestellten, keine Untergebenen – »alle am selben Tisch«. Alle nehmen teil, und die Repräsentanten tragen lediglich dazu bei, dass das Globale Kooperative Forum im besten Interesse aller funktioniert.

Buchstäblich alle sollten am Globalen Kooperativen Forum teilnehmen. Aber wenn das Forum ordnungsgemäß und erfolgreich arbeiten soll, müssen zwangsläufig einige Personen als Vertreter aller wichtige Aufgaben übernehmen. Wenn einer unter ihnen allzu deutlich sein »Selbst«-Bild ins Spiel bringt, muss er jedoch zur Ordnung gerufen werden, und zwar vom ganzen Forum. Und er muss das akzeptieren können und seine »Fahne waschen«.

Die Fähigkeit, das »Gesicht zu verlieren«, ist grundlegend für die

Mitarbeit im Globalen Kooperativen Forum. Niemand kann als Ego auftreten und ein persönliches, rassisches, religiöses, nationales oder sonstiges »Selbst«-Bild vertreten, und gleichzeitig eine wichtige Rolle als Vertreter aller spielen. Wer im Globalen Kooperativen Forum ist, muss daher ständig »seine Fahne waschen«. Er muss ständig alles aufgeben, was mit einem »Selbst«-Bild zu tun hat, das er versehentlich (oder willentlich) in den Diskurs einbringt, denn dies würde zu Unterscheidungen führen, die bestimmte Anliegen oder Bereiche der Menschheit ausschließen.

Produktiv im Globalen Kooperativen Forum mitzumachen, bedeutet nicht, keine persönlichen Ansichten zu haben oder keiner religiösen Tradition anzugehören. Die Mitarbeit im Globalen Kooperativen Forum bedeutet (und verlangt) jedoch, dass der Einzelne keiner persönlichen Zugehörigkeit und keinem besonderen »Selbst«-Bild erlauben darf, seine Teilnahme am Forum zu beeinflussen. Jedes »Selbst«-Bild muss beiseite gelegt werden, sodass der Einzelne auch nicht insgeheim oder unbewusst irgendwelche Elemente in den Diskurs einbringt, die von Trennung ausgehen, zu Trennung führen und kontraproduktiv sind. Jeder, der im Globalen Kooperativen Forum mitarbeitet, muss einfach fähig sein, die immer-schon-bestehende Einheit aller Menschen vorauszusetzen – ohne »Fahnen« und »Selbst«-Bild – und jedes Thema und Problem direkt und unvoreingenommen anzugehen.

Das Globale Kooperative Forum korrigiert sich notwendigerweise per definitionem ständig selbst. Diejenigen, die an diesem Prozess am flexibelsten mitwirken können, sind daher am besten geeignet, in der Vertretung aller die leitenden Rollen zu übernehmen, die für die erfolgreiche Arbeit des Globalen Kooperativen Forums nötig sind.

Die Tendenz zur Konfrontation ist offenbar unpassend für den Diskurs in einem Globalen Kooperativen Forum. Wenn die Mitarbeiter im Globalen Kooperativen Forum ihre globalen Aufgaben erfolgreich bewältigen wollen, müssen sie in der Lage sein, die Tendenz zur Konfrontation aufzugeben und dürfen gleichzeitig die wirklichen menschlichen Anliegen, die zu regeln sind, nicht aus dem Auge verlieren. Diejenigen, die ein »Talent« zur Konfrontation besitzen, müssen entweder fähig sein, sich davon frei zu machen, oder eine andere Rolle bei der Bewältigung der Aufgaben übernehmen, indem sie zum Beispiel relevante Information beschaffen. Aber diejenigen, die im Globalen Kooperativen Forum die Interessen der ganzen Menschheit vertreten und für die praktische Durchführung der Aufgaben verantwortlich sind, müssen frei sein von der Neigung zur Konfrontation. In diesem Sinne müssen sie also begabte »Diplomaten« sein. Sie müssen wissen, wie sie (mit wirklicher »Selbst«-Disziplin) die Tendenz zur Konfrontation vermeiden und auf dieser Basis einen produktiven Diskurs durchführen können – frei von aller Ausgrenzung. Ein »Pokergesicht«, das nur ein begrenztes und begrenzendes »Selbst«-Bild versteckt, reicht nicht aus. Es geht vielmehr darum, die Disziplin der Nicht-Konfrontation aufrechtzuerhalten und dafür zu sorgen, dass die anstehenden Aufgaben tatsächlich (in der richtigen Weise) erledigt werden – immer im gegenwärtigen Augenblick.

XII

Wer moralische Verantwortung übernimmt, vermeidet, dass seine Reaktivität Schaden anrichtet

Konfrontation ist äußerst selten angemessen. Konfrontation ist eine Distanzierung. Konfrontativ zu sein, ist die Fortsetzung einer egoischen Strategie aus der eigenen Vergangenheit, ein Ausdruck von Unreife.

Die Welt befindet sich in einer beängstigenden Situation, der ihr ganz anders begegnen müsst, als nur egoisch auf sie zu reagieren. Anstatt negative Kräfte frontal anzugehen, müsst ihr sie ins Leere laufen lassen. Die einzige Sicherheit liegt in Gewaltlosigkeit. Gewaltlosigkeit verpflichtet euch dazu, offen euer Gesicht zu zeigen – genauer gesagt, das Gesicht zu verlieren! Ihr müsst dem augenscheinlichen »Gegner« die Kraft nehmen. Anstatt ihm mit »großer« typisch westlicher Gegenwehr entgegenzutreten, müsst ihr ihm mit »kleiner« östlicher Abwehr begegnen.

Die typisch westliche Verteidigungsstrategie ist adoleszent. Sie beruht – genauso wie der wissenschaftliche Materialismus – auf Konfrontation. Sie besteht prinzipiell darin, den Gegner mit einer groben Attacke auszuschalten – während die östliche Verteidigung die Energie des Gegenübers für sich zu nutzen weiß.

Ihr müsst begreifen, dass ihr als Egos die Rolle habt, Gegner zu sein. Diese Rolle müsst ihr völlig transzendieren und (auf dieser Basis) aktiv und verantwortungsvoll die auf Konfrontation ausgerichtete Energie des Gegners unterminieren, und zwar nicht so, dass ihr (im konventionellen Sinn) »gewinnt« (und euch egoisch als »Gewinner« fühlt), und auch nicht so, dass ihr euch totale Überlegenheit über den

»anderen« verschafft (und ihn zu einem Nichts degradiert), sondern immer so, dass die Energie, die andernfalls nur als Konflikt (und trennende Aktivität und »Verschiedenheit«) existiert, transzendiert und aufgelöst wird.

Werdet nicht zum Gegner des anderen, indem ihr euch egoisch von ihm trennt. »Tanzt« lieber mit ihm. Sobald ihr mit ihm zu »tanzen« beginnt, ändert sich die Energie auf beiden Seiten. Dieser »Tanz« beruht auf einer moralischen Einschätzung und Betrachtung des »anderen« und auf einer Anerkennung der augenscheinlichen »Verschiedenheit«. In diesem »Tanz« ist die Transzendierung des Ego die grundlegende fühlende Einstellung, mit der die Menschen in Beziehung zueinander treten.

Ihr seid immer dazu verpflichtet, in der Beziehung zu anderen die moralische Verantwortung für eure Reaktivität zu übernehmen. Achtet immer darauf, wie sich diese verantwortungsvolle Einstellung in allen Bereichen eures Lebens auswirkt – in euren persönlichen Beziehungen ebenso wie in der zwingend erforderlichen kooperativen Politik der globalen Menschheit.

XIII

Die Notwendigkeit umfassender Regeln für die Teilnahme

Alle Formen von »tribalistisch« definierter »Wirklichkeit« sind »selbst«-bezogen – oder beruhen (im kollektiven Rahmen) auf dem Ego, dienen dem Ego und werden vom Ego begrenzt.

Alle Formen von »tribalistischer« »Religion«, »Erkenntnis« und »Wissenschaft« sind so strukturiert, dass sie den Zwecken des einzelnen »Stammes« dienen, der als normative Instanz für seine Mitglieder dient.

Alle Formen von »tribalistischer« »Religion«, »Erkenntnis« und »Wissenschaft« sind darauf ausgerichtet, die individuellen Egos dazu zu bringen, ihre getrennte und trennende individuelle Ego-Identität durch die kollektive Ego-Identität des »Stammes« zu ersetzen.

Alle »Stammes«-Identitäten, also auch die Nationalstaaten, agieren daher als kollektive Egos, die genauso wie individuelle Egos als getrennte und trennende Entitäten funktionieren und durch Konkurrenzkampf und Eigeninteresse motiviert sind. Sie tendieren deshalb alle dazu, einerseits von falschen Führern ausgebeutet zu werden und andererseits selber destruktive Ziele zu verfolgen und dadurch anderen und sich selbst Schaden zuzufügen.

Dieser Sachverhalt macht es notwendig, dass die ganze Menschheit (als globale Einheit) umfassende »Regeln für die Teilnahme« schafft, aufrechterhält, weiterentwickelt und durchsetzt, die für alle gelten und alle in die Verantwortung nehmen. Dieses Regelwerk würde dazu dienen, die Ego-transzendierende Einstellung allgemein zu legitimieren, indem es sicherstellt, dass alle-auf-einmal in geordneter Form zusammenleben. Es würde allen die »Türen öffnen«, die sich verantwortlich an die Regeln globaler Teilnahme halten. Und es würde ständig alle Aspekte des Systems korrigieren, indem es allen, die sich nicht an die Regeln globaler Teilnahme halten wollen, in einer immer der Situation angemessenen und dienlichen Weise die »Türen verschließt«.

XIV

Alle-auf-einmal

1

Es gibt zahllose gute Ratschläge, wie Frieden herzustellen sei, aber dadurch ändert sich nichts. Lediglich Ratschläge zu geben und Appelle an die Menschen zu richten, läuft auf dasselbe hinaus, wie Transparente hochzuhalten und Parolen zu skandieren. Dadurch ändert sich nichts am realen Geschehen in der Welt. Wirklicher Frieden kommt anders zustande.

Die grundlegende Voraussetzung für den Weltfrieden ist, dass alle fast sieben Milliarden Menschen der Erde durch das Globale Kooperative Forum als das wahre Kollektiv von <u>allen</u> in Erscheinung treten. Dieses Forum ist keine weitere Gruppe, die eine gute Idee hat und Ratschläge verteilt und Appelle erlässt. Das Globale Kooperative Forum ist der Zusammenschluss von buchstäblich <u>allen</u> – es bezieht einhellig Stellung und trifft klare Entscheidungen, was von jetzt ab die Politik <u>ist</u>. Wenn die Welt sich grundlegend und positiv ändern soll, müssen <u>alle-auf-einmal</u> <u>für-sich-selbst</u> einstehen.

Alle-auf-einmal müssen aufhören, passiv auf Anweisungen zu warten und sich zu Wohlverhalten ermahnen zu lassen. Alle-auf-einmal müssen selbst die Kontrolle über die Situation in der Welt ausüben. Genau dies <u>muss</u> geschehen – oder es besteht keine Hoffnung auf eine kooperative Welt in Frieden.

Schon aufgrund ihrer großen Zahl sind alle-auf-einmal als echtes Globales Kooperatives Forum in der Lage, auf der richtigen Politik zu <u>bestehen</u>. Es ist die einzige Möglichkeit, Frieden in der Welt zu schaffen. Politische und kulturelle Leitfiguren allein werden diese Veränderung nicht zustande bringen. Eine derart große Veränderung lässt sich nicht durch bloße Aufforderungen bewirken. Sie lässt sich nur durch die ganze Menschheit, durch die Kraft aller-auf-einmal herbeiführen. Das von-Natur-aus bestehende Kollektiv von allen-auf-einmal ist die einzige wirkliche Kraft – aber dieses Kollektiv setzt gegenwärtig seine Kraft nicht ein, weil es gespalten ist und sich im Chaos befindet.

Die fast sieben Milliarden der heutigen Weltbevölkerung sind in zahllose Staaten und innerhalb dieser Staaten in zahllose Individuen (oder »Ego-Identitäten«) und zahllose Gruppen (oder begrenzte und begrenzende »Gruppen-Identitäten«) zersplittert. Die moderne »Idealisierung« des Individuums (und die begrenzende Definition von Individuen mittels »Ego-Identität« und »Gruppen-Identität«) ist de facto ein gesellschaftliches und politisches Mittel zur Isolierung, Zersplitterung und Entmachtung aller, sodass die Menschheit (als eine Einheit) machtlos ist. Wenn alle ständig dazu ermutigt werden, sich nur als Individuen zu betrachten (oder wenn jedes Individuum durch die begrenzende oder trennende Definition als »Ego-Identität« und »Gruppen-Identität« entmachtet wird), dann gibt es keine Gemeinschaft von allen-auf-einmal, die Forderungen stellen kann. Die globale Verbreitung der Vorstellung, dass die Menschen sich auf ihre individuellen Interessen und Anliegen sowie auf »selbst«-bezogene Zwecke und Illusionen der »Selbst«-Erfüllung konzentrieren sollen, ist ein globales Machtspiel, das sowohl die Integrität jedes Menschen als auch die naturgegebene Macht und die rechtmäßige Position der Menschheit als einer Ganzheit untergräbt.

Wenn eine Änderung eintreten soll, müssen alle-auf-einmal eindeutig auf der richtigen Politik bestehen. Alle-auf-einmal – das sind die heutigen »fast sieben Milliarden« (und alle künftigen Milliarden). Aber dazu würden nicht jene gehören, die nur an ihrer Macht, an der Spaltung der Menschheit und am Status quo festhalten wollen. Es ist unmöglich, Milliarden von Menschen zu befehlen, was sie zu tun haben, es sei denn, diese Milliarden sind in ein Chaos von Milliarden »selbst«-bezogener Individuen zersplittert, die nichts miteinander zu tun haben (und aufgrund ihrer trennenden und begrenzenden Identität als »Ego« und »Gruppe« sogar daran gehindert werden, etwas miteinander zu tun zu haben). Aber Zersplitterung ist die jetzige Situation. Das grundlegende Problem besteht darin, dass es fast sieben Milliarden Individuen gibt, die alle nur egoisch an sich selbst denken und darauf aus sind, als Einzel- oder Gruppen-Egos Erfüllung zu finden, was aber nicht möglich ist. »Vollkommene« persönliche oder kollektive egoische »Selbst«-Erfüllung ist in einer begrenzten und vergänglichen Welt keine reale Möglichkeit.

Die heutige Welt wird von der Kultur und Politik der Illusion beherrscht. Die gängige Vorstellung, persönliche und kollektive »Selbst«-Erfüllung sei der Sinn und Zweck des Lebens, ist die grundlegende Ursache für das heutige Chaos in der Welt. Als Folge davon gibt es mehr als sechseinhalb Milliarden Individuen (und zahllose konkurrierende und exklusive Gruppen, Kulturen, Traditionen, Rassen, Religionen, Konzerne und Staaten), die typischerweise (und sogar strategisch) nichts miteinander zu tun haben – wie chaotischer Verkehr oder wie Staubkörner und Bombensplitter, die wahllos in alle Richtungen fliegen. Ähnlich wird die ganze immer-schon-bestehende Einheit der Menschheit ständig zersplittert und ins Chaos gestürzt.

Die Menschen müssen daher ihre Illusionen der »vollkommenen« egoischen »Selbst«-Erfüllung aufgeben und aufhören, chaotisch und isoliert zu leben. Das Chaos und die Isolierung machen sie anfällig dafür, von anderen kontrolliert und manipuliert zu werden. Machtspiele sind nur deshalb möglich, weil die Milliarden zersplittert sind. Diese Zersplitterung ist genau das, was Machtgierige ausnutzen. Sie bauen darauf, dass die Milliarden nicht in Kontakt miteinander sind. Sobald die Milliarden aus ihrer Isolierung heraustreten, können die Illusionsverkäufer und Machtspieler ihre Sachen packen.

2

Im Globalen Kooperativen Forum geht es vor allem darum, dass die Menschheit ihre kollektive Stimme erhebt, Stellung bezieht und die Kooperation mit allem verweigert, was inakzeptabel ist.

Das Globale Kooperative Forum ist das Instrument, durch das die kollektive »Kraft von allen-auf-einmal« die Welt beeinflussen kann. Das Forum muss wirklich alle-auf-einmal repräsentieren, und nicht nur eine Handvoll von lautstarken Einzelnen und Gruppen, die in »Selbst«-Täuschung leben und an der Macht sind, ohne sich irgendjemandem gegenüber verantwortlich zu fühlen. Das machtlose Alle-auf-einmal muss ein vereintes Alle-auf-einmal werden, das unleugbar die Macht besitzt, die Welt zu ändern, die Welt als immer-schon-bestehende nicht-chaotische Einheit oder von-Natur-aus unteilbare Ganzheit anzuerkennen und zu verteidigen und die Änderungen vorzunehmen, die notwendig sind, um die zunehmende Zerstörung zu stoppen. Es gibt keine andere Möglichkeit, Frieden und Ordnung in der Welt herzustellen.

Bloße Appelle an alle, Frieden und Ordnung zu schaffen, führen nicht zum erwünschten Ergebnis. Die chaotische Welt egoischer Individuen dazu aufzurufen, für Frieden und Ordnung zu sorgen, ist dasselbe, wie eine Katze mit Worten belehren zu wollen. Katzen hören normalerweise nicht auf verbale Belehrungen, Ratschläge und Appelle. Man kann ihnen nicht sagen, was sie zu tun haben. Sie re-agieren einfach nicht darauf.

Die Menschen verhalten sich genauso. Isolierte Individuen und abgeschottete Gruppen hören nicht zu – sie sind nicht offen für Ratschläge, Appelle oder Belehrung. Aber die Welt als alle-auf-einmal ist von-Natur-aus in der Lage, kollektiv zu entscheiden, dass die Dinge jetzt in Ordnung gebracht werden müssen. Die Gesamtheit von allen-auf-einmal muss die Forderung nach Frieden und Ordnung zur realen Plattform aller Bestrebungen machen. Das Globale Kooperative Forum von allen-auf-einmal muss unnachgiebig auf den grundlegenden Erfordernissen für Frieden und Ordnung in der Welt bestehen.

Solange die Gesamtbevölkerung der Welt nicht wirksam repräsentiert wird, besteht keine Möglichkeit, die jetzige Situation in Ordnung zu bringen. Aber wenn die Milliarden alle-auf-einmal mit einer Stimme sprechen und dieser Stimme unüberhörbar Geltung verschaffen, dann können alle Bestrebungen, die Welt grundlegend in Ordnung zu bringen, ein einziges spontanes Geschehen kollektiver Selbst-Organisation der ganzen Menschheit werden.

Wenn die Menschen alle-auf-einmal begreifen, dass sie immer

schon eine Einheit sind und folglich zwangsläufig gemeinsam und in allseitiger Beziehung koexistieren, und wenn sie auf dieser Basis fest zusammenstehen, dann sind sie in der Lage, die Situation in der Welt direkt in Ordnung zu bringen. Mehr als sechseinhalb Milliarden Menschen können – und müssen – sich weigern, mit dem gegenwärtigen Chaos fortzufahren.

Aber diese tiefgreifende Änderung wird nicht einfach eintreten, nur weil die Milliarden dazu aufgefordert werden. Die Milliarden Individuen – als Milliarden Egos – werden auf keine Ratschläge oder Appelle reagieren, denn sie sind zu sehr mit ihren persönlichen, sozialen, religiösen, wissenschaftlichen und politischen Illusionen beschäftigt. Die egolose Gesamtheit von allen-auf-einmal muss ihnen daher die Augen öffnen. Sie müssen ihre reale Situation erfassen, ihre Hilflosigkeit aufgeben und unmittelbar die Verantwortung für das gesamte menschliche Weltgeschehen übernehmen. Die egolose Gesamtheit von allen-auf-einmal muss ihre Illusionen abstreifen und sich offen zu dem einen »Wir« dieses Planeten bekennen.

3

Die Menschen wachen nicht aufgrund bloßer Empfehlungen und Aufrufe aus ihren egoischen Gewohnheiten auf. Niemand kann bewirken, dass sie zur Wahrheit der Wirklichkeit an sich erwachen. Es ist unmöglich, die Wahrheit durch irgendwelche positiven Handlungen zu erkennen und das Ego als Folge davon tatsächlich zu transzendieren. Und es gibt auch keine Kausalität, die Weltfrieden verursachen kann. Das bedeutet aber nicht, dass Weltfrieden unmöglich ist. Es gibt akausale Mittel, durch die Frieden entstehen kann.

Grundlegende Änderung, durch die alles in Ordnung gebracht wird, lässt sich nicht verursachen. Aber sie kann geschehen – als spontane (alles-transformierende und alles-reformierende) aus-sich-heraus stattfindende Umkehr. Und es ist auch möglich, die Voraussetzung dafür zu schaffen, dass diese für grundlegende Änderung nötige, spontan aus-sich-heraus stattfindende Umkehr stattfinden kann. Sie lässt sich nicht als eine Wirkung verursachen (als wäre sie noch gar nicht vorhanden und müsse daher »aus dem Nichts hervorgebracht« werden). Aber sie wird sich von allein spontan aus-sich-heraus organisieren, sobald der selbst-organisierenden Ganzheit und immer-schon-bestehenden Einheit von allen-auf-einmal, die immer schon von-Natur-aus egolos ist, ihre natürliche Kraft zurückgegeben wird.

Die grundlegende Änderung wird nicht durch »hehre Reden« allein bewirkt. Werden alle aufgefordert, sich zu ändern, wird sie das nicht dazu bringen, sich zu ändern. Solche Kausalität existiert nicht. Diejenigen, die ohnehin schon an richtigem Handeln interessiert sind, brauchen nicht daran erinnert zu werden. Aber diejenigen, die nicht daran interessiert sind, werden sich auch dann nicht umstellen, wenn sie fortwährend daran erinnert werden.

Wenn die grundlegende Änderung, die alles in Ordnung bringt, stattfinden soll, muss es etwas geben, das diese Änderung <u>fordert</u>. Der ganzen Menschheit muss die Möglichkeit gegeben werden, diese Änderung zu fordern. Und das lässt sich nicht verursachen – es kommt akausal, ohne Ursache, zustande.

Die Milliarden müssen sich <u>aus-sich-heraus</u> <u>selbst</u> <u>organisieren</u>. Das Globale Kooperative Forum ist das Mittel zur <u>Selbst-Organisation</u> der gesamten Menschheit zu einer einzigen lauten Stimme, die einfach sagt, was von jetzt ab die Politik <u>ist</u>. Es klingt vielleicht naiv und »idealistisch«, dass solch eine mächtige kollektive Stimme sich Gehör verschaffen solle und könne – aber genau diese eine einzige kollektive Stimme ist <u>notwendig</u>. Sie ist das Einzige, was die von allen geforderte Änderung bewirken wird. Positive Einzelstimmen werden das nicht schaffen. Wenn also die kollektive Stimme von allen-auf-einmal als Sprachrohr der menschlichen Realität <u>notwendig</u> ist, dann ist es ein Fehler zu glauben, eine solche kollektive Stimme sei nicht möglich. Wenn etwas aufgrund der <u>realen</u> <u>Gegebenheiten</u> des menschlichen Daseins notwendig ist, dann kann und <u>muss</u> es auch realisiert werden.

Das wirklich von-Natur-aus existierende Kollektiv der Menschheit hat aus-sich-heraus große Kraft. »Alle-auf-einmal« sind von-Natur-aus <u>immer</u> <u>schon</u> eine <u>Einheit</u> und Ganzheit und somit fähig, sich spontan aus-sich-heraus zu organisieren. Macht in den Händen von Wenigen kann nicht die Gesamtheit manipulieren, wenn die Gesamtheit die Macht ausübt, die ihr aufgrund ihrer immer-schon-bestehenden Einheit und selbst-organisierenden Energie innewohnt.

»Das Volk« (als eine Art riesiges natürliches Ego) besitzt keine moralische Integrität und kann nicht als »Mob« die »Weltherrschaft übernehmen«. Mehr Ego-Macht führt nur zu noch mehr Chaos. Deshalb muss man die Frage stellen, wo wirkliche moralische Integrität zu finden ist. Die Antwort lautet, dass sie nur in der egolosen Tiefe des Daseins zu finden ist. Diese egolose Tiefe ist nicht getrennt oder trennend. Die ganze Menschheit muss in Bezug auf diese egolose Tiefe des Daseins verstanden werden – und alle-auf-einmal müssen (durch ein wirklich Globales Kooperatives Forum) als eine Stimme und Aktivität repräsentiert werden, die aus der von-Natur-aus moralisch-erleuchteten Tiefe des Daseins hervortritt.

Wenn die bewusste Wahrnehmung des Menschen der von-Natur-aus egolosen (und folglich nicht-getrennten und nicht-trennenden) Tiefe des Daseins untergeordnet wird, dann wird das menschliche Leben (in seinem sprachlichen Ausdruck und in seinem Handeln) durch die strahlende Kraft der Selbstlosigkeit moralisch erleuchtet. Wenn daher alle-auf-einmal (im Rahmen eines wirklich Globalen Kooperativen Forums) durch moralisch-erleuchtete Prinzipien und Personen repräsentiert und mobilisiert werden, dann hat die Wirklichkeit an sich wieder die Stimme und Fähigkeit erworben, die notwendigen Änderungen vorzunehmen.

Wenn die mächtigsten Regierungschefs und Unternehmensführer zu einem großen Forum zusammenkämen und gemeinsam eine Liste unverzichtbarer Prinzipien aufstellen würden, wäre die Welt in einem anderen Zustand. Aber das wird nicht geschehen – es sei denn, alle-auf-einmal fordern, dass es geschieht.

Es besteht keine unausweichliche Verpflichtung für die Regierungschefs und Unternehmensführer, die Entscheidungen zu treffen, die in der jetzigen Weltsituation für alle-auf-einmal wirklich notwendig sind. Welche Macht der Erde macht es sich zur unausweichlichen Verpflichtung, die Situation in Ordnung zu bringen? Keine positiven

Aufforderungen, Empfehlungen und Schulungsprojekte können als solche diese Verpflichtung erzwingen. Nur eine Forderung seitens der Instanz, die sich den üblichen politischen Machtspielen nicht unterordnen lässt, kann es zur Verpflichtung machen, die Situation zu ändern. Die Gesamtheit der fast sieben Milliarden ist die einzige Macht in der Welt, die als alle-auf-einmal das jetzige Chaos ändern kann.

Die Machtlosigkeit des egoischen Individualismus muss durch ein von-Natur-aus mächtiges positives Kollektiv ersetzt werden, das sich an den richtigen Prinzipien orientiert und die Politik von jetzt an bestimmt, und das sich entschieden weigert, sich falschen Prinzipien zu unterwerfen.

Wie kann es dazu kommen? Wenn dieses Kollektiv sich spontan manifestieren soll, muss sich als Erstes eine Gruppe verantwortlicher und fähiger Menschen bilden, die bereit sind, der Gesamtheit in moralisch-erleuchteter und selbstlos-kooperierender Weise zu dienen und dafür zu sorgen, dass das Gesamtkollektiv sich aus-sich-heraus manifestiert. Ich spreche hiermit diese Gruppe an und gebe ihr die erforderlichen Instruktionen und fordere sie auf, in Aktion zu treten. Diese besonderen Personen, die wissen, wie sie mit allen-auf-einmal Kontakt aufnehmen können, sind die Ersten, die auf diese Aufforderung antworten und der Gesamtheit in der Weise dienen müssen, dass sie zu jeder Form von Mitarbeit fähig werden. Wenn es genug von solchen Personen gibt, die alle-auf-einmal zur Mitarbeit befähigen, dann kann eine Wirklichkeits-Verbindung zu den heute lebenden Milliarden leicht und direkt zustande kommen. Und sobald dies geschehen ist, können die Milliarden (mittels eines ohne Umschweife etablierten, wirklichen Globalen Kooperativen Forums) einfach darauf bestehen, dass der ganze Lebensbereich der Menschheit in Ordnung gebracht wird. Dies wäre die einzige Forderung, die unausweichlich zu respektieren wäre und zum Handeln verpflichten würde.

4

Das von-Natur-aus bestehende Kollektiv der immer-schon-bestehenden Einheit, das »alle-auf-einmal« darstellen, ist von-Natur-aus egolos, unteilbar und kooperativ und organisiert sich von-Natur-aus selbst. Die Menschheit ist heute in Milliarden Egos gespalten, die durch zahllose Einflüsse irregeführt sind und davon träumen, sie könnten (und müssten) alle ihre Wünsche und Bedürfnisse befriedigen. In Wirklichkeit ist die ganze-Welt-auf-einmal jedoch ein von-Natur-aus egoloses Geschehen.

Die Vorstellung, ein Ego zu sein (oder die Illusion naturgegebener Getrenntheit), ist der einzige Grund dafür, dass die Milliarden sich tatsächlich voneinander trennen und sich weigern, in gegenseitiger Toleranz, friedlicher Koexistenz und universeller Kooperation miteinander zu leben. Die Milliarden sind nicht wirklich voneinander getrennt und sollten deshalb keine Trennung voneinander voraussetzen, betonen oder herbeiführen. Sie existieren in Wirklichkeit grundlegend im Rahmen egoloser, immer-schon-bestehender Einheit. Wenn die von-Natur-aus existierende Energie dieser egolosen, immer-schon-bestehenden Einheit in den Vordergrund träte, würde sie spontan aus-sich-heraus Ordnung in der Welt schaffen.

Alle Menschen sterben. Sie leben in einer Welt, in welcher der Tod eine unausweichliche Tatsache ist. Andererseits ist die Welt in ihrem eigentlichen Wesen egolos, Unteilbar, Absolut und Unendlich.

Was (von-Natur-aus) egolos ist, muss seine naturgegebene Kraft in der Welt wieder geltend machen. Die der immer-schon-bestehenden Einheit entspringende Wirklichkeits-Kraft von allen-auf-einmal muss sich erneut Geltung verschaffen. Wenn die ganze Menschheit bewusst aus dem Gefühl ihrer immer-schon-bestehenden Einheit heraus agiert, wird eine positive Ordnung initiiert, die sich (unausweichlich) aus-sich-heraus organisiert. Dies kann (und muss) geschehen.

Chaos ist entstanden, weil jedes »Wesen« und jedes »Ding« zu einem Individuum gemacht wurde. Wenn alle nur getrennte Einzelwesen sind, ist Chaos unvermeidlich. Aber wenn alle sich von der Vorstellung immer-schon-bestehender egoloser Einheit leiten lassen, können sie Ordnung in ihre Welt bringen. Egolosigkeit ist der entscheidende Punkt. Sie hat nichts mit Religion zu tun (in dem Sinne, dass sie von den Dogmen einer bestimmten Tradition abhinge). Sie stellt jedoch eine Realität dar, die vollkommen ernst zu nehmen ist

Pure Is
are ideas)
tions" (or
Only Reality-Self (and, therefore, Intrinsically Self-Evident and Inherently egoless Real Self, or Reality-Self, Itself) Is Real (Acausal) God
Self (Itself).
God"-ideas
causal) God.
Not-

Theref
"God"-ideas (and even all
are ego-based "objectifica
Self-Reflected
Self-Images)
of the Intrinsic
(and Inherently
egoless) Self-
Consciousness
of Reality Itself
—and, therefore,
of Intrinsically Self-Evid
Inherently egoless) Real
No mere
Are Real

NOT-TWO IS PEACE (COLOR FIELD NO. 1)

Bild und Text von Adi Da, 2006

Frieden ist daher Frieden, der Frieden ist.

»Gottes«-Begriffe (und alle bloßen Ideen überhaupt) sind egoische »Objektivierungen« (oder Gespiegelte Selbst-Bilder) des aus-sich-heraus Existierenden (und von-Natur-aus egolosen) Selbst-Bewusstseins der Wirklichkeit an sich. Sie sind deshalb egoische »Objektivierungen« des aus-sich-heraus Offensichtlichen (und von-Natur-aus egolosen) Wirklichen Selbst an sich.

Keine bloßen »Gottes«-Begriffe sind der Wirkliche (Akausale) Gott.

Nur die Wirklichkeit an sich (und deshalb das aus-sich-heraus Offensichtliche und von-Natur-aus egolose Wirkliche Selbst oder Wirklichkeits-Selbst an sich) ist der Wirkliche (Akausale) Gott.

Deshalb müssen »Gottes«-Begriffe (und alle bloßen Ideen überhaupt) in der Wirklichkeit an sich, durch die Wirklichkeit an sich und als die Wirklichkeit an sich und als das Wirkliche Selbst an sich Transzendiert werden (und sind tatsächlich immer schon Transzendiert).

Das Wirkliche Selbst (oder Wirklichkeits-Selbst) – oder der immer erste und immer gegenwärtige Zustand Bewussten Gewahrseins – ist aus-sich-heraus Offensichtlich als der Unteilbare, Niemals-Unterbrochene Strom, der Unbegrenztes Fühlen, Absolute Energie und Unendliches Bewusstsein ist.

Nicht-Zwei ist Frieden.

Hinweis: Bei dem Text, der auf dem Bild in Adi Da's Handschrift zu sehen ist, handelt es sich um eine leicht abgewandelte Passage aus dem Essay »Ist-Frieden« (siehe Seite 225).

Adi Da's Bild *Not-Two Is Peace* (Nicht-Zwei ist Frieden) trägt denselben Titel wie dieses Buch. Es wurde erstmals beim Weltkongress *Religion nach dem 11. September* in Montreal (2006) ausgestellt.

Im darauffolgenden Jahr wurden zehn Kunstwerke von Adi Da auf der 52. Biennale von Venedig in einer Begleitausstellung unter dem Titel *Transcendental Realism: The Art of Adi Da Samraj* gezeigt.

Beispiele der Kunst von Adi Da, Essays von Kuratoren und Kunstkritikern sowie Aussagen des Künstlers über sein bildnerisches Schaffen finden Sie auf folgenden Websites:

www.daplastique.com
www.adidabiennale.com

Das Bild *Not-Two Is Peace* ist zusammen mit vielen anderen Werken von Adi Da in dem großformatigen Bildband *The Spectra Suites* (Welcome Books, New York 2007) veröffentlicht.

Place.
(or Reality-Self) — or the
and always present
Self-Condition
of Conscious
Awareness —
Is Intrinsically
Self-Evident
As the
Indivisible
and
Broken Current of
Energy-Consciousness.

Peace
Therefore, "God"-ideas (and even all mere ideas) must be (and, indeed, Always Already are) Transcended in, by means of, and As Reality (Itself) and Real Self (Itself).
Real Self
Two Is

(denn sie ist ein Ausdruck der von-Natur-aus egolosen, Unteilbaren, Absoluten und Unendlichen Wirklichkeit an sich).

Als Egos sind die Milliarden nur ein Mob von Individuen – und das ist Chaos. Aber als egolose (oder unteilbare und kooperative) Präsenz sind die Milliarden etwas ganz anderes. Die von-Natur-aus egolose Präsenz von allen-auf-einmal muss nicht erst geschaffen werden (um Geltung zu erlangen). Sie muss nicht die »idealistische« Folge eines Prozesses sein, in dessen Verlauf alle zuerst der Reihe nach egolos und Vollkommen Erleuchtet werden müssen. Nein – die von-Natur-aus bestehende egolose Präsenz von allen-auf-einmal existiert immer schon und braucht sich daher nur »realistisch« aus-sich-heraus wieder Geltung zu verschaffen. Das direkte und notwendige Mittel dazu ist die intelligente, geordnete, alle repräsentierende Errichtung eines echten (und von-Natur-aus weltweit wirksamen) Globalen Kooperativen Forums.

Das Globale Kooperative Forum muss die eindeutige Integrität der sonst chaotischen Stimme von allen-auf-einmal manifestieren. Durch das Globale Kooperative Forum müssen alle-auf-einmal aus-sich-heraus spontan eine Stimme manifestieren, die für das eintritt, was richtig und notwendig ist – eine Stimme, die in der Lage ist, gewaltlos zu fordern (oder unverrückbar darauf zu bestehen), dass wirklich getan wird, was richtig ist. Das bedeutet, dass alle-auf-einmal – wirklich alle – nicht nur ein bisschen »Gesicht«, sondern das ganze »Gesicht« verlieren müssen. Im richtigen und wahren Globalen Kooperativen Forum von allen-auf-einmal gibt es überhaupt kein »Gesicht« – gar keins.

Das Globale Kooperative Forum muss wirklich die Stimme der ganzen Menschheit repräsentieren, verkörpern und spontan aus-sich-heraus manifestieren. Das bedeutet jedoch nicht, dass es lediglich für Milliarden Egos spricht. Es repräsentiert vielmehr die egolose Gesamtheit von allen-auf-einmal und spricht für diese Gesamtheit, die in der Lage sein muss, wirklich Ordnung in das Chaos der heutigen Welt zu bringen. Nicht alle und jeder als Ego (oder »Ich«), sondern die egolose Gesamtheit von allen-auf-einmal muss im Globalen Kooperativen Forum und durch und als das Forum verkörpert werden.

5

Das Globale Kooperative Forum kann nicht von Personen organisiert werden, deren Macht und führende Rolle in der Welt auf der Vorstellung (und ständig aufrecht erhaltenen Illusion) beruhen, die Menschen seien getrennte Egos. Diejenigen, die dem Globalen Kooperativen Forum in der richtigen Weise dienen können, müssen moralisch-erleuchtete integre Menschen sein, die ihre Illusionen über jede Form von egoischer Macht verloren haben und als Erstes ihre bisherige Machtstellung (und ihr egoisches »Selbst«-Bild) aufgeben – und indem sie ihre Macht und ihr »Gesicht« verlieren, stehen sie in einem ganz anderen, egolosen Rahmen, in dem sie als Individuen von-Natur-aus machtlos sind. Sie agieren als Teil und Vertreter eines egolosen Ganzen, dienen wirklich allen und setzen ihre Talente ein, um der egolosen Gesamtheit von allen-auf-einmal zu helfen, ihren Einfluss positiv und global geltend zu machen. Diese Fähigkeit, egolos (oder wahrhaft Ego-transzendierend) zu handeln, muss daher die führenden Kräfte im Globalen Kooperativen Forum jetzt und in aller Zukunft kennzeichnen.

Wenn eure innere Haltung mit der Wirklichkeit an sich übereinstimmt, gebt ihr alle Anmaßung von Macht und alle persönlichen Illusionen auf. Ihr legt eure »Verkleidung«, eure »Mummenschanz-Rolle« eines getrennten (oder egoischen) »Selbst« ab und entsagt allem vermeintlichen »Besitz« an Macht und Wahrheit.

Ihr seid alle von-Natur-aus der Wahrheit an sich untergeordnet.

Ihr seid alle von-Natur-aus der Wirklichkeit an sich untergeordnet.

Ihr seid alle von-Natur-aus Dem untergeordnet, Was egolos, Absolut, Unendlich und Unteilbar ist.

Ihr müsst in Dem leben und aufgehen, Was (von-Natur-aus) Immer Schon der Fall ist.

Einheit braucht nicht hergestellt zu werden, denn Einheit (oder von-Natur-aus existierende Unteilbarkeit) ist der immer-schon-bestehende Zustand der Wirklichkeit an sich.

Ebenso braucht auch Egolosigkeit nicht hergestellt zu werden,

denn sie ist der immer-schon-bestehende Zustand von allen-und-Allem.

Und deshalb brauchen auch Ordnung und Frieden nicht hergestellt zu werden, denn sie sind der immer-schon-bestehende Zustand von allen-und-Allem, was in Erscheinung tritt.

Ordnung und Frieden müssen einfach nur so, wie sie sind, gelebt werden. Und diese Lebensweise kann und muss ermöglicht und ständig in die Tat umgesetzt werden.

Ihr braucht Ordnung und Frieden nicht zu verursachen. Ihr müsst Ordnung und Frieden vielmehr ganz einfach leben.

Der Impuls, etwas zu verursachen (oder es erst ins Dasein zu bringen), ist die Motivation und Strategie des Ego, denn das Ego sucht und ersehnt immer das, von dem es annimmt, es existiere noch gar nicht.

Die Wahrheit ist der immer-schon-bestehende Zustand und Vorteil und die von-Natur-aus bestehende Fähigkeit der Egolosigkeit – und deshalb ist die Egolosigkeit die selbst-organisierende Energie der immer-schon-bestehenden Einheit, Ganzheit, Ordnung und des Friedens.

6

Die Welt ist durch ihre eigenen Artefakte irregeleitet.

Die Geschichte der Menschheit wird üblicherweise als ein Kontinuum bewusster menschlicher Wahrnehmung verstanden – während sie tatsächlich aus zahllosen Menschen besteht, die jetzt tot sind.

Wer hat überlebt?

Niemand hat überlebt.

Wer wird überleben?

Niemand wird überleben.

Kontinuierliche bewusste Wahrnehmung – die Vorstellung, das Ego existiere gleichzeitig mit der Gesamtheit von Raum und Zeit – ist nichts weiter als ein Mummenschanz, eine Illusion, die theatralische Fiktion des Dramas von »Narziss«.

Wenn ihr an diesem fiktiven Drama festhaltet, vergesst ihr eure eigentliche Situation.

Eure eigentliche Situation ist nicht, dass alle sterben.

Eure eigentliche oder Wirklichkeits-Situation ist, dass es gar kein Ego oder getrenntes Wesen gibt.

Aber es gibt Etwas Anderes – die Wirklichkeit an sich oder Das, Was egolos, Absolut, Unendlich und Unteilbar ist.

Die Wirklichkeit an sich Existiert und Strahlt aus-sich-heraus, sie ist von-Natur-aus Vollkommen.

Die Wirklichkeit an sich ist ohne Geburt und Tod und Vollkommen Frei.

Der egolose Mensch nimmt voll und ganz an der Wirklichkeit an sich teil.

Der egoische Mensch sucht nur nach der Wirklichkeit oder Wahrheit an sich. Er strebt nur nach vollkommener Befriedigung und bildet sich alle mögliche »Befriedigung« ein, die es weder gibt noch geben wird noch geben kann.

Der Wille zur Illusion ist grundlegend für das Ego.

Wer zu der von-Natur-aus bestehenden Egolosigkeit des Lebens erwacht, ist frei von der auf »Selbst«-Täuschung beruhenden Fähigkeit zur Illusion.

Es ist unerlässlich, dass alle-auf-einmal aus der Illusion dieser vom Ego erfundenen chaotischen Welt erwachen.

Diese Desillusionierung kann alle-auf-einmal dazu befähigen, in der wahren Wirklichkeits-Situation des Lebens wirkungsvoll Einfluss auszuüben.

Diese Desillusionierung kann alle-auf-einmal von ihren egoischen Gewohnheiten und Zielen befreien und ihre Energie mobilisieren.

Diese Desillusionierung ist der Anfang und die notwendige Basis für das Erwachen von allen-auf-einmal zu der naturgegebenen globalen Verantwortung der Menschheit.

XV

Die duale Basis für wahres Einssein

In dem kollektiven (und möglichst kooperativen und positiven) exoterischen Bereich der Politik, Gesellschaft und Wirtschaft sowie der konventionellen Religion, der idealistischen Kultur und der materialistisch-orientierten Wissenschaft und Technik geht es immer darum, für Fortschritt beziehungsweise bessere Überlebenschancen und größeres Wohlergehen der Menschen auf der Erde zu sorgen.

In dem kollektiven (und möglichst beispielhaften und erleuchtenden) esoterischen Bereich der gesamten über die Religion hinausgehenden Spirituellen, philosophischen und künstlerischen Kultur geht es immer um Transzendenz.

Diese beiden kollektiven menschlichen Bereiche – der exoterische Bereich des Fortschritts und der esoterische Bereich der Transzendenz – sind (zusammen) die unerlässliche und immer gemeinsame Basis für ein wahrhaft menschliches politisches, soziales und kulturelles Leben (das notwendigerweise auf der immer-schon-bestehenden Einheit beruht und folglich immer ein einziger Prozess ist).

XVI

Nullpunkt-Unterweisung

1

Es gibt zwei Große Prinzipien in der Wirklichkeit an sich, die von grundlegendster Bedeutung für die Menschheit sind.

Das Erste Große Prinzip in der Wirklichkeit an sich ist die von-Natur-aus bestehende Egolosigkeit (oder das Dasein ohne »Selbst«).

Das Zweite Große Prinzip in der Wirklichkeit an sich ist nur dem Ersten Großen Prinzip in der Wirklichkeit an sich untergeordnet.

Das Zweite Große Prinzip in der Wirklichkeit an sich ist die immer-schon-bestehende Einheit (oder Nicht-»Verschiedenheit«).

2

Das Ego-»Ich« ist die einzige aktive Quelle und das eigentliche Prinzip allen »Verschiedenseins«.

Das Ego ist der umfassende psycho-physische Akt der »Selbst«-Differenzierung – oder der Trennung, des Getrenntseins und der zwanghaften Tendenz zum Trennen. Es ist der Akt, der die getrennte »Selbst«-Identität hervorruft.

Das Ego-»Ich« projiziert ständig aktiv aus-sich-heraus die Vorstellung und Struktur des »Verschiedenseins« auf die Welt (und auf alles, was als Aufmerksamkeit in Erscheinung tritt).

Abgesehen von dieser egoisch projizierten Vorstellung und Struktur des »Verschiedenseins« gibt es nirgendwo in der Welt ein »Verschiedensein«, das von-Natur-aus besteht.

Abgesehen von – und immer schon vor – der egoisch projizierten Vorstellung und Struktur des »Verschiedenseins« ist die Welt ein nahtloses Ganzes, das von-Natur-aus von dem universellen Zustand und Muster immer-schon-bestehender Einheit gekennzeichnet ist.

Die Gesamtheit von allem, was der Aufmerksamkeit gegenüber in Erscheinung tritt, ist ein von-Natur-aus nahtloses Ganzes, das von-Natur-aus von dem Zustand und Muster immer-schon-bestehender Einheit gekennzeichnet ist und kein »Verschiedensein« aufweist, das von-Natur-aus besteht.

Die Gesamtheit von allem, was manifest in Erscheinung tritt, ist eine von-Natur-aus egolose, immer-schon-bestehende Einheit.

Die von-Natur-aus egolose, immer-schon-bestehende Einheit der Gesamtheit aller manifesten Erscheinungen ist für das Ego-»Ich« niemals aus-sich-heraus offensichtlich (und kann es auch gar nicht sein).

Deshalb muss das Ego-»Ich« – oder die Projektion des »Verschiedenseins« – immer sofort und ständig von-Natur-aus transzendiert werden.

Das Ego-»Ich« kann versuchen, sich selbst und das scheinbare »Verschiedensein«, welches das Ego-»Ich« »selbst« auf die Welt (und auf alles, was der Aufmerksamkeit gegenüber in Erscheinung tritt) projiziert, zu transzendieren – aber das Ego-»Ich« (das die ganze psycho-physische Aktivität des »Verschiedenseins« ist) kann nicht sich selbst transzendieren – und deshalb kann es die von-Natur-aus egolose, immer-schon-bestehende Einheit der gesamten Welt (und von allem, was der Aufmerksamkeit gegenüber in Erscheinung tritt) nicht kennen.

Das Ego-»Ich« kann durch keinen Akt und keine Anstrengung des Ego selbst transzendiert werden.

Das Ego-»Ich« kann nur von-Natur-aus – und das heißt immer schon von vornherein oder stillschweigend – transzendiert werden.

Wer die von-Natur-aus immer-schon-bestehende Einheit der gesamten Welt (und aller Objekte der Aufmerksamkeit) erkennen (oder als offensichtlich der Fall entdecken) will, der muss sie auf der Basis der immer-schon-bestehenden Egolosigkeit stillschweigend und unmittelbar erfassen.

Wer daher die immer-schon-bestehende Einheit der Welt (und aller Objekte der Aufmerksamkeit) unmittelbar erfassen will, der muss die Egolosigkeit als solche und entsprechend die immer-schon-bestehende Egolosigkeit aller manifesten Erscheinungen immer schon von vornherein stillschweigend, unmittelbar und immer gegenwärtig an der Wurzel der Aufmerksamkeit und des Gewahrseins als aus-sich-heraus offensichtlich erkennen.

Wer erkennen will, dass die von-Natur-aus bestehende Egolosigkeit der Aufmerksamkeit und des Gewahrseins an der Wurzel der Aufmerksamkeit und des Gewahrseins aus-sich-heraus offensichtlich ist, der muss sich durch lebenslange persönliche Schulung darauf vorbereiten, indem er sich einem Lernprozess im Rahmen ständiger Unterweisung widmet, die am »Nullpunkt« beginnt und mit intensiver (und zuletzt esoterischer Transzendenter Spiritueller) Praxis verbunden ist.

»Nullpunkt«-Unterweisung besteht in der intensiven Lebenspraxis, ständig von-Natur-aus die immer-schon-bestehende Egolosigkeit an der Wurzel der Aufmerksamkeit und des Gewahrseins zu erkennen.

»Nullpunkt«-Unterweisung ist keine konventionelle Erziehung oder Bildung (oder die bloße Anhäufung von Informationen und die Entwicklung von Fähigkeiten), sondern die an der Wurzel ansetzende Ego-transzendierende Unterweisung und Transformation der ganzen Person (oder das von-Natur-aus stattfindende und vollständige psycho-physische »Verlernen« des Ego-»Ichs«), wobei die immer-schon-bestehende Egolosigkeit immer schon von vornherein stillschweigend und ständig (oder immer gegenwärtig) an der Wurzel der Aufmerksamkeit und des Gewahrseins »lokalisiert« oder erkannt wird.

»Nullpunkt«-Unterweisung besteht in dem ständigen intensiven ganzkörperlichen (oder umfassenden psycho-physischen) Lebensprozess, in dem die immer-schon-bestehende Egolosigkeit (oder das »Nullpunkt«-Bewusstsein) immer von vornherein (oder immer gegenwärtig) stillschweigend an der Wurzel der Aufmerksamkeit und des Gewahrseins »lokalisiert« und erkannt wird. Und auf dieser konstanten, stillschweigenden Basis wird (folglich auch) die aus-sich-heraus offensichtliche immer-schon-bestehende Einheit der

Welt (und aller Objekte der Aufmerksamkeit) ständig (oder immer gegenwärtig) unmittelbar erfasst.

»Nullpunkt«-Unterweisung und das stillschweigende Erwachen des »Nullpunkt«-Bewusstseins ist der Prozess und das Ereignis, in dem der Wirklichkeits-Zustand der manifesten Erfahrung in jedem Moment stillschweigend und grundlegend verstanden wird.

»Nullpunkt«-Unterweisung stellt stillschweigend die Priorität (oder den ursprünglichen Vorrang) des »Nullpunkt«-Bewusstseins her, das sich von-Natur-aus im »Nullpunkt«-Verstehen und »Nullpunkt«-Leben äußert (welches immer aktiv sämtliche lebenstransformierenden Folgen des »Nullpunkt«-Bewusstseins und »Nullpunkt«-Verstehens zum Ausdruck bringt).

»Nullpunkt«-Verstehen (oder grundlegende Weisheit) ist dies: Was auch immer in Erscheinung tritt – niemand ist jemals ein »Selbst« oder eine Form von getrennter Identität (oder Ego-»Ich«), sondern jeder ist nur der von-Natur-aus egolose Zeuge und die Ewige Sphäre und Substanz der manifestierten, immer nur vorübergehenden, wechselseitig abhängigen, nahtlos miteinander verbundenen und Vollkommen nicht-notwendigen bloßen Muster von Ursache-und-Wirkung.

3

Der »Nullpunkt« ist (als solcher) die Wurzel des Bewusstseins, der Ursprungs-Punkt des psycho-physischen Gewahrseins sowie der Sinneswahrnehmung und des Denkens. Er existiert immer schon vor der Aufmerksamkeit und all ihren »Objekten«, vor dem Ego-»Ich« (oder der getrennten »Selbst«-Identität) und den »anderen«, vor aller Teilung und allen Teilen, vor der Welt und allen Formen von getrennter Identität sowie vor allen Kategorien von »Anderssein« und »Verschiedensein«.

Der »Nullpunkt« ist die ursprüngliche Position – oder Position des »Null-Zustands« – aller manifesten Erfahrung.

Der »Nullpunkt« ist der ursprüngliche Zustand. In diesem Zustand gibt es kein »Selbst« und kein Nicht-»Selbst«, kein Ego-»Ich«

und keine »anderen«, kein »Objekt« und keinen Geist, keine Gedanken, Theorien, Erklärungen und Glaubensvorstellungen, keine Mythen und keine Geschichte, keine »Gottes«-Begriffe und keine »Gottheit«, keine Religion, keinen »Stamm«, keine persönliche oder kollektive Identität, keine metaphysischen oder auf dem Körper oder dem Geist beruhenden Annahmen, keinen Körper, keine Welt, keine Zeit und keinen Raum, keine Getrenntheit, kein Dilemma oder Problem, keine Suche, Methode oder Antwort, keine Angst, Trauer oder Wut und keinerlei »Unterschied«.

Der »Nullpunkt« ist die ursprüngliche Position, der immerschon-bestehende Zustand, die immer schon vorhandene Schnittstelle, an der und von der alles manifeste Gewahrsein in der Aufmerksamkeit auftritt.

Der »Nullpunkt« ist der egolose Umstand des essenziellen, aus-sich-heraus offensichtlichen Seins – der »Ort« ohne »Sichtweise«, an dem die Ursprüngliche, von-Natur-aus egolose, Vollkommen Nichtgetrennte, Unteilbare, Akausal alle-und-Alles-Durchdringende und Offensichtlich Göttliche Selbst-Natur, die der Selbst-Zustand der Wirklichkeit an sich ist, Unvermittelt aus-sich-heraus Erfasst wird.

An dem von-Natur-aus egolosen »Nullpunkt« des Daseins zu sein, bedeutet, im Ursprünglichen Zustand der Wirklichkeit an sich zu Sein oder als dieser Zustand zu Existieren.

Als die Wirklichkeit an sich zu Existieren, bedeutet, niemand zu sein und nichts zu haben oder zu wissen.

In dieser Weise niemand zu sein, bedeutet, ohne »Selbst« (oder als Egolosigkeit an sich) zu Existieren (und zu leben).

In dieser Weise zu Existieren (und zu leben), ohne etwas zu haben (oder zu »besitzen«), bedeutet, frei zu sein von aller trennenden, negativen, Schaden verursachenden (oder »andere«-bedrohenden) Verbindung mit dem Körper, den »Dingen« dieser Welt und der Welt selbst.

In dieser Weise zu Existieren (und zu leben), ohne etwas zu wissen, bedeutet, frei zu sein von aller Überheblichkeit, allem bloßen »Glauben«, allem, was zur Annahme oder Erzeugung eines »Unterschieds« führt, allem, was das »Selbst« vom »Nicht-Selbst« und

»anderen« trennt. Und es bedeutet auch frei zu sein von allen Vorurteilen gegenüber der Hingabe an den ursprünglichen (oder immer schon aus-sich-heraus offensichtlichen) Zustand der von-Natur-aus bestehenden Egolosigkeit und gegenüber der aktiv teilnehmenden Disposition des essenziellen Einsseins mit allen-und-Allem.

4

Die globale Kultur universeller Kooperation und das Globale Kooperative Forum machen einen weltweiten Prozess umfassender »Nullpunkt«-Unterweisung für alle erforderlich.

Die globale kooperative Ordnung und das Globale Kooperative Forum von allen-auf-einmal müssen von der immer-schon-bestehenden Einheit ausgehen und im Rahmen einer globalen »Nullpunkt«-Kultur einen das ganze Leben umfassenden Lernprozess vermitteln, der auf der Lebenspraxis der immer-schon-bestehenden Egolosigkeit beruht. Andernfalls wird die Idee der immer-schon-bestehenden Einheit zu einem bloßen politischen und sozialen Ideal oder sogar zum Ausgangspunkt für eine absurde egoische »Utopie« – und niemand (außer den wenigen Egolosen) weiß (oder kann auch nur wissen), dass die immer-schon-bestehende Einheit offensichtlich der Fall ist, und nur wenige akzeptieren, dass sie ein notwendiger und globaler Prozess ist.

Das bloße »Ideal« einer immer-schon-bestehenden Einheit ist nur eine konventionelle egoische Vorstellung.

Es ist daher nur dann möglich, die Menschheit zur wirklichen Teilnahme an der immer-schon-bestehenden Einheit zu bewegen, wenn zunächst oder gleichzeitig der universelle Prozess der »Nullpunkt«-Unterweisung (der alle zum »Nullpunkt«-Bewusstsein und »Nullpunkt«-Verstehen erweckt) eine authentische (vom »Nullpunkt« her transformierte) Basis für die globale Kultur eines »Nullpunkt«-Lebens schafft, das sich ständig im Rahmen aktiver, auf klaren Prinzipien beruhender Kooperation selbst reguliert. Eine solche Kultur beruht darauf, dass die ganze Menschheit immer unmittelbar die immer-schon-bestehende Einheit erfasst und diese Einheit als die offensichtliche Eigenschaft und Struktur der Welt (und aller Objekte der Aufmerksamkeit) erkennt.

Es ist daher notwendig, dass die Menschheit nicht nur ein Globales Kooperatives Forum errichtet und universell aktiviert, sondern gleichzeitig auch eine Institution, die die »Nullpunkt«-Unterweisung universell für jeden Einzelnen und die ganze Menschheit verfügbar macht.

XVII

Die drei großen Mythen der Ego-Kultur und ihre Transzendierung

1

Der globale Mummenschanz der Ego-Kultur setzt sich endlos fort, indem er drei große Mythen propagiert und aufrechterhält.

Der erste große Mythos der Ego-Kultur ist der Mythos (oder die grundlegend falsche Vorstellung) vom getrennten »Selbst« (oder Ego-»Ich«). Dieser Mythos besteht in der vom Menschen entwickelten Idee, der lebende und erlebende Mensch sei letztlich ein unabhängiges und definierbares »subjektives« Bewusstsein (oder ein »inneres Selbst«, ein »Geist«, eine »Psyche« oder »Seele« oder ein »in einem Körper oder an einem Ort lokalisierbares Wesen« oder ein »Standpunkt« beziehungsweise eine »Sichtweise«, die eine metaphysische Existenz besitzt).

Der zweite große Mythos der Ego-Kultur ist der Mythos (oder die grundlegend falsche Vorstellung) von einer getrennten Welt (oder einem Universum oder Kosmos als »Nicht-Selbst«). Dieser Mythos besteht in der vom Menschen entwickelten Idee, seine gesamte Erfahrung existiere »objektiv« (also unabhängig und außerhalb von und in Beziehung zum »inneren Selbst« oder dem getrennten und unabhängigen, »in einem Körper angesiedelten Standpunkt« mit seiner »Sichtweise«).

Der dritte große Mythos der Ego-Kultur ist der Mythos (oder die grundlegend falsche Vorstellung) von einem getrennten »Schöpfergott« (oder der Göttlichen Quelle, Grundlage und Letzten Bestimmung von allen-und-Allem, die als eine getrennte »Gottheit« definiert wird). Dieser Mythos ist die vom Menschen entwickelte Idee, dass sowohl das »Selbst« (oder Ego-»Ich«) als auch das »Nicht-Selbst« (oder das gesamte Universum) essenziell auf einen »Absoluten Anderen« bezogen sind, von dem sie abhängen und der weder ein »Selbst« noch ein »Nicht-Selbst« ist, sondern sowohl den »subjektiven« als auch den »objektiven« manifesten Erscheinungen der Erfahrung als »anderer« gegenübersteht und von dem die Menschen mit symbolischen »Namen« oder mit konventionellen (jedoch »verabsolutierten«) Pronomen (wie »Er« oder »Sie«) sprechen sollen.

Diese drei großen Mythen (oder von Grund auf falschen und alle-und-Alles-definierenden-und-begrenzenden Vorstellungen), die der Mensch gleichzeitig auf das ganze Dasein projiziert, sind der Grund, warum alle Kulturen der Menschheit »tribalisiert« und die einzelnen Menschen überall vom Geist der »Stammes«-Kulturen geprägt sind und vom egoischen Denken beherrscht werden, das die Wirklichkeit an sich (oder Das, Was immer schon Unteilbar vor allem Ist) in die Konstrukte (oder vom Menschen erfundenen falschen Vorstellungen) vom »Selbst«, vom »Nicht-Selbst« und vom »Absoluten Anderen« aufteilt und als solche definiert.

2

Die heutigen, über die ganze Erde verbreiteten Kulturen sind alle völlig von diesen drei großen »tribalistischen« Mythen vom »Selbst«, vom »Nicht-Selbst« und vom »Absoluten Anderen« indoktriniert.

Dieser global »tribalisierte« kulturelle Anpassungsprozess hat ein globales Kollektiv von Ego-Kulturen hervorgebracht – einen komplexen weltumspannenden Mummenschanz, eine Ego-Kultur, in der die Menschen in »Selbst«-Täuschung, »Selbst«-Spaltung und dem Bedürfnis nach »Selbst«-Erfüllung befangen sind und an der Welt und der Vorstellung, es gebe »andere«, leiden.

Die »Tribalisierung« des Denkens (und des ganzen menschlichen Lebens) kommt dadurch zustande, dass die Menschen ständig weltweit von der Vorstellung indoktriniert werden, die drei großen Mythen seien die Grundlage des (individuellen und kollektiven) Bewusstseins, das vom »Stamm« gefordert wird.

Deshalb leben alle Menschen jetzt als »Stammes«-abhängige politische, soziale und kulturelle »Staatsbürger«, die durch »offizielle« Zwänge so normiert werden, dass sie (alle und jeder) von sich aus die drei großen Mythen – oder die überall propagierten falschen, alle-und-Alles-begrenzenden Vorstellungen – der Ego-Kultur akzeptieren.

3

Im Laufe ihrer schwierigen Geschichte ist die Ego-Kultur in ihrer ständigen Suche nach Freiheit inzwischen an den Punkt gekommen, dass sie den dritten der drei großen (vom »Stammes«-Bewusstsein indoktrinierten) Mythen überdenkt, bezweifelt und einer Prüfung unterzieht.

Der traditionelle »Stammes«-Mythos (oder die grundlegend falsche Vorstellung) von einer getrennten Absoluten »Gottheit« (oder einem »Schöpfergott« oder »Absoluten Anderen«) ist daher als »Glaubens«- oder »Wissens«-Kategorie« für viele Personen oder Gruppen entweder völlig inakzeptabel oder (zumindest) zweifelhaft geworden (und gilt jedenfalls in der Politik, der Gesellschaft und der Kultur nicht mehr als verbindlich).

Ich rate allen Menschen und der ganzen globalen Menschheit, <u>alle</u> <u>drei</u> traditionellen »Stammes«-Mythen (oder von Grund auf gleich falschen Vorstellungen) <u>gleichzeitig</u> und <u>in</u> <u>gleichem</u> <u>Maße</u> zu überdenken, in Frage zu stellen und einer konkreten Überprüfung zu unterziehen.

4

Wenn alle drei großen Mythen (oder grundlegend falschen Vorstellungen) der Ego-Kultur gleichzeitig und in gleichem Maße untersucht (und rückhaltlos überdacht, bezweifelt und geprüft) werden, dann werden sich nicht nur alle drei großen Mythen als grundlegend falsch und illusorisch erweisen, sondern der ganze weltumspannende Mummenschanz der Ego-Kultur wird seine konzeptuelle Grundlage verlieren und damit auch seine »innere« Notwendigkeit und seinen Sog. Er wird nicht mehr in der Lage sein, die Menschen zu faszinieren und zu beherrschen. Und folglich wird der globale Mummenschanz der Ego-Kultur, unter dem die Menschen so furchtbar gelitten haben (und der nun ein für allemal überholt ist), zerfallen und verschwinden.

In diesem notwendigen Weltprozess der Auflösung der globalen Ego-Kultur muss eine völlig neue (global kooperierende) Weltkultur (und menschliche Weltordnung) hervortreten.

Diese neue (global kooperierende) menschliche Weltkultur und Weltordnung muss jetzt sofort Gestalt annehmen und für alle Zukunft Bestand haben. Es ist eine den ganzen Erdball umspannende Weltkultur und Weltordnung, in der die Menschen durch ein von-Natur-aus egoloses Leben an der Vollkommen Subjektiven (oder von-Natur-aus egolosen, alle-und-Alles-Einschließenden und alle-und-Alles-Transzendierenden) Selbst-Natur teilhaben, die der Selbst-Zustand der Wirklichkeit an sich ist.

5

Der lebende und erlebende Mensch ist kein unabhängiges »Wesen« mit einem getrennten ewigen metaphysischen »Selbst« als »Mittelpunkt«, sondern nur ein im Bereich der Manifestation wirksames Muster.

Der lebende und erlebende Mensch ist daher (in seinem augenscheinlichen manifesten Dasein) von-Natur-aus nicht-getrennt. Er ist vielmehr von-Natur-aus von der immer-schon-bestehenden Einheit und Ganzheit geprägt, mit der er unteilbar und in absoluter Abhängigkeit eins ist.

Und deshalb ist der lebende und erlebende Mensch von-Grund-auf und von-Natur-aus egolos – oder von-Natur-aus völlig ohne ein »Zentrum«, das ihn als manifestes Wesen definiert und kennzeichnet.

Der lebende und erlebende Mensch besitzt kein »inneres Selbst«, keinen »Geist« und keine »Psyche« oder »Seele«, die sein unabhängiges (oder von nichts abhängiges) Zentrum wäre. Er ist nicht im Körper oder im Raum »angesiedelt« und hat daher keinen besonderen »Standpunkt« mit einer speziellen »Sichtweise«.

Der lebende und erlebende Mensch (der von-Natur-aus nur ein Muster ohne Mitte ist), befindet sich grundlegend (oder in seiner eigentlichen Existenz) von-Natur-aus (oder immer schon) am »Nullpunkt« der Vollkommen Subjektiven Selbst-Natur, die der Selbst-Zustand der Wirklichkeit an sich ist (welche immer schon mit allen-und-Allem-auf-einmal Identisch ist). Der Mensch ist also grundlegend Nicht-»verschieden« von der Wirklichkeit an sich.

Das lebende menschliche »Nullpunkt«-Wesen ist eine von-Natur-aus egolose Form und ein nicht-getrennter Prozess, an dem der ganze Körper-Geist beteiligt ist, und der in dem ganzen System oder allumfassenden Gesamtprozess von allen-und-Allem abläuft, der überall gleichzeitig in manifester Form in Erscheinung tritt.

Das gleichzeitige Auftreten des lebenden psycho-physischen (oder mit-dem-ganzen-Körper-teilnehmenden) »Nullpunkt«-Menschen und der allumfassenden Gesamtheit von allen-und-Allem, was manifest in Erscheinung tritt, ist ein von-Natur-aus nahtloser (oder unteilbarer) Prozess (und eine immer-schon-bestehende Einheit) von manifest in Erscheinung tretenden und wechselseitig abhängigen Ursachen-und-Wirkungen.

Die allumfassende Gesamtheit (und immer-schon-bestehende Einheit) aller manifesten Erscheinungen, also auch aller »Nullpunkt«-Menschen, ist von-Natur-aus (oder immer schon) in der Einen Unteilbaren, Vollkommen Subjektiven (oder Vollkommen Nicht-»objektiven« und Nicht-»verschiedenen«) Selbst-Natur enthalten, die der Selbst-Zustand der Wirklichkeit an sich ist. Und deshalb geht diese Gesamtheit von-Natur-aus (oder immer schon) dem Geist (oder der »inneren Subjektivität«) und folglich allen Ideen voraus, also auch den »Gottheits«-Mythen, den Ideen vom »Absoluten Anderen« und allen Pronomen (wie »Er« oder »Sie«), die sich auf eine »Gottheit« beziehen (und die »Gottheit« »objektivieren«).

Die Selbst-Natur, die der Selbst-Zustand der Wirklichkeit an sich ist, ist (von-Natur-aus oder immer schon) egolos – oder Vollkommen Subjektiv, Vollkommen Nicht-getrennt, Vollkommen Nicht-»verschieden«, Vollkommen Unteilbar, Vollkommen Akausal und Offensichtlich Vollkommen Göttlich. Und während sie alle-und-Alles

Vollkommen Einschließt, Transzendiert sie gleichzeitig Vollkommen alle-und-Alles.

Die Wirklichkeit an sich ist der Vollkommen Subjektive (und immer und überall Offensichtliche) »Nullpunkt« von allen-und-Allem, was manifest in Erscheinung tritt.

Wenn die Menschen mit ihrem ganzen Leben an der Vollkommen Subjektiven Selbst-Natur teilnehmen, die der Selbst-Zustand der Wirklichkeit an sich ist, dann nehmen sie zugleich auch mit dem ganzen Körper (oder Körper-Geist) an dem unteilbaren »Nullpunkt«-Prozess von allen-und-Allem teil, was manifest in Erscheinung tritt – und transzendieren dadurch von-Natur-aus ständig die drei großen Mythen (oder von Grund auf falschen Vorstellungen) der Ego-Kultur.

Ein solches Leben, egolos und ganzkörperlich teilnehmend gelebt, ist die von Grund auf nicht-»tribalisierte«, vom Mummenschanz befreite und von-Natur-aus völlig freie Ausgangsbasis für die neue Weltkultur – oder das auf der Wirklichkeit beruhende integrierte System und die immer-schon-bestehende Einheit der globalen menschlichen Ordnung. Ich empfehle – jetzt und für alle Zeit – der ganzen Menschheit diese neue Welt-Kultur.

XVIII

Das globale Fest des Lichts-in-allen

Die sozialen Verhältnisse der Menschen werden überall immer globalisierter (und pluralistischer). Dies führt tendenziell zu sozialen und politischen Spannungen, denn Menschen, die einen unterschiedlichen religiösen, kulturellen, ethnischen und rassischen Hintergrund besitzen, leben jetzt eng zusammen und jede besondere Gruppe besteht nicht nur darauf, weiterhin ungehindert ihre Kultur und Bräuche zu pflegen, sondern möchte auch eindeutig und unabhängig repräsentiert und sichtbar (wenn nicht sogar tonangebend) sein und auf alle Fälle an der existierenden Machtstruktur teilhaben.

Die Folge der vielen separaten Bestrebungen auf der Welt, eine pluralistische soziale und politische Kultur zu schaffen, ist ein globales Chaos getrennter und prinzipiell uneiniger Interessengruppen, die auf Spaltung und Konkurrenz fixiert sind – und dieses Chaos bringt einen globalen Mummenschanz egoischer Menschen hervor, die unentwegt die adoleszenten Verhaltensweisen des Widerspruchs und der Respektlosigkeit, der Auflehnung und der Täuschung dramatisieren.

Das in diesem Buch vorgeschlagene Globale Kooperative Forum ist ein umfassendes Korrektiv für die jetzige globalisierte (und völlig pluralistische) Situation der Kulturen. Ich empfehle jedoch nicht nur die Schaffung eines Globalen Kooperativen Forums, sondern rate auch zu weiteren globalen kulturellen Initiativen, die bei den verhängnisvollen sozialen, kulturellen, politischen, wirtschaftlichen und ökologischen Folgen des Mummenschanzes weltweiter Nicht-Einheit effektiv Abhilfe schaffen können. Eine dieser Initiativen bestände darin, eine globale Festzeit zu schaffen, die alle-auf-einmal jedes Jahr feiern.

Es wäre sinnvoll, wenn die ganze Menschheit gemeinsam ein Fest beginge, an dem sie ihre grundlegende soziale Einheit, ihre positive Einstellung und ihre Kooperation feiert, ohne ausschließlich Bezug auf eine bestimmte Tradition zu nehmen. Diese Festzeit könnte (in der jeweiligen Sprache) den Namen »Licht-in-allen« erhalten. Sie könnte sich über einen ganzen Monat erstrecken, um allen die Möglichkeit zu geben, die Feiern vorzubereiten und an ihnen teilzunehmen. Die passende Zeit dafür wäre möglicherweise das Ende des westlichen Kalenderjahrs, da in vielen Traditionen zu dieser Zeit ohnehin schon gefeiert wird.

Es wäre eine Zeit, in der alle Menschen das »Licht« beziehungsweise die nicht-getrennte »Strahlung« positiven Seins feiern – ein »Licht«, das alle intuitiv in allen spüren, die sie kennen oder mit denen sie zu tun haben. Angehörige der verschiedenen religiösen und kulturellen Traditionen könnten natürlich die wesentlichen Symbole und Inhalte der eigenen Überlieferung bei ihrer Teilnahme am Fest benutzen, während sie gleichzeitig offen und uneingeschränkt die universelle Qualität der Feiern im pluralistischen gesellschaftlichen (und weltlichen) Rahmen bewahren würden. Ein Fest mit diesem Namen (und dieser allgemeinen Bedeutung) würde niemanden ausschließen, sondern alle einschließen – und es würde sich nicht (beziehungsweise nicht ausschließlich) am Stil irgendeiner besonderen religiösen oder sonstigen Tradition orientieren.

Es wäre im Prinzip ein weltliches Fest, da es nicht mit einer bestimmten religiösen oder sakralen Tradition verbunden wäre. Aber im privaten Rahmen (und im kulturellen Rahmen der jeweiligen Tradition) könnte es je nach persönlicher Vorliebe als religiöses oder nicht-religiöses Fest gefeiert werden. In der Öffentlichkeit würden alle jedoch offen, aktiv und aufrichtig die grundlegenden Qualitäten der universellen positiven Einstellung und Verbundenheit, der universellen Liebe und des universellen »Lichts« feiern.

Ein bedeutender Aspekt dieses weltweiten Festes bestände darin, die Städte und Dörfer festlich zu schmücken, wozu die Künste einen großen Beitrag leisten könnten und wobei sie gleichzeitig selbst inspiriert und befruchtet würden.

Das Fest bekäme in allen Sprachen der Menschheit den passenden Namen, der in jedem Fall dieselbe Bedeutung von »Licht-in-allen« hätte.

Diese Festzeit des »Lichts-in-allen« wäre in jeder Hinsicht ein grundlegender öffentlicher und weltweit positiver gesellschaftlicher, alle Menschen miteinander verbindender Ausdruck der immer-schon-bestehenden Einheit der ganzen Menschheit – sowie der Tatsache, dass alle-auf-einmal eine einzige, einheitliche, von-Natur-aus bestehende Realität sind.

XIX

Die Wirklichkeits-Menschheit

Befreit vom Knüppel zwischen den Speichen

Alle Systeme korrigieren sich spontan selbst, es sei denn, sie werden daran gehindert. Das Universum ist ein Prozess, der sich selbst organisiert, korrigiert und in Ordnung bringt. Alle Systeme organisieren und korrigieren sich und bringen sich selbst in Ordnung, es sei denn, dass etwas störend in diesen Prozess eingreift. Die gegenwärtigen Machtstrukturen in der Welt hindern die Menschheit daran, sich selbst zu organisieren und ihre Situation zu korrigieren und in Ordnung zu bringen.

Die politischen, sozialen, wirtschaftlichen und kulturellen Strukturen (und die Hierarchie der Erwartungen und Forderungen) der kollektiven menschlichen Lebenssysteme sind in ihrer Funktionsweise so organisiert wie das Gehirn und Nervensystem des Menschen (und sind analog zu ihnen gestaltet).

Gehirn und Nervensystem sind so beschaffen, dass sie bestimmte Erfahrungen und Formen von Wissen zulassen (und erstreben und belohnen) und alle entgegengesetzten Erfahrungen und Formen von Wissen vermeiden (und verhindern und sogar bestrafen).

Analog dazu sind auch alle kollektiven politischen, sozialen, wirtschaftlichen und kulturellen Lebenssysteme (entsprechend dem »Persönlichkeitsprofil« des einzelnen Systems) streng so organisiert, dass sie bestimmte Möglichkeiten von Erfahrung und Wissen zulassen (und bezwecken und belohnen) und entgegengesetzte Möglichkeiten verbieten (und verhindern und bestrafen).

Wenn die Gesamtheit aller kollektiven (politischen, sozialen, wirtschaftlichen und kulturellen) Lebenssysteme mit diesem Verständnis – anstatt mit falschem Verständnis oder bloßem Idealismus – untersucht wird, ist es möglich, dieser Gesamtheit (und jedem Einzelfall innerhalb der Gesamtheit) eine neue Form und Freiheit zu geben und sie auf die universelle kollektive menschliche Lebensordnung auszurichten, die auf der Annahme der immer-schon-bestehenden (und von-Natur-aus jeden und alles einschließenden) Einheit beruht. Diese Lebensordnung lässt die richtige und wahre Erfahrung und Erkenntnis zu (und fördert und belohnt sie), während sie negative Erfahrung und Erkenntnis, die von der »Vollkommenen Erkenntnis« der Wirklichkeit und Wahrheit getrennt ist, verbietet (oder verhindert und bestraft oder zumindest nicht belohnt).

Das in diesem Buch vorgeschlagene Globale Kooperative Forum unterscheidet sich grundsätzlich von allen bisherigen Bestrebungen, Konflikte zu schlichten und wirklichen Frieden herzustellen. Es hat die Aufgabe, eine politische, soziale, wirtschaftliche und kulturelle Kraft ins Leben zu rufen, die alle-auf-einmal einbezieht* und der Menschheit die Möglichkeit gibt, als ein globales kooperatives Kollektiv zu handeln, das sich selbst organisiert, korrigiert und in Ordnung bringt – wozu sie von-Natur-aus berechtigt und verpflichtet ist.

Das Globale Kooperative Forum ist keine Plattform für grandiose Reden über hehre Prinzipien. Und es geht auch nicht darum, dass jeder Mensch Teil einer Gruppe wird, die bestimmte gut gemeinte Interessen verfolgt. Solche Herangehensweisen würden die großen Veränderungen nicht zuwege bringen, die jetzt (und für alle Zukunft) für die Menschheit anstehen. Sie würden die Menschen vielmehr daran hindern, sich selbst zu organisieren und selbst ihre Situation zu korrigieren und in Ordnung zu bringen. Aber dieser Prozess muss erlaubt werden und sich frei entfalten können, um die drohende Katastrophe abzuwenden. Der ganzen Menschheit – allen-auf-einmal – muss die Möglichkeit gegeben werden, ihre natürliche Fähigkeit wiederzuerlangen, sich selbst zu organisieren, selbst ihre Situation zu korrigieren und in Ordnung zu bringen und dadurch die potenzielle Vernichtung des Lebens auf der Erde zu verhindern.

Die jetzige Zivilisation ist (typischerweise) weltlich, oberflächlich,

---

* Ausführliche Erörterung des Prinzips »alle-auf-einmal« auf Seite 149

materialistisch und nach »außen« auf »Objekte« gerichtet. Die jetzige Zivilisation erzeugt eine Form von Propaganda, die die Menschheit an den Rand der Selbstzerstörung getrieben hat. Dieser Weg in die Selbstzerstörung darf nicht fortgesetzt werden. Die gesamte Menschheit muss alles daransetzen, ihre Selbstzerstörung zu verhindern und wieder zu Verstand zu kommen.

Dies kann nur gelingen, wenn eine völlig neue Zivilisation geschaffen wird. Dies ist die »Endzeit« der Ego-Kultur. Diese Ego-Kultur ist unauflöslich mit der »Sichtweise« des grobstofflichen Materialismus verknüpft – und diese falsche Philosophie hat die Menschheit kulturell und gesellschaftlich in den Wahnsinn getrieben. Die ganze Menschheit muss sich ein völlig anderes, richtiges und grundlegendes Verständnis der Wirklichkeit an sich aneignen, um sich eine gesunde Basis zu schaffen und wieder zu Verstand zu kommen.

Das notwendige neue Verständnis wird sie nicht von den alten Zivilisationen erhalten. Eine völlig neue Form von Zivilisation ist erforderlich. Diese neue Zivilisation wird zwangsläufig eine kooperative Ordnung aller Menschen sein, die in weltweiter Beziehung zueinander stehen. Diese neue Zivilisation muss ein verantwortungsbewusster menschlicher Prozess von allen-auf-einmal sein, der die menschliche Zivilisation grundlegend neu gestaltet.

Von echter Zivilisation ist heute kaum noch etwas übrig. Die wirklich zivilisierenden Prinzipien werden immer mehr zugunsten des egoischen Mummenschanzes aufgegeben, an dem die Menschen sich jetzt überall beteiligen.

Die zivilisierenden Prinzipien, die dem Menschen erlauben, im Einklang mit der immer-schon-bestehenden Einheit zu leben und zu handeln, sind bereits infolge der schrecklichen Entwicklungen im 20. Jahrhundert und besonders seit dem Ersten Weltkrieg zerstört. Der Erste und Zweite Weltkrieg haben zur Selbstzerstörung der globalen Zivilisation geführt. Diese Kriege und ihre Folgeerscheinungen haben das Prinzip vernichtet, das die Menschen dazu inspiriert, sich selbst zu organisieren und ihre Lage zu korrigieren und in Ordnung zu bringen. Jetzt herrscht nur noch die verheerende Kultur des Ego, die Kultur von Narziss.

Die heutige Menschheit ist zersplittert und abgestumpft. Sie wird durch die gröbsten Fehleinschätzungen der »Wirklichkeit« irregeleitet und von den absurden Verlockungen des »Konsums« verführt. Die Menschen leben zwanghaft in der unsinnigen Vorstellung, sie könnten durch »Konsum« völlig befriedigt werden. Und da sie sehen, dass diese Befriedigung sich nie einstellt, fallen sie den Anschauungen des »grobstofflichen Realismus« zum Opfer, die nihilistische Verzweiflung und uneingeschränkte (und völlig sinnlose) Gewalt zu sanktionieren scheinen.

Es ist eine dunkle Zeit, aber die Menschen sehen die Dunkelheit nicht. Oder wenn sie sie sehen, wissen sie nicht, wie sie die Situation ändern sollen, und so spielen sie einfach mit. Die heutige Dunkelheit ist ein deutliches Zeichen dafür, dass das Prinzip der Selbst-Organisation, Selbst-Korrektur und Selbst-Erneuerung daran gehindert wird, sich auszuwirken, denn sonst würde es sich leicht und unübersehbar manifestieren. Wenn wahrhaft zivilisierende Prinzipien das Leben der Menschen bestimmen, ist das ein deutliches Zeichen dafür, dass sie über die nötige freie Energie verfügen, sich selbst zu organisieren und ihre Situation selbst zu korrigieren und in Ordnung zu bringen.

Das in diesem Buch vorgeschlagene Globale Kooperative Forum ist daher ein zivilisierender Prozess und hat nichts mit Anarchie oder Verweigerung zu tun. Es bezweckt auf keinen Fall, dass Milliarden von Menschen sich an einem chaotischen Aufstand beteiligen. Es ist vielmehr ein geordneter Prozess, durch den alle-auf-einmal in einer globalen Institution vertreten werden, die die Macht hat, konkrete positive Ergebnisse zu erzielen.

Es gibt heute keine globalen Unternehmungen, die tatsächlich einen positiven Einfluss haben. Auf der globalen Ebene sehen wir immer nur dieselbe Trägheit, die die Menschen daran hindert, sich zu organisieren und die globale Situation zu korrigieren und in Ordnung zu bringen. Deshalb wird nur der Status quo aufrechterhalten, und der führt potenziell zu unumkehrbarer globaler Zerstörung.

Die Menschheit befindet sich jetzt in einem Zustand grenzenloser Zersplitterung, in welcher der Einzelne sich machtlos fühlt und sich nur als egoischen »Konsumenten« sieht, der verwöhnt und befriedigt werden und vielleicht ab und zu mal ein bisschen zu Worte kommen will. Der globale Zustand der Menschheit ist absurd und dunkel. Diese dunkelste aller Zeiten macht daher eine ungeheure Anstrengung erforderlich, damit es zu einer Korrektur und Erneuerung kommen kann. Das Prinzip der Selbst-Organisation, das ein dem Menschen angeborenes Lebenssystem ist, muss daher mit aller Macht in den Vordergrund treten. Aber obwohl dies unumgänglich ist, werden keine Anstrengungen gemacht, die globale Situation in Ordnung zu bringen. Alle schlafen. Die Menschen merken nicht wirklich, wie katastrophal die Lage ist, und sie merken auch nichts davon, dass sie selbst aktiv die Katastrophe bewirken und es deshalb auch in der Hand haben, sie aufzuhalten und sich insgesamt (kollektiv) dafür zu entscheiden, das gesamte globale System des menschlichen Daseins selbst zu organisieren, zu korrigieren und in Ordnung zu bringen.

Nichts kann die Katastrophe aufhalten außer der Kraft, die der ganzen Menschheit innewohnt. Nur wenn diese Kraft mobilisiert wird, kann die Dunkelheit der menschlichen Welt mit Licht erfüllt werden.

Die Kraft der Gesamtheit (oder der Menschheit als einem Ganzen) hat zurzeit keine Möglichkeit, in Aktion zu treten. Wenn einem rollenden Wagen ein Knüppel in die Speichen geworfen wird, kommt er abrupt zum Stehen. Ebenso ist die ganze Menschheit – die sich von-Natur-aus selbst organisieren, korrigieren und in Ordnung bringen kann – träge und unbeweglich geworden und in endloser Wiederholung des ewig Gleichen gefangen, sodass der von-Natur-aus bestehenden Kraft und Tendenz der ganzen Menschheit, sich selbst zu organisieren, zu korrigieren und in Ordnung zu bringen, nicht erlaubt und ermöglicht wird, sich zu manifestieren. Deshalb muss die Menschheit (als globale Gesamtheit und als System) ihre naturgegebene Veranlagung wieder geltend machen und ausüben, um ihre naturgemäße Ordnung einzufordern und herzustellen.

Vor der heutigen weltumspannenden Kommunikation war die Menschheit eine Ansammlung von (geografisch und auch in jeder anderen Hinsicht) unverbundenen Staaten (oder getrennten politischen, sozialen, wirtschaftlichen und kulturellen Einheiten – im Grunde von »Stämmen«). Als die Industrialisierung jedoch Kommunikationstechniken hervorbrachte, die sofort die ganze Menschheit miteinander verbanden, wurde es notwendig, dass die Menschheit als ein Ganzes funktioniert. Doch stattdessen haben einzelne Interessengruppen – die Nationalstaaten, die regional und kulturell begrenzten Religionen und die verschiedenen Machtgruppierungen – unverändert damit weitergemacht, einander aggressiv zu konfrontieren und im Kampf um die absolute Macht miteinander zu konkurrieren. Diese andauernde Konfrontation hindert die Kraft der Menschheit daran, in Erscheinung zu treten. Diese ständige Auseinandersetzung zwischen getrennten (und immer auf Trennung beharrenden) Mächten und Interessengruppen ist der »Knüppel in den Speichen« der Menschheit.

Die Menschheit muss anfangen, als eine Ganzheit zu handeln, ohne sich in Interessengruppen aufzuspalten, die zu konkurrierenden Nationalstaaten, konkurrierenden Kulturen, konkurrierenden Religionen, konkurrierenden politischen und wirtschaftlichen Bestrebungen usw. führen. Die angestammten Interessen, die den Status quo der Uneinigkeit aufrechterhalten, müssen aufgegeben werden und durch die Selbst-Organisation, Selbst-Korrektur und Selbst-Erneuerung der Menschheit sowie durch ihre vereinte Stimme ersetzt werden. Das Globale Kooperative Forum ist der von-Natur-aus bestehende Prozess, durch den die Menschheit sich organisieren, korrigieren und in Ordnung bringen kann. Es ist das Instrument, mit dem die Menschheit ihre Wirkung entfalten kann.

Die Industrialisierung und Modernisierung hat nicht zur Einigung der Menschheit geführt, weil die Institutionalisierung der getrennten »alten Gruppen« verhindert, dass die Menschheit zu einer von-Natur-aus verbundenen globalen Gesamtheit wird. Diese Institutionalisierung der Getrenntheit ist die Methode, mit der die seit alters bestehende Situation des Konflikts aufrechterhalten wird. Die »alten Gruppen« sind lauter »Stammes«-Gruppen«, die aus einer Zeit stammen, als die Kommunikation zwischen den Menschen rudimentär war, da sie in separaten Gebieten lebten. Früher waren die einzelnen »Stammes-Einheiten« der Nationalstaaten und Religionen geografisch voneinander getrennt. Im jetzigen Zeitalter globaler Kommunikation sind diese Stimmen der »Stämme« zu großen politischen und religiösen Mächten geworden, die ihre absolute Macht behalten wollen, indem sie sie über ihre traditionellen »Territorien« hinaus zur globalen, ausschließlichen (und sogar totalitären) Macht ausbauen. Das alte Mittel, mit dem die getrennten »alten Mächte« ihre Macht erhalten, ist die andauernde Zersplitterung der Welt, denn sie sind selbst in Zeiten entstanden, als die Welt keine Einheit war, sondern die Menschheit über die Erde verstreut war. Aus dieser Diaspora gingen die getrennten »Stämme« und Nationalstaaten und die mit ihnen verbundenen getrennten Religionen hervor. Aber sobald die moderne Kommunikation entstand, fanden die früher getrennten »Stämme«, Nationalstaaten und Religionen sich plötzlich alle in dem einen Territorium derselben einen Welt vor.

In dem Buch *The Three Christs of Ypsilanti (Die drei Christusse von Ypsilanti)* von Milton Rokeach* gibt es einen lehrreichen (und archetypisch bedeutsamen) Tatsachenbericht aus einer psychiatrischen Einrichtung, der anschaulich darstellt, was geschieht, wenn Menschen, von denen jeder sich für eine absolute Autorität hält, im selben »Territorium« zusammentreffen. Milton Rokeach war Sozialpsychologe und befasste sich mit Persönlichkeitstheorien. Er hielt Gruppensitzungen mit drei Patienten ab, von denen jeder glaubte, er sei »Jesus Christus«. Es war ein bemerkenswertes Beispiel dafür, wie egoische (sich »selbst« verabsolutierende) Menschen einander begegnen, aufeinander reagieren, die Existenz des anderen leugnen und Machtspiele miteinander treiben.

Dem Bericht zufolge haben diese Sitzungen (die 1959 bis 1960 im Ypsilanti State Hospital in Michigan, USA, stattfanden) nicht zu einer »Heilung« der drei verwirrten Männer geführt. Und genausowenig wird der (sogenannte) »Dialog« zwischen allen getrennten Mächten in der Welt (allen »Stämmen«, Nationen und Religionen) je zu der Gesamtheit einer vereinten Menschheit führen. Es ist unmöglich,

---

* Milton Rokeach: *The Three Christs of Ypsilanti. A Psychological Study* (Columbia University Press, New York 1964)

denn alle diese »Stämme«, Nationen und Religionen sind in einer zersplitterten, ungeeinten Welt entstanden und bestrebt, die Absolutheit ihrer grundsätzlich getrennten (und bewusst trennenden) Identitäten zu behaupten.

In Zeiten globaler Kommunikation sind die herrschenden Mächte zu so etwas wie den drei »Christussen« von Ypsilanti geworden. Die vermeintlichen (und konkurrierenden) »absoluten Autoritäten« befinden sich jetzt alle im selben Raum und werden niemals ihre Beziehungen zueinander in Ordnung bringen, denn sie gehen immer willentlich von der Vorstellung ihrer Getrenntheit aus, und ihre Reaktionen aufeinander sind immer Dramatisierungen der Bemühung, ein absolutes, getrenntes »Selbst« zu sein und auszuagieren, das alle »anderen« bewusst beherrschen will. Und selbst wenn die Menschen – als eine Masse von fast sieben Milliarden getrennten Egos – im selben Raum zusammenkämen, würden sie nie den Prozess der Selbst-Organisation, Selbst-Korrektur und Selbst-Erneuerung manifestieren, um fähig zu werden, zu einer Einheit zusammenzuwachsen. Getrenntheit kann nicht Ganzheit hervorbringen. Nur die immer-schon-bestehende Einheit kann Ganzheit hervorbringen.

Das Globale Kooperative Forum ist eine Einrichtung, in der Getrenntheit von-Natur-aus keinen Platz hat und in der weder Getrenntheit noch die Tendenz zum Trennen vorausgesetzt werden oder die Möglichkeit erhalten, die Form, den Zweck oder das Ergebnis der Diskussion zu bestimmen. Das Globale Kooperative Forum ist nicht dafür da, Getrenntes zusammenzubringen. Es bildet vielmehr den Handlungsrahmen, in dem die Einheit immer schon existiert, in dem die immer-schon-bestehende Einheit ständig vorausgesetzt wird und in dem die ständig vorausgesetzte, immer-schon-bestehende Einheit durchgesetzt wird.

Die immer-schon-bestehende Einheit hat nichts mit Milliarden getrennter Egos zu tun. Sie hat nichts mit einer besonderen Gruppe von »großen« Egos oder mit »drei Christussen« im selben Raum oder mit Gruppen von Menschen zu tun, die alle ihre besondere Sicht der Welt haben und zusammenkommen, um eine Einheit aus der ständig angenommenen Nicht-Einheit herzustellen. Egos werden niemals die

Welt einen. Nur Egolosigkeit (oder von-Natur-aus bestehende Nicht-Getrenntheit) ist das Prinzip der immer-schon-bestehenden Einheit.

Das Globale Kooperative Forum ist ein Rahmen, in dem das von-Natur-aus bestehende Prinzip der immer-schon-bestehenden Einheit aus-sich-heraus wirksam und fähig ist, die nötigen Änderungen herbeizuführen. Diese Fähigkeit kann nicht durch die »alten« (politischen, sozialen oder religiösen) Mächte zerstört werden, denn diese müssen sich der Ganzheit anschließen. Sie müssen ihre Fahnen waschen, ihre Transparente und Namensschilder abgeben und einfach als Teil der immer-schon-bestehenden Einheit der Menschheit mitmachen.

Die »drei Christusse« in denselben Raum zu bringen, wird nie zu etwas führen, denn ihr Prinzip ist Getrenntheit, Nicht-Einheit und »Stammes«-Mentalität. »Stämme« sind nicht das, worauf es ankommt. Sie sind das, worüber die Menschen hinauswachsen müssen.

Kein Gespräch zwischen getrennten Mächten kann irgendetwas in Ordnung bringen. Deshalb führt kein Prinzip, das lediglich etwas Getrenntes in den selben Raum bringt, zu einer vereinten Menschheit. Die selbst-organisierende, selbst-korrigierende und selbst-erneuernde Kraft der immer-schon-geeinten Ganzheit ist das einzige Mittel, durch das die Welt und die Menschheit in Ordnung gebracht werden können.

Die Menschheit muss jetzt davon ausgehen, dass sie immer schon eine Einheit ist. Aber sie wird ihre immer-schon-bestehende Einheit nicht wahrnehmen, indem sie auf die Stimmen hört, die schon getrennt sind. Sie muss diese getrennten Stimmen überhören, die »großen« wie die »kleinen«. Jetzt muss die Stimme von allen-auf-einmal sprechen und handeln. Was jetzt geschehen muss, ist etwas ganz anderes als sämtliche Bemühungen, die gegenwärtig für Frieden in der Welt sorgen sollen.

Viele sind beunruhigt über die gegenwärtige Situation in der Welt, aber sie wissen nicht, was sie daran ändern können, denn sie verstehen nicht, wie Systeme funktionieren, wie die immer-schon-geeinte Kraft der Menschheit wirken muss und wie das alles von egoischen Tendenzen untergraben wird. Es scheint die allgemeine

Ansicht zu sein, dass es ausreiche, positiv über große Prinzipien zu reden, um die Einheit der Menschheit herzustellen. Aber so kommt die Einheit ganz sicher nicht zustande.

Die »drei Christusse« im selben Raum werden niemals zu einer Einheit, und sie werden ihre Illusionen nicht loswerden. Sie werden einfach nur auf ihrer Verschiedenheit beharren, denn jeder von ihnen hält sich für eine unantastbare »Autorität«. Das ist die Natur von Egos, die Natur von »Stämmen«, die Natur von Nationalstaaten, die Natur von »Stammes«-bezogenen nicht-universellen Religionen. Das ist die Natur von allem, was sich für getrennt hält.

Das Globale Kooperative Forum geht nicht vom Getrenntsein, sondern von der immer-schon-bestehenden Einheit und Nicht-»Verschiedenheit« aus. Es ist daher der Rahmen, in dem die selbst-organisierende, selbst-korrigierende und selbst-erneuernde Kraft der gesamten Menschheit eingesetzt werden kann.

Der Prozess der Selbst-Organisierung, Selbst-Korrektur und Selbst-Erneuerung ist gegenwärtig nicht auf der Erde lebendig. Das Globale Kooperative Forum unterscheidet sich daher grundlegend von allem, was zurzeit geschieht. Alles, was jetzt geschieht, folgt dem Modell der getrennten »Christusse«, die sich gegenseitig im selben Raum konfrontieren. Alles und jeder tendiert jetzt dazu, diesem absurden Prinzip zu folgen. Und menschliche Egos bilden sich ein, sie könnten mit diesem absurden Mummenschanz Ordnung herstellen.

Selbst diejenigen, die ernsthaft einen Wandel wollen, verlassen sich auf »Stammes«-Konferenzen, in denen jeder seine Rede hält. Es ist eine reine Wunschvorstellung, dass dies die Menschheit in Ordnung bringen wird. Es ist sogar noch schlimmer, denn die Menschen machen sich dadurch abhängig von den getrennten und trennenden Mächten in einer bereits gescheiterten Welt. Die Menschen vertrauen darauf, dass ihre Führer etwas tun werden, um die Situation wieder in Ordnung zu bringen, aber die Führer sind gar nicht in der Lage, etwas Grundlegendes dafür zu tun. Das Einzige, was sie tun können, besteht darin, dass sie die bereits angenommene Getrenntheit zwischen den »Stammes«-Gruppen verstärken und ihre Konflikte fortführen. Die Kraft des Nicht-Getrenntseins muss sofort in Aktion treten, und zwar durch ein Forum, an dem die Menschen ohne Namensschilder, Parolen, Transparente oder (nationale, religiöse oder lokale) »Stammes«-Interessen teilnehmen und einfach für den gesamten umfassenden Weltprozess der Menschheit die Verantwortung übernehmen können. Dies muss sich darin erweisen, dass globale Industrialisierung und Kommunikation jetzt (und für alle Zeit) im Dienst der global vorausgesetzten, immer-schon-bestehenden Einheit, Nicht-»Verschiedenheit« und Nicht-Getrenntheit stehen.

Die gegenwärtige Uneinigkeit unter den »Stämmen« darf einfach nicht fortbestehen, oder die Menschheit wird sich vernichten. In ihrer Uneinigkeit wird sie das tun. Sie objektiviert praktisch alle und alles, versucht alle und alles unter Kontrolle zu halten und wird (schließlich) alle und alles vernichten. Das »Objektivierungsspiel« fand vor langer Zeit statt. Das »Kontrollspiel« ist schon voll im Gang. Und das »Vernichtungsspiel« hat angefangen. Wenn dieser fürchterliche Ablauf nicht gestoppt wird, wird die Vernichtungsphase – vielleicht zu einem gar nicht so fernen Zeitpunkt – ihren tödlichen Gipfel erreichen.

Wie kommt es überhaupt zu einer »Objektivierung«? Durch die Vorstellung des Getrenntseins. Durch die Vorstellung der Nicht-Einheit, des getrennten »Selbst«, der getrennten »Sichtweise«. Wenn »absolute Sichtweisen« in denselben Raum gebracht werden, bringen sie automatisch dieses Spiel der »Objektivierung, Kontrolle und Vernichtung« hervor.

Andererseits gibt es ein Universum, und kein »Punkt« im Universum, von dem aus das Universum mit einer bestimmten »Sichtweise« betrachtet wird, ist das Universum selbst. Das Universum ist der Kontext oder Schauplatz aller »Sichtweisen«, die möglich sind. Wie kommt es, dass das Universum ein Prozess ist, der sich selbst organisiert, korrigiert und in Ordnung bringt? Dies ist so, weil das Universum kein bloßes »Paket« zahlloser »Sichtweisen« ist. Es ist vielmehr eine immer-schon-bestehende Einheit. Es existiert immer schon vor allen »Sichtweisen«. Dies ist das Wirklichkeits-Universum.

Die Menschheit agiert nach dem Prinzip des Ego, der getrennten Identität und getrennten Aktivität. Getrenntsein und Trennen – oder

Ego-»Ich« – ist dasselbe wie »Verschiedensein«. Die Vorstellung des »Verschiedenseins« manifestiert sich unausweichlich als Prozess von Objektivierung, Kontrolle und Vernichtung. Das heutige Denken wird nicht primär von wirklicher Wissenschaft und freier Forschung bestimmt, sondern vom wissenschaftlichen Materialismus, der die egoische Philosophie der »Spätzeit« ist. Der wissenschaftliche Materialismus verleiht der Annahme eine Stimme, es gebe keine Einheit und alles könne nur mittels einer »Sichtweise« gesehen werden. In Wirklichkeit ist das Universum jedoch eine immer-schon-bestehende Einheit, die schon vor allen »Sichtweisen« existiert. Echte Wissenschaft untersucht daher das Universum, das immer schon eine unteilbare Einheit ist.

Das richtige Handeln der Menschheit geht nicht vom Ego, von »Stämmen« oder von irgendwelchen Formen, Vorstellungen oder kulturellen Gewohnheiten aus, die in Zeiten der Nicht-Einheit aufkamen. Es geht von der immer-schon-bestehenden Einheit aus. Die Menschheit als ein Ganzes im Wirklichkeits-Universum und als eine unteilbare Gesamtheit, die letztlich als eine unaussprechliche, immer-schon-bestehende Einheit existiert – das ist die Wirklichkeits-Menschheit.

Das Globale Kooperative Forum ist das Mittel, mit dem die Menschheit auf der Basis der immer-schon-bestehenden Einheit agieren kann. Ohne dieses Mittel wird die Menschheit sich – durch ihre »Loyalität« gegenüber dem Prinzip der Nicht-Einheit oder des egoischen Getrenntseins und Trennens – vernichten.

Jeder Versuch, die Menschenwelt auf der Basis des Prinzips getrennter »Sichtweisen« in Ordnung zu bringen, ist zum Scheitern verurteilt. Anhand dieser Tatsache lässt sich voraussagen, ob ein Vorhaben Erfolg haben wird oder nicht. Man muss nur hinsehen. Wenn die Annahme (und das Zusammenkommen) getrennter »Sichtweisen« die Ausgangsbasis ist, stimmt das Handlungsmodell nicht – egal, wie gut die Absichten sind, von denen solche Konferenzen getragen werden. Es gibt keinen partikularen, von »Stämmen« ausgehenden Ansatz, der Erfolg haben kann.

Als System (oder funktionaler Mechanismus) ist das Internet

von-Natur-aus global – und nicht an »Stämme« gebunden. Deshalb ist das Internet eine Kraft oder ein System, das sich potenziell selbst organisiert, korrigiert und erneuert und jetzt als ein effektives globales Instrument zur Verfügung steht. Das Internet kam genau in dem Moment auf, als die bis dahin zersplitterte Menschheit zum ersten Mal in einen globalen Kommunikationsprozess eintrat. Gegenwärtig besteht die Tendenz, das Internet für egoische, provinzielle Zwecke zu missbrauchen. Aber das muss nicht sein, denn als ein bloßer Mechanismus ist das Internet frei, es existiert schon vor allen Gruppen, »Stämmen« und Egos und ist potenziell mit allen-auf-einmal verbunden.

Wenn das Globale Kooperative Forum (so wie es in diesem Buch vorgeschlagen wird) effektiv sein soll, muss es wie eine Republik Vertreter haben. Demokratie ist die Herrschaft von »allen«, von einer Masse von einzelnen – wie zahllose »Christusse« im selben Raum. Im Gegensatz dazu ist die Republik eine auf Vertretung beruhende Organisationsform und ein echtes ganzheitliches System. Demokratie bedeutet alle im Sinne von jeder-für-sich. Ein wirkliches Vertretungssystem hingegen (nach Art einer Republik) bedeutet alle-auf-einmal.* Das Globale Kooperative Forum muss eine echte Vertretung darstellen, um ausreichend geordnet und konzentriert zu sein und seine Aufgaben zu erfüllen. Milliarden von Menschen in einem »Chatroom« können unmöglich etwas bewirken außer einem sich endlos wiederholenden Chaos und dem ermüdenden Beharren auf getrennten Vorstellungen und Motivationen. Aber Milliarden von Menschen können durch das von vorn herein ganzheitlich geordnete System eines echten global agierenden Forums angemessen vertreten werden (und eine positive Wirkung erzielen).

Außerdem müssen die Aktivitäten des Globalen Kooperativen

* In diesem Essay spricht Adi Da vom Globalen Kooperativen Forum als von einer Art von Republik, aber er meint damit keine zukünftige globale Ordnung, die aus einem einzigen politischen System oder Staat bestehen würde. Er verwendet den Ausdruck »Republik« hier, um eine Form von Vertretung zu verdeutlichen, die nicht auf dem allgemeinen Wahlrecht basiert, sondern auf dem Prinzip, dass bestimmte Persönlichkeiten sich aufgrund ihrer Qualifikation als Vertreter aller Menschen profilieren.

Forums völlig transparent sein, damit alle an diesem Vertretungsprozess teilnehmen können und die Vertreter nicht unter Ausschluss der Gesamtheit von allen-auf-einmal zusammenkommen, ohne ihr gegenüber zur Rechenschaft verpflichtet zu sein.

Viele verschiedene Mechanismen sind erforderlich, wenn das Globale Kooperative Forum (so wie es hier vorgeschlagen wird) effizient sein soll, aber es gibt in diesem Globalen Kooperativen Forum kein getrenntes Kollektiv und keine einzelnen Personen, die wichtiger wären als das Ganze. Das Ganze muss wichtiger sein als seine Teile (und ist es von-Natur-aus immer schon). In der heutigen Welt hält jeder Teil sich für etwas »Absolutes«. Jeder Teil versucht entweder unabhängig Befriedigung zu finden oder mit allen »anderen« vereint zu werden. Dieses »Modell der Teile« funktioniert nicht. Nur das Modell der immer-schon-bestehenden Einheit entspricht der Realität und ist immer funktionsfähig. Wenn die Teile sich für wichtiger als das Ganze halten, werden sie die immer-schon-bestehende Einheit den eigenen getrennten und trennenden Tendenzen unterordnen, aber wenn das Ganze für wichtiger als seine Teile angesehen wird, werden sich alle an der immer-schon-bestehenden Einheit orientieren.

Im Globalen Kooperativen Forum müssen alle Teile ständig ihre »Absolutheit« dem Ganzen zuliebe aufgeben, und das Ganze muss vollständig von allen als das leitende Prinzip akzeptiert werden, dem alle Teile von-Natur-aus (und immer positiv) untergeordnet sind. Nur so ist es möglich, effizient die dringenden Aufgaben zu bewältigen. Das Globale Kooperative Forum kann jedoch nicht dadurch Erfolg haben, dass es sich als zentrale Autorität mit verbalen Erklärungen an eine Masse von getrennten Zuhörern richtet, die sich nicht unterordnen, sondern zur Trennung tendieren. Das Globale Kooperative Forum wird zu positiven Ergebnissen kommen, weil es mehr als sechseinhalb Milliarden Menschen gibt, die immer schon eine Einheit bilden – und die immer bereit sind, auf einer geeinten und prinzipiell kooperativen Basis zu handeln. Die immer-schon-bestehende Einheit einer kooperativen globalen Ordnung der Menschheit, die sich immer an klaren Prinzipien orientiert und sich rund um die Uhr effektiv den Problemen und Anliegen aller widmet, wird nie zulassen, dass die Kräfte, die zu »Tribalismus« und Separatismus neigen, Konflikte auslösen und dadurch die Aufgaben umgehen, die die Menschheit bewältigen muss, falls sie überleben will.

Im Globalen Kooperativen Forum ist von allen absolute Ernsthaftigkeit erfordert. Und das bedeutet, dass das Ego seine Dominanz und Absolutheit aufgibt und ständig grundsätzlich an dem selbst-organisierenden, selbst-korrigierenden und selbst-erneuernden Prozess der Menschheit als einer immer-schon-bestehenden unteilbaren Einheit teilnimmt, in der es keine getrennten »absoluten Autoritäten« gibt, sondern in der alle, die sich für getrennt halten, ihre »tribalistischen« Vorstellungen aufgeben.

Das Ego hält typischerweise alles, womit es sich befasst, für »absolut«. Aber das ist alles nur Illusion, und diese Illusion hat die Welt derart im Griff, dass sie sich jetzt in der Phase der Zerstörung befindet. Diese Zerstörung ist nur zu verhindern, wenn die Menschen ihre Vorstellung des Getrenntseins und die Aktivität des Trennens aufgeben und stattdessen den Prozess in Gang bringen, der auf der immer-schon-bestehenden Einheit beruht. Alle-auf-einmal müssen umfassend und positiv an diesem Prozess teilnehmen.

Das Ende ist wie der Anfang. Wenn der Anfang auf Getrenntheit beruht, ist das Ende dunkel. Wenn der Anfang auf der immer-schon-bestehenden Einheit beruht, erscheint nur das Licht.

Die Menschheit-als-eine-Ganzheit trägt kein Etikett – weder ein »Stammes«-Etikett noch ein nationales, religiöses oder sonstiges Etikett. In gewisser Hinsicht hat die Menschheit-als-eine-Ganzheit nicht einmal eine Geschichte, sondern existiert nur in der Gegenwart. Die Menschheit-als-eine-Ganzheit hat keine Privatinteressen und steckt sich keinen Knüppel in die eigenen Speichen. Die Menschheit-als-eine-Ganzheit existiert nicht in der Zeit, sondern in der Wirklichkeit, aber sie agiert im Rahmen von Raum und Zeit so, dass sie sich selbst organisiert, selbst korrigiert und selbst in Ordnung bringt (falls es zugelassen wird und falls sie akzeptiert, dass sie von-Natur-aus das Recht und die Fähigkeit dazu besitzt).

Es ist für niemanden von Vorteil, wenn die Möglichkeit des menschlichen Lebens zerstört wird. Deshalb ist es auch für niemanden von Vorteil, wenn irgendeine »Stammes«-Gruppe »gewinnt« oder auch nur mit einer anderen »Stammes«-Gruppe Krieg führt.

Getrenntes, das nach Einheit strebt, ist das falsche Prinzip. Getrenntheit kann keine Einheit hervorbringen. Einheit ist ein immer-schon-bestehender Zustand und Umstand, der sich selbst Geltung verschaffen und durchsetzen muss. Wenn dies wirklich begriffen wird, dann ist auch völlig klar, was in jeder Situation zu tun oder zu lassen ist.

Das Fortdauern von »Stammes«-Konflikten darf nicht einfach geduldet werden, weil es nun mal so ist, »wie es ist«. Es muss nicht so sein, »wie es ist«. Wenn »Stammes«-Konflikte einfach nur toleriert werden, werden sie alle in den Abgrund reißen.

Die Menschheit muss sich organisieren. Kein »Einzelner« kann sie organisieren. Die Menschheit muss als eine Ganzheit die selbstorganisierende Kraft nutzen, die allen ganzheitlichen Systemen von-Natur-aus innewohnt. Kein Einzelner und keine Gruppe, sondern die der Menschheit als unteilbarer Ganzheit von-Natur-aus innewohnende Kraft, sich selbst zu organisieren, zu korrigieren und in Ordnung zu bringen, muss als das Globale Kooperative Forum in Erscheinung treten.

Die Menschheit-als-eine-Ganzheit glaubt gegenwärtig nicht, dass sie die Macht hat, die Weltlage zu ändern. Die Menschen neigen dazu, sich von allen möglichen Reizen stimulieren und ablenken zu lassen, die sie zum Festhalten am Status quo ermutigen. Deshalb beschränken sie sich tendenziell auf den Versuch, eine gewisse »Ordnung« in die getrennten Teile zu bringen. Aber der Versuch, zahllose »Sichtweisen« unter einen Hut zu bringen, ist keine wirkliche Lösung. Es ist das Erscheinen einer alle repräsentierenden Kraft vonnöten, die über jede »Sichtweise« hinausgeht und aus-sich-heraus die von-Natur-aus unteilbare Ganzheit von allen und allem organisiert, korrigiert und in Ordnung bringt. Das Globale Kooperative Forum ist die greifbare aktive Manifestation der notwendigen, alle repräsentierenden und wirklich egolosen Kraft einer Menschheit, die eine globale Ganzheit ist. Für sich genommen, kann die Beschreibung dieser notwendigen Kraft wie ein metaphysisches oder abstraktes Prinzip klingen, aber das ist sie nicht. Es ist eine ganz reale Kraft, die notwendigerweise und unausweichlich greifbar und aktiv in Erscheinung tritt, wenn der »Knüppel aus den Speichen gezogen wird«.

In der heutigen Welt werden alle und alles von der vorindustriellen und vorglobalen Zersplitterung der Menschheit beherrscht. Diese Zersplitterung hat immer noch die gleiche Form wie vor der industriellen Revolution. In kultureller Hinsicht steckt die Menschheit trotz Industrialisierung, Modernisierung und Internet immer noch in der gleichen Situation.

Im ausgehenden 19. Jahrhundert war der Telegraf die fortschrittlichste Kommunikationstechnik. Vorher dauerte es Tage, Wochen oder sogar Monate, eine Information von einem Ort zum anderen zu schicken. Man konnte daher unbehelligt weitermachen, ohne zu wissen, was auf der anderen Seite des Planeten geschah. Doch der Telegraf machte unverzüglich bekannt, was dort vor sich ging. Und schnell wurde der Telegraf global zum Mittel für Falschinformation. Sobald Konfliktparteien (in Echtzeit) wissen konnten, was die andere Seite dachte, sagte und tat, wurden falsche Mitteilungen, die den Feind darüber täuschen sollten, was man selbst dachte, sagte und tat, zu einem grundlegenden Aspekt moderner Kommunikation. Es war eine Strategie, mit der jede Partei verbergen konnte, was sie wirklich dachte, sprach oder tat. Als Folge davon besteht die inzwischen komplexe, globale, jetzt auch über das Internet ablaufende Kommunikation in hohem Grade aus falscher Information, die das, was jemand wirklich denkt, sagt oder tut, bewusst und zum Vorteil dessen verschleiert, der die Nachricht verbreitet.

Das Internet wirkt sich gegenwärtig keineswegs als ein einigendes Prinzip aus, sondern bewirkt größtenteils das genaue Gegenteil – wie die übrige Welt. Es hat großenteils dieselbe Wirkung wie die übrige Welt. Es ist weitgehend eine Superversion des Telegrafen des 19. Jahrhunderts, bei dem die Leute schnell erkannten, dass Falschinformation sich als politische, gesellschaftliche, wirtschaftliche und kulturelle Strategie benutzen lässt.

Niemand sollte daher glauben, die Art und Weise, wie das Internet jetzt typischerweise benutzt wird, sei schon in Ordnung. Aber als ein System, das sich selbst organisiert, korrigiert und in Ordnung bringt, kann das Internet offensichtlich richtig und positiv verwendet werden.

In der heutigen Welt kämpfen fast sieben Milliarden einzelne Menschen ums Überleben. Sie suchen ihr Überleben dadurch zu sichern, dass sie sich verschiedenen Gruppen anschließen – kleinen »Stammes«-Gruppen, größeren nationalen Gruppen, traditionellen religiösen Gruppen usw. Sie nehmen naiverweise an, diese Zugehörigkeit verbessere die Überlebenschance des getrennten Einzelnen. Aus diesem Grund machen die Menschen in solchen Gruppen mit. Es nimmt ihnen ein bisschen von ihrer Angst, und sie stellen sich auch gern vor, es befreie sie von der Verpflichtung zu angemessenem Handeln.

Die Welt ist ein Irrenhaus – ein Mummenschanz von Egos voller Illusionen.

Vernunft und Klarheit sind jedoch potenziell immer schon gegeben und müssen jetzt in den Vordergrund treten.

Die Menschen müssen jetzt die immer-schon-bestehende Einheit – und die Unteilbare, immer-schon-bestehende Wahrheit, die die Wirklichkeit an sich ist – akzeptieren und auf dieser von-Natur-aus vernünftigen Basis handeln und leben.

XX

Zwei ist Nicht-Frieden

1

Die Zeichen von Chaos und Irrsinn, die in der heutigen Menschheit zutage treten, sind ein Symptom einer noch grundlegenderen Störung – nämlich der egoischen Natur der globalen Menschheitskultur.

Die globale Menschheitskultur dreht sich jetzt vor allem um den Konsum – sie beutet die Möglichkeit aus, dass Menschen konsumieren und Erfahrungen machen können, ohne sich durch die Orientierung an einem größeren Prinzip einschränken zu lassen. Deshalb ist die globale Situation der Menschheit (oder das politische, soziale und kulturelle Nicht-System) heute durch einen Mangel an Integrität gekennzeichnet; die Menschheit wird jetzt vom »alles-konsumierenden Einzelnen« beherrscht. Diese Situation allein ist die Ursache der globalen Krise, in der die Menschen sich heute befinden.

Die grundlegende Ursache der Störung in der Gesellschaft ist nicht die Finanzkrise, die globale Erwärmung, das extreme Wetter, die Probleme, die aus der weltweiten Migration entstehen, der Zusammenbruch des internationalen Systems in den Vereinten Nationen oder das epidemische Ausmaß von Krankheit und Armut.

Die grundlegende Ursache der Störung in der Gesellschaft ist die (inzwischen zum Paradigma gewordene) Annahme, die Menschen seien nur in der Welt, um zu konsumieren, zu erwerben, sich in »selbst«-bezogenen Erfahrungen auszuleben und die »eigenen« Interessen maximal durchzusetzen – ohne einem anderen Prinzip oder einer Kraft verpflichtet zu sein, die dem entgegenwirkt.

Das richtige und wahre Prinzip – auf das jeder Mensch und jedes Kollektiv von Menschen verpflichtet ist – muss erkannt und systematisch und global geltend gemacht werden.

Doch wer bislang versucht hat, die weltweiten Probleme in den Griff zu bekommen, arbeitet generell nur darauf hin, den Status quo der Ego-Kultur und der Konsumgesellschaft zu sichern. Deshalb werden diese Bestrebungen selbst im besten Fall die Lage nicht nennenswert verbessern. Sie dienen nur dazu, die Ego-Kultur mit ihrem globalen Konsum aufrechtzuerhalten und wie bei einem Spieler, der schon sein ganzes Hab und Gut verloren hat, einen Ausweg aus der unmittelbaren Notlage zu finden.

Der alte globale Status quo sollte nicht wiederhergestellt werden. Es ist auch gar nicht mehr möglich.

Eine völlig neue Form von globaler Kultur muss geschaffen werden – eine global kooperierende »Nullpunkt«-Kultur. Und die egoische, auf »Tribalismus« und individuellem und kollektivem Konsum beruhende Kultur muss aufgegeben werden.

Die ganze Menschheit muss daher weltweit das Prinzip systematischer Selbst-Regulierung und universeller systematischer Verantwortung anerkennen und in allen Bereichen anwenden.

2

Bei dem in diesem Buch vorgeschlagenen Globalen Kooperativen Forum geht es keineswegs darum, die jetzige Situation einfach nur nach den geltenden Regeln zu verbessern.

Das Globale Kooperative Forum verkörpert eine völlig neue Art von Politik, Gesellschaft und Wirtschaft und vor allem eine neue (grundlegend globale) Form von menschlicher Kultur.

Die Entwicklung der neuen Art von menschlicher Kultur ist (zwangsläufig) ein umfassender globaler Übergang von der Ego-Kultur zu einer »Nullpunkt«-Kultur Ego-transzendierender Kooperation, die durch die universelle Praxis gegenseitiger Verantwortung ermöglicht wird, zu der alle verpflichtet sind – alle Einzelnen, alle Gruppen, alle Teile der Menschheit und alle jetzigen »Stämme« (oder Nationalstaaten).

Die jetzige globale Form der Menschheit, die aus rivalisierenden Nationalstaaten (oder einzelnen »Stämmen«) besteht, hat eindeutig kein nicht-egoisches oder »Nullpunkt«-Fundament. Sie ist nicht einmal von dem grundlegenden Impuls geleitet, über das Ego hinauszugehen.

Die permanente Rivalität zwischen den bestehenden Nationalstaaten beruht auf dem Drang jeder Nation zur Vorherrschaft. Der Kampf um die Weltherrschaft ist das ursprüngliche und essenzielle »Spiel« »tribalisierter« Nationalstaaten. In diesem »Spiel der Stämme« kommt es nun zum »Endspiel«. Wenn daher zugelassen wird, dass die Nationalstaaten ihr »Spiel« um die Weltherrschaft bis zum Ende spielen, werden sie unweigerlich die ganze Menschheitskultur und sogar das Leben der Menschen und die ganze Erdwelt zerstören – was sie in großem Maße bereits getan haben.

Die »tribalisierten« Nationalstaaten haben die jetzige Situation jedoch nicht alleine geschaffen. Jeder einzelne Mensch auf der Erde hat – als einzelner und als Teil der Gruppe – die jetzige Situation geschaffen. Jeder hat sich (persönlich und gemeinsam mit anderen) am Ego-»Spiel« allgemeiner »Selbst«-Ausbeutung beteiligt und dadurch ein »System« hervorgebracht, das »einen Knüppel zwischen den Speichen« hat und nicht von der Stelle kommt.

Die gegenwärtige Ego-Kultur wird und kann sich nicht selbst korrigieren, denn sie beruht nicht auf einem systemischen und systemgesteuerten Prozess universeller Rechenschaft gegenüber einem Prinzip, das dem getrennten individuellen und kollektiven Konsumenten übergeordnet ist.

»Stämme« sind Konsumenten. Nationalstaaten sind Konsumenten. »Stämme«, Nationalstaaten und individuelle Egos sind allesamt Konsumenten, die uneingeschränkt ihr Konsumpotenzial ausschlachten wollen und danach streben, alle anderen zu beherrschen und zu Sklaven zu machen, um alles erzeugen und erwerben zu können, was sie konsumieren wollen.

Das ist die Mummenschanz-Welt von Egos.

Diese Welt ist nun im Begriff, sich selbst zu zerstören – und zwar einzig und allein deshalb, weil sie eine gesetzlose (oder philosophisch falsche) Welt ist.

Die ganze Welt des Menschen beruht jetzt auf einem völlig falschen Prinzip, das vorrangig in der westlichen Welt aufgekommen ist, als sie sich in den letzten 500 Jahren von den traditionellen höheren Prinzipien immer mehr distanziert hat. In dieser westlichen Entwicklung wurden das Prinzip und die falsche Philosophie physischer Existenz (oder »Inkarnation«) – als solcher und um ihrer selbst willen – im höchsten Maße verherrlicht. Und das körperlich individuierte Ego-»Ich« wurde dadurch überall von jedem höheren Prinzip als dem eigenen »Selbst« entfremdet.

Als die westliche Gesellschaft sich von der Philosophie der Unterordnung des einzelnen Menschen (und der menschlichen Gemeinschaft) unter die Göttliche Wirklichkeit entfernte, legte sie das Fundament zu der heutigen Ego-Kultur, indem sie das körperlich individuierte Wesen (und die auf dem »Materiellen« beruhende Gesellschaft) zur Grundlage der Philosophie machte. So wurde der »materielle« Aspekt der manifesten Erscheinungen zur grundlegenden Basis und zum Sinn des Lebens.

Die Kultur des Westens beruht seit der europäischen Renaissance* auf der absolutistischen Ego-Kultur und der allgemeinen Auflehnung gegen die traditionelle philosophische (und institutionell und »offiziell« gelehrte) Vorstellung vom Göttlichen – oder noch grundlegender auf der allgemeinen Auflehnung der Menschen gegen das Prinzip und System der Einheit, das Prinzip der Unteilbarkeit, das Universelle Prinzip, das immer größer und von höherem Rang ist als das »Individuum«, das die Erfahrung um ihrer selbst willen sucht.

Die globale Kultur der Menschheit – die sich seit langem fast ausschließlich von dem aus dem Westen stammenden, nicht an der Einheit, sondern am Konkurrenzkampf orientierten Ideal des persönlichen und kollektiven Konsums leiten lässt – ist gegenwärtig dabei, sich zu zerstören, denn sie beruht auf einer prinzipiell falschen und unausweichlich selbstzerstörerischen Philosophie.

Das Globale Kooperative Forum ist das institutionelle Zentrum der gesamten Menschheit – oder aller-auf-einmal – in einem ko-

* Die Renaissance dauerte vom 14. bis zum Ende des 16. Jahrhunderts. Sie begann in Italien und breitete sich von dort über ganz Europa aus.

operativen System globalen Selbstmanagements und universeller gegenseitiger Rechenschaft.

Dieses System ist von Grund auf immer verantwortlich gegenüber seinem eigenen Systemprinzip – dem »Nullpunkt«-Prinzip von Nicht-Zwei, welches das Prinzip der immer schon von-Natur-aus-bestehenden Einheit und universellen Kooperation ist.

Das »Nullpunkt«-System der Kooperation ist so beschaffen, dass es sich immer selbst reguliert, korrigiert und erneuert.

Das Globale Kooperative Forum ist daher nicht lediglich ein weiteres Mittel, mit dem sich ein korruptes, selbstzerstörerisches Pseudo-System aufrechterhalten lässt, das einen »Knüppel zwischen den Speichen« hat beziehungsweise die Einheit leugnet und die Kooperation ablehnt. Dieses Pseudo-System, das jetzt überall etabliert ist, beruht auf egoischen Tendenzen und auf dem »Tribalismus«. Es ist daher nicht die Grundlage für das Globale Kooperative Forum.

Das Globale Kooperative Forum bringt die ganze globale Menschheit wieder in Einklang mit ihrer grundlegenden Natur (und mit der wahren Philosophie).

Das Globale Kooperative Forum ist keine monolithische (Teilnahme und Mitgestaltung unterdrückende) Weltherrschaft.

Das Globale Kooperative Forum ist eine auf universeller Teilnahme basierende globale Kooperative beziehungsweise eine Re-Systematisierung der menschlichen Kultur, die die Fähigkeit besitzt, die eigenen Verhaltensmuster selbst zu überprüfen, zu korrigieren und in Ordnung zu bringen.

Ein richtiges und wahres menschliches Kultur-System besitzt nur deshalb die Fähigkeit, sich ständig zu regenerieren, weil das Prinzip der Rechenschaftspflicht in solch einem System universell intakt ist.

Wenn das Prinzip der Rechenschaftspflicht in allen Bereichen abgeschafft ist – wie dies gegenwärtig der Fall ist –, dann bricht das potenziell bestehende Ordnungssystem zusammen.

Wenn ein System zusammenbricht, muss ein neues System an seine Stelle treten.

3

Zwei ist Nicht-Frieden.

Zwei ist von-Natur-aus gespalten in ein egoisches »Selbst« und einen egoischen »anderen«. Zwei bedeutet daher Konkurrenz und Konfrontation, Uneinigkeit und Unordnung, egoische Genusssucht und egoische »Selbst«-Vergiftung, globales Chaos und globalen Krieg – und ein universelles Überhandnehmen von Toxizität, Krankheit, Leid, Angst und Tod.

Dies ist der entscheidende Moment von zwei – der Endzeitabgrund, der eine Wiedergeburt zur unabdingbaren Notwendigkeit macht.

Der gegenwärtige Moment ist der historische Eintritt in eine wirklich menschliche Zeit – der notwendige und unwiederholbare Moment, in dem eine richtige und wahre (auf Verantwortung gegründete) globale kooperative Ordnung entstehen kann, die (von Grund auf) von einem richtigen und wahren (auf universeller Teilnahme und Mitgestaltung beruhenden) Globalen Kooperativen Forum aktiviert wird.

Alle anderen oder entgegengesetzten Bestrebungen wollen (zwangsläufig) nur den egoischen, auf Konsum fixierten Status quo aufrechterhalten – oder wenigstens den Anschein erwecken, der Status quo der »konsum-orientierten« Ego-Kultur bestehe noch und sei »völlig intakt«. Der Status quo könnte de facto noch viele Jahre lang aufrechterhalten werden – aber in der verhängnisvollen Zwischenzeit würde das globale menschliche und allgemeine System in einer katastrophalen Endphase unwiederbringlich zusammenbrechen.

Der Status quo der Endzeit ist von Gesetzlosigkeit, Verantwortungslosigkeit und einem völligen Mangel an Integrität geprägt. Wenn die Menschheit an diesem Zustand festhält, wird sie sich selbst und die Erdwelt unausweichlich vernichten. Bevor es daher soweit kommt, dass der Status quo der Endzeit sein Werk der Selbstzerstörung vollendet, muss die Gesetzlosigkeit der vom Konkurrenzkampf beherrschten Ego-Kultur durch ein kooperatives globales System ersetzt werden, das alle menschlichen und natürlichen Ressourcen in einen einzigen systematischen kooperativen Prozess einbindet – in ein umfassendes globales System, das auf Regeln der Verantwortlichkeit beruht, die für alle und jeden und alle-auf-einmal gelten.

Die Menschen müssen sich daher kollektiv, systematisch und global reorganisieren – anstatt die schreckliche »Maschine« des Status quo der Endzeit einfach weiter laufen zu lassen. Diese Endzeit-»Maschine« raubt der Menschheit ihre ganze Kraft und hindert sie überall daran, aktiv Verantwortung für sich selbst als eine kollektive Gesamtheit und für die Erdwelt als eine natürliche Ganzheit zu tragen.

Das Globale Kooperative Forum ist die eine wesentliche Institution, die für die Neuorganisation des neuen globalen Systems der Menschheit unerlässlich ist. Das jetzige Pseudo-System kann nicht länger toleriert werden – und es war nie wirklich brauchbar. Aber diejenigen, die jetzt an der Macht sind, sind noch nicht ernsthaft daran interessiert, sich (von Grund auf) mit den Zeichen des Zusammenbruchs des globalen Systems auseinanderzusetzen. Obwohl die Erde täglich immer stärker verschmutzt wird, tun viele so, als wäre es immer noch angebracht, darüber zu diskutieren, ob die Erderwärmung tatsächlich stattfindet (oder ob sie von den Menschen verursacht wird) – und in der Zwischenzeit wird nichts getan. Aber es ist unbestreitbar, dass die Erde ständig immer noch mehr verschmutzt wird – und zwar von den Menschen.

Die menschlichen Verhaltensweisen, die extremes Wetter und die Verschmutzung und Erwärmung der Erde verursachen, sind eine globale Projektion des von der Politik und den Konzernen angeheizten und kontrollierten Verlangens der Menschen nach unreguliertem und uneingeschränktem Konsum, der ansonsten (durch toxische Nahrungsmittel und dergleichen) den Körper von allen verschmutzt, die auf der Suche nach einem »guten Leben« sind (und der überall Krankheit, extreme psychische Zustände, unerträglichen Stress und jede Form von vermeidbarem Leid, Schmerz und Tod zur Folge hat). Die jetzige (die Zukunft bedrohende) globale und kollektive menschliche Situation ist insgesamt düster und wahnwitzig. Sie ist ein globales Irrenhaus, in dem jeder den anderen bedroht und ganze

Nationen in Verbänden »tribalisierter« Macht miteinander kämpfen – wie rivalisierende Straßenbanden, die nie etwas anderes »beschützen« als ihren Willen zu egoischer Genusssucht und egoischer »Selbst«-Verherrlichung.

Das jetzige globale und kollektive menschliche Drama ist ein die ganze Welt erfassender Mummenschanz, der von einer völlig versagenden Ego-Kultur aufgeführt wird.

Dieser globale Mummenschanz wurzelt in einer grundlegend falschen Philosophie oder grundlegend falschen Prämisse. Es ist die grundlegend falsche Vorstellung von einem Ego – oder einem scheinbar getrennten (und immer aktiv trennenden) »Einzelwesen«, das nur eine Pseudo-»Entität« ist. Diese grundlegend falsche Philosophie kam hauptsächlich im Westen auf. Sie begann in der europäischen Renaissance und zeigte sich als sogenannte humanistische Auffassungen, die den Menschen von der aus-sich-heraus offensichtlichen (und nicht nur von der Religion angenommenen) Göttlichen Qualität der Wirklichkeit an sich und von der von-Natur-aus (und nicht nur von der Religion angenommenen) Spirituellen Natur der Egolosigkeit abtrennten und die (insgesamt) das Ego (oder das konsumierende Einzelwesen) verherrlichten. Beides betraf sowohl den einzelnen Menschen als auch alle Kollektive von Menschen (die Nationalstaaten und alle derartigen »tribalistischen« oder »selbst«-bezogenen Kollektive eingeschlossen).*

Die »humanistische« Bewegung verherrlichte den egoischen »Tribalismus« – und nicht Jenes, Dem gegenüber alle (von-Natur-aus unausweichlich) verantwortlich sind und Dem alle (von-Natur-aus) immer schon untergeordnet sind. Jenes, Dem alle untergeordnet sind – und aktiv und kooperativ untergeordnet werden müssen –, ist die Wirklichkeit an sich, die alle-und-Alles ist. Sie ist von-Natur-aus egolos, Vollkommen Unteilbar, Vollkommen Akausal, Vollkommen Subjektiv (oder Vollkommen Nicht-»objektiv«) und Offensichtlich Göttlich.

* Mit anderen Worten, die »humanistischen« Ansichten trennten den Menschen von der Wirklichkeit an sich, so wie sie ist (Göttlich, Transzendent und Spirituell), aber nicht von den konventionellen religiösen Vorstellungen vom Göttlichen und von der Spiritualität.

In ihrer konventionellen (und insgesamt auf dem Ego beruhenden) Form ist Religion nichts weiter als eine Form von »Tribalismus«, eine Doktrin, die erfunden wurde, um politisch und gesellschaftlich definierten »Konsumenten« eine kollektive kulturelle Identität zu verleihen. Konventionelle Religion basiert daher nicht auf der Hingabe des Ego an die Wirklichkeit an sich oder auf der wirklichen Praxis eines Lebens in Unterordnung unter die Wirklichkeit an sich. Konventionelle Religion basiert überhaupt nicht auf der Transzendierung des Ego, sondern auf dem Prinzip des Ego, und zwar sowohl des individuellen als auch des kollektiven Ego, und sie ist insgesamt darauf angelegt, dem Ego zu dienen. Konventionelle Religion ist daher nicht die Antwort auf die grundlegenden Probleme des Menschen – sie nutzt sie vielmehr nur aus und verstärkt sie.

Die Offensichtlich Göttliche Selbst-Natur, die der Selbst-Zustand der Wirklichkeit an sich ist, tritt nicht im Zusammenhang der konventionellen Religion auf – und die konventionelle Religion kann das Göttliche (das die Wirklichkeit an sich ist) auch nicht wie ein Eigentum »besitzen«. Das Göttliche ist de facto die Vollkommen Subjektive Selbst-Natur und der Vollkommen Subjektive Selbst-Zustand, der die konventionelle Religion, den egoischen Mummenschanz und das Ego als solches von-Natur-aus Vollkommen Transzendiert.

4

Die globale Kultur der Menschheit muss um aller und der Gesamtheit von Allem willen in Ordnung gebracht werden.

Das gegenwärtige Weltchaos muss eindeutig und gründlich verstanden werden – nicht nur als der totale und endgültige Kollaps der gesamten vergangenen Zivilisation (oder Ego-Kultur und der »Tribalisierung« getrennter und rivalisierender Gesellschaften), sondern als der kritische Moment, in dem die Menschheit die Gelegenheit hat, als eine einzige ganzheitliche Ordnung gegenseitiger Verantwortung auf der Erde zu leben.

Dieser einzigartige historische Augenblick ist der »Ground Zero«-Moment für die Menschheit (als alle-auf-einmal), ihre Angelegenheiten zu regeln – indem sie alle-und-Alles und alle-auf-einmal wieder dem Prinzip der Wirklichkeit an sich unterordnet.

Jetzt ist der notwendige »Nullpunkt«-Moment in der Geschichte der Menschheit – der unwiederholbare einmalige historische Moment, in dem die Menschen ihre Kultur, Politik, Gesellschaft und Wirtschaft im Rahmen der »Nullpunkt«-Unterweisung systematisch und global organisieren können und müssen. Die »Nullpunkt«-Unterweisung ist die notwendige, grundlegende und essenzielle Unterweisung, die die Menschen dazu erzieht und befähigt, aktiv den Prinzipien der von-Natur-aus existierenden Egolosigkeit und der immer-schon-bestehenden Einheit als der grundlegenden Basis des menschlichen Lebens wieder Geltung zu verschaffen.

Das Globale Kooperative Forum bringt zum ersten Mal die gesamte Menschheit in einem System zusammen. Und eine wahrhaft globale kooperative Ordnung ist notwendig, wenn die menschliche Spezies überleben (und sich gesund weiterentwickeln will). Die gegenwärtige Weltsituation hat nichts weiter anzubieten als den entropischen Zustand, der den Zerfall der menschlichen Spezies bedeutet und unausbleiblich zu einem katastrophalen und vollständigen Versagen und totalen Untergang der menschlichen Spezies führen wird.

Der gesamte Trend der heutigen Kultur – mit ihrem wissenschaftlichen Materialismus, ihren falschen Philosophien, ihrem auf dem Ego beruhenden Sozialverhalten, ihrer auf den Konsumenten ausgerichteten Politik, ihren rivalisierenden Gesellschaftssystemen und »tribalistischen« Staatssystemen sowie ihrer unregulierten Wirtschaft und konventionellen Religion – geht in Richtung Tod.

Das ganze menschliche Geschehen läuft jetzt auf eine klare und unumgängliche Entscheidung zwischen zwei großen Alternativen hinaus – entweder dem totalen Kollaps und dem Ende der menschlichen Spezies und der Erdwelt oder dem »Nullpunkt« (oder entscheidenden Wendepunkt), an dem eine völlig neue und systematische globale Menschheitskultur entsteht, die auf universeller Teilnahme, Kooperation, Toleranz und gegenseitiger Verantwortung beruht. Die einzig richtige und intelligente Entscheidung ist zweifellos die Entscheidung, eine neue globale kooperative Kultur zu initiieren, die sich dem kollektiven und richtigen Management der ganzen Erdwelt widmet, den »Tribalismus« und den egoischen Konsum als die beherrschenden Prinzipien des menschlichen Lebens auf der Erde eliminiert und sie durch die Prinzipien der von-Natur-aus existierenden Egolosigkeit und der immer-schon-bestehenden Einheit ersetzt.

Die neue globale kooperative Kultur wird sich ständig auf der Basis des Prinzips universeller Teilnahme und Mitgestaltung selbst regulieren – und nicht auf der Basis von Ad-hoc-Notfallaktionen, um zum »tribalisierten« Status quo zurückzukehren. Dieser Moment der Geschichte ist daher der »Nullpunkt« (oder entscheidende Wendepunkt), an dem das Globale Kooperative Forum die institutionelle Basis für die auf universeller Teilnahme und allgemein geltenden Prinzipien beruhende Selbst-Regulierung der ganzen globalen Menschheit bilden wird.

Das Globale Kooperative Forum sollte nicht so betrachtet werden, als wäre es nur eine »Lösung« für ein »Problem«. Es muss vielmehr einfach ganz neu als die von Grund auf »Problem«-freie Selbst-Regulierung und Selbst-Systematisierung der ganzen menschlichen Erdsphäre operieren. So verstanden, basiert die effektive Selbst-Regulierung nie auf dem egoischen »Problem«-Denken, sondern notwendigerweise auf der immer a priori und von-Natur-aus »Problem«-freien Arbeitshypothese der von-Natur-aus existierenden Egolosigkeit und der immer-schon-bestehenden Einheit. Als ständig angewandtes Arbeitsprinzip selbst-regulierenden Handelns sollte einfach immer stillschweigend und mühelos darauf verzichtet werden, in irgendeiner Situation globaler (oder auch persönlicher) Selbst-Regulierung ein »Problem« anzunehmen.

Die Erdwelt und die ganze globale menschliche Sphäre sind bereits kollabiert. Wenn das ganze System noch weiter kollabiert, lässt sich die menschliche Lebenssphäre nicht mehr regenerieren. Dieser Moment ist der entscheidende Moment der Selbst-Korrektur – solange die nötigen Ressourcen noch vorhanden sind, um die Erdwelt und die globale menschliche Sphäre wiederherzustellen.

In dieser Zeit sind die Erdwelt und die globale menschliche Sphäre zweifellos von äußerst negativen Kräften durchdrungen – von zerstörerischen Prinzipien und Motivationen und einem absoluten Willen, die Änderung zu verhindern, die jetzt absolut notwendig ist. Nur eine einzige Kraft ist in der menschlichen Sphäre auf der Erde groß genug, um dem Negativen zu begegnen. Diese eine einzige Kraft ist die von-Natur-aus existierende Kraft von allen-auf-einmal. Keine Interessengruppe kann auf sich gestellt effektiv sein. Die Zerstörung kann nur verhindert werden, wenn die Gesamtheit aller Menschen darauf besteht. Keine menschliche Kraft auf der Erde ist größer als alle-auf-einmal. Nichts und niemand kann die kollektive Kraft von fast sieben Milliarden (und ständig mehr werdenden) Menschen bezwingen, die eindeutig auf universelle und systematische Selbst-Regulierung ausgerichtet sind.

5

Die Katastrophe, die alle befürchten, ist in Wirklichkeit schon eingetreten.

Die »alte Ordnung« ist bereits tot.

Trotzdem muss dies nicht der düsterste Moment in der Geschichte der Menschheit sein. Im Gegenteil, es kann (und muss tatsächlich) der Moment sein, in dem die eigentliche Natur der Wirklichkeit an sich zum universellen Fundament des menschlichen Lebens wird.

Der »Knüppel in den Speichen« des Wagens der Menschheit ist die Ego-Kultur – das Prinzip der Nicht-Kooperation, das Prinzip absoluter Konkurrenz, das Prinzip ständigen, auf Trennung beruhenden und nach Trennung strebenden Konsums (oder der egoischen »Selbst«-Erfüllung mit dem Ziel maximaler egoischer »Selbst«-Verherrlichung). Die Vorstellung, der Sinn des Lebens bestehe darin, sich »selbst« im Rahmen des physischen Lebens zu erfüllen und über die anderen zu herrschen, ist eine falsche Philosophie – eine Philosophie, die jetzt traurigerweise in den Häusern und auf den Straßen aller »tribalistischen« Gruppen und Staaten der Erde proklamiert wird. Die Verherrlichung des »Selbst« – des egoischen Konsumenten, des körperlichen Einzelnen oder »tribalistischen« Kollektivs – ist de facto die vorherrschende Weltreligion der Gegenwart.

Die Wirklichkeit an sich – oder Das, Was Offensichtlich Göttlich ist – ist die Unendliche aus-sich-heraus Existierende und Strahlende Sphäre, in der alle manifesten Dinge und Wesen in Erscheinung treten, und mit der sie alle identisch sind. Das physische (oder augenscheinlich materielle) Dasein ist dieser aus-sich-heraus Existierenden und Strahlenden Sphäre von-Natur-aus völlig untergeordnet und wird Zuletzt von Ihr und in Ihr Überstrahlt. Diese aus-sich-heraus Existierende und Strahlende Sphäre – und nicht eine erhoffte egoische Utopie – ist die Wahre Bestimmung des Menschen.

Das Globale Kooperative Forum ist keine utopische Institution. Es ist vielmehr eine Institution mit klaren Prinzipien, die – ohne den »Knüppel zwischen den Speichen« getrennter und trennender Identitäten – die kooperative und auf der Basis gegenseitiger Verantwortung stattfindende Teilnahme von allen-auf-einmal erfordert. Durch Teilnahme am Globalen Kooperativen Forum werden alle getrennten und trennenden (individuellen und kollektiven) Identitäten ständig nicht nur der gesamten globalen Menschheit und Erdwelt, sondern auch der Wirklichkeit an sich untergeordnet.

Das Globale Kooperative Forum – das einfach das institutionelle Instrument dafür ist, die gesamte Menschheit und Erdwelt zu einem richtigen, auf Prinzipien beruhenden System zu machen – kann eine Umgebung für das menschliche Leben schaffen, die auf verlässlichen Prinzipien beruht, sich ständig selbst reguliert, immer lebensbejahend ist und optimal die Bestimmung des menschlichen Daseins unterstützt, die sich aus der immer-schon-bestehenden egolosen Einheit ergibt.

Diese auf der immer-schon-bestehenden Einheit beruhende egolose Bestimmung lässt sich nicht aus der Wahrnehmung der physischen Welt ableiten. Die richtige Beziehung des Menschen zu der mit den Sinnen wahrgenommenen physischen Welt besteht darin, dass der Mensch ständig sein körperliches Leben mit grundlegend richtigen Prinzipien in Einklang bringt und es dadurch diszipliniert. Die Vollkommene Erfüllung des menschlichen Daseins ist nur in der Vollkommenen Sphäre der Egolosigkeit möglich, sie kommt nur in der Vollkommenen Identifikation mit Dem zustande, Was alle-und-Alles Vollkommen Transzendiert. Auch das Globale Kooperative Forum ist immer von-Natur-aus Dem untergeordnet, Was alle-und-Alles Transzendiert. Das Globale Kooperative Forum ist nicht menschlichen Egos oder dem physischen Dasein untergeordnet – sondern von-Natur-aus immer nur Dem, Worin das physische Dasein oder die Erdwelt in Erscheinung tritt (und Wovon sie eine Modifikation ist).

Das Globale Kooperative Forum ist einfach das richtige Prinzip und das richtige System der Organisation und Verantwortung. Das Globale Kooperative Forum ist kein absurdes, unmögliches und nur utopisches Unterfangen. Das Globale Kooperative Forum wird nicht alles Leid beenden. Es ist nicht möglich, alles Leid aus dem menschlichen Leben zu verbannen. Es ist jedoch möglich und auch notwendig, dass die Menschen auf der ganzen Erde (durch »Nullpunkt«-Unterweisung und »Nullpunkt«-Erneuerung«) Klarheit darüber gewinnen, wie sie ihr Leben im Rahmen der Wirklichkeit an sich richtig leben (und richtig und verantwortlich managen und regulieren) können. Und auf der Basis solch eines richtig geführten Lebens muss und kann eine wahre »Nullpunkt«-Kultur der Kooperation, Toleranz und universellen Teilnahme und Verantwortung auf der ganzen Erde etabliert werden, die auf der von-Natur-aus bestehenden und immer aktiven Transzendierung des Ego beruht.

6

Die ganze Welt des Menschen ist jetzt von egoischer Genusssucht besessen. Eine wahre Zivilisation kommt jedoch nur durch Menschen zustande, die sich Prinzipien unterordnen, die über das getrennte und trennende »Selbst« (oder Ego-»Ich«) des Konsums hinausweisen. Die Menschen müssen sich sowohl individuell als auch kollektiv ständig richtigen Prinzipien unterordnen. Alle Menschen müssen auf jener tiefsten Ebene, auf der das »Selbst« entsteht, re-reguliert werden.

De-Regulierung – oder die Abkehr von jeglicher Regulierung und richtigen Prinzipien – ist der grundlegende individuelle und kollektive Fehler der Menschheit. Die Menschen haben sich der egoischen Genusssucht (und dem uneingeschränkten deregulierten Konsum) hingegeben und sich dadurch egoisch zu erfüllen gesucht – und als Folge davon haben sie sich persönlich und kollektiv ins Chaos und in den Tod gestürzt. Diese weltweite Idealisierung allgemeiner Deregulierung hat jetzt ihren Endpunkt erreicht.

In der Kultur einer weltweit »verwestlichten« Menschheit genießen die Menschen, historisch gesehen, einen völlig deregulierten Konsum. Diese egoische »Selbst«-Erfüllung des Westens durch deregulierten Konsum und uneingeschränkte egoische Genusssucht wurde nur durch die Vereinnahmung und Ausbeutung der Ressourcen der ganzen übrigen Menschheit und aller natürlichen Ressourcen der ganzen Erde möglich. Aber die übrige Menschheit – besonders in der östlichen Hemisphäre und in den unterentwickelten Ländern – ist zu Recht nicht mehr bereit, sich dem Westen zu beugen und von ihm ausbeuten zu lassen. Die natürlichen Ressourcen der Erde sind beinahe erschöpft und die Umweltverschmutzung ist fast unumkehrbar geworden. Dies ist die gegenwärtige Situation. Aber die Menschen verstehen nicht die grundlegende Verkehrtheit und Sinnlosigkeit des westlichen Bestrebens, sich durch deregulierten Konsum und uneingeschränkte Genusssucht und durch Ausbeutung der »anderen« und aller natürlichen Ressourcen der Erde egoisch zu erfüllen, und deshalb lehnen sie dieses Vorgehen auch nicht ab. Im Gegenteil, so paradox und tragisch es auch ist, alle »Stämme« der Erde dringen jetzt gleicherweise darauf, diese verfehlte Strategie der egoischen Genusssucht zu verfolgen, die die westlichen »Stämme« so lange praktiziert haben.

Die politische, wirtschaftliche, gesellschaftliche und kulturelle Weltkrise beruht darauf, dass alle in der Welt jetzt so leben wollen wie die völlig deregulierte und maßlos auf die Befriedigung eigener Wünsche versessene westliche Gesellschaft gelebt hat, solange sie noch andere Länder und die natürlichen Ressourcen der ganzen Erde ausbeuten konnte. Die Menschen befinden sich jetzt überall in fürchterlichem Konkurrenzkampf miteinander, um an die inzwischen sehr begrenzten menschlichen und natürlichen Ressourcen zu gelangen – wie Hunde, die um denselben Fleischklumpen kämpfen.

Die erträumte Utopie egoischen Konsums hat versagt. Dieses Versagen ist an sich nichts Schlechtes, obwohl die Folgen davon äußerst negativ sein könnten – und schon sind. Anstatt der gegenwärtigen Weltkrise voll ihren Lauf zu lassen, bis es zum globalen Flächenbrand kommt, sollten die Menschen diesen Moment als »Nullpunkt« (oder entscheidenden Wendepunkt) nutzen und ein globales System der Selbst-Regulierung des menschlichen Lebens etablieren – ein System universeller Teilnahme und gegenseitiger Rechenschaft, das umfassend kooperativ und an den richtigen Prinzipien ausgerichtet ist.

7

Wendepunkt- Wandel

Das in diesem Buch vorgeschlagene Globale Kooperative Forum muss der Menschheit eine »Nullpunkt«-Unterweisung ermöglichen und alle Menschen der Erde dazu auffordern und verpflichten, umfassend zu kooperieren und die Verantwortung für die ganze menschliche Sphäre und die gesamte Erdwelt zu übernehmen, in der sie leben und von der sie abhängen. Das Kommunikations-Instrument des globalen Internets ist von grundlegender Bedeutung für diesen Prozess globaler Selbst-Regulierung. Bevor das Internet selbst vom globalen Zusammenbruch betroffen wird, muss es benutzt werden, um alle-auf-einmal miteinander zu verbinden, damit die Kraft von allen-auf-einmal mobilisiert wird und die Selbst-Regulierung der gesamten menschlichen und natürlichen Erdsphäre fordert und durchführt – und kollektiv Verantwortung für diese Selbst-Regulierung übernimmt, indem sie sich kollektiv weigert, sich dem Niedergang zu verschreiben, der sonst unvermeidlich ist.

Die Kraft von allen-auf-einmal ist die einzige menschliche Kraft auf der Erde, die die nötige Selbst-Regulierung hervorbringen und das jetzige Chaos in der menschlichen Welt ändern kann. Es gibt absolut nichts, was den Niedergang und die Zerstörung der natürlichen Erdwelt, der menschlichen Welt und der menschlichen Spezies stoppen könnte, außer der kollektiven Kraft von allen-auf-einmal.

Abgesehen von allen-auf-einmal gibt es nur Splittergruppen.

Abgesehen von allen-auf-einmal gibt es nur an »sich selbst« interessierte Konsumenten.

Deshalb müssen alle-auf-einmal das sinnlose Prinzip und Unterfangen der Deregulierung und des unumschränkten egoischen Konsums kollektiv verstehen und kollektiv aufgeben.

Alle-auf-einmal müssen vollständig im »Nullpunkt« zusammenkommen und dort gemeinsam wieder aufwachen.

Die chaotische Ego-Kraft von allen-einzeln-für-sich muss durch das sanfte globale System der Selbstregulierungskraft von allen-aufeinmal ersetzt werden.

Wenn diese Kraft hervortritt, werden die Menschen überall bereitwillig kooperieren und alles erledigen, was zu tun ist. Sie werden bereitwillig zusammenarbeiten und die kollektive Verantwortung dafür übernehmen, sich in gegenseitiger Rechenschaft selbst zu organisieren.

Es reicht wahrscheinlich auch eine kritische Masse

8

Die Männer und Frauen, die die systematische Selbst-Regulierung der menschlichen Sphäre initiieren und leiten, müssen die Ego-Kultur hinter sich gelassen haben und ganz vom »Nullpunkt«-Verständnis erfüllt sein.

Ich habe sie als »dienende Helden« der Menschheit bezeichnet, die für den Prozess unerlässlich sind.

Diese moralisch absolut integren Menschen müssen ihre Kraft dort einsetzen, wo die neue Ordnung der Menschheit beginnt.

Diese »dienenden Helden« müssen die hier empfohlene und beschriebene globale Transformation der Menschheitskultur initiieren.

Sie müssen die Philosophie der Ego-Kultur aufgegeben haben und von der »Nullpunkt«-Philosophie durchdrungen sein, die den Menschen als ein Wesen versteht, das im Unteilbaren Rahmen der Wirklichkeit an sich in Erscheinung tritt.

Diese »dienenden Helden« sind daher nicht geneigt, als Egos zu leben. Sie leben bereitwillig ein diszipliniertes Leben und bringen Körper und Geist uneingeschränkt in Einklang mit den Prinzipien des integren menschlichen Lebens, das in diesem Buch empfohlen und beschrieben ist.

Der echte »dienende Held« ist ein völlig disziplinierter Mensch, ein Vorbild für die bewusste, von-Natur-aus stattfindende Transzendierung des Ego.

Diese Art von »Nullpunkt«-Führerschaft ist unerlässlich, um die Menschheit als ganze dazu zu bewegen, volle Verantwortung für sich zu übernehmen – als Nicht-Zwei in Frieden zu leben.

dienende Helden = Boddhisattvas

XXI

723

Die Freie Deklaration der universellen moralischen, sozialen und politischen Gesetze wahrer und notwendiger Zivilisation

Wenn Nationalstaaten, wie gewöhnlich angenommen wird, von-Natur-aus das Recht besitzen, sich zu verteidigen (und sogar ihr Gebiet auszudehnen), dann haben die Menschen (und die menschliche Spezies als solche) von-Natur-aus dasselbe Recht – und auch die selbst-verantwortliche Pflicht, dieses Recht auszuüben. Wenn dies nicht so wäre, woher hätten dann Nationalstaaten dieses Recht?

Eine Spezies (und überhaupt jedes Lebewesen oder Individuum) ist natürlicherweise nur daran interessiert (durch Reproduktion, Kampf, Dominanz und Expansion) zu überleben. Nur eine zivilisierte Kultur bringt Moral und Weisheit hervor. Unter den jetzt auf der Erde lebenden Arten bringt nur der Mensch zivilisierte Kulturen hervor (und nur er ist fähig dazu). Wahre Moral beruht auf der nur beim Menschen vorhandenen (und folglich von Geist und Gedächtnis abhängigen) Fähigkeit, Gesamtheit und Universalität zu verstehen.

Krieg ist kein »Programm« mehr, mit dem sich Macht über Menschen, Territorien und Ressourcen erlangen lässt, indem Repräsentanten besiegt und unter Kontrolle gebracht werden. Kriege finden nicht mehr nur zwischen Armeen statt – oder begrenzt und »theatralisch« zwischen »Helden«, die den Staat repräsentieren. Kriege sind jetzt vielmehr »Programme«, die sich darauf richten, Menschen, Territorien und Ressourcen selbst direkt und brutal anzugreifen, drastisch zu schädigen und so direkt unter Kontrolle zu bringen.

723

Die Menschen selbst – und nicht mehr bloß die Armeen und die »Helden«, die die Nationalstaaten repräsentieren – sind jetzt das Ziel aller Kriege. Es ist zum universellen Grundsatz aller Nationalstaaten geworden, in erster Linie die Menschen – oder die ganze Menschheit (und all ihre Territorien und Ressourcen) – als den besonderen Feind zu betrachten und zum »Freiwild« zu erklären, das nationalstaatliche Institutionen mit ihrem aggressiven Expansions- und Eroberungsstreben verfolgen können.

Die uneingeschränkte Ermordung und Unterdrückung der Menschen (inmitten ihrer Territorien und Lebensgrundlagen) ist zur »bevorzugten Methode« geworden, auf der die Kriegsführung und Machtspiele praktisch aller Nationalstaaten der Erde beruhen. Deshalb müssen die Menschen jetzt und für alle Zukunft – überall und gemeinsam – aktiv davon ausgehen, dass sie das von-Natur-aus bestehende Recht haben, alle kriegerischen und sonstigen Aktivitäten, die nationale Regierungen planen, zu billigen oder abzulehnen (und folglich auch zuzulassen oder zu verhindern).

Die Menschen und die Nationalstaaten müssen sich überall von gerechten Gesetzen leiten lassen, die nicht nur auf den Überlebensinstinkten des natürlichen »Selbst«, sondern auf der moralischen Ausübung universeller, allumfassender und somit wirklich zivilisierter Prinzipien basieren. Deshalb muss eine globale kooperative Ordnung der ganzen Menschheit, die sich durch wahrhaft universelle Prinzipien ausdrückt, jetzt und für alle Zukunft zum Kern und zur Grundlage aller Nationalstaaten werden.

Die Menschen suchen in einem Nationalstaat Zuflucht (und werden seine Bürger), weil sie (aufgrund ihrer Menschenrechte) erwarten, dass der Nationalstaat ihr notwendiges grundlegendes Recht auf unbegrenzte physische Teilhabe (an allen grundlegenden politischen, sozialen, kulturellen und wirtschaftlichen Prozessen) und auf unbegrenzten Schutz vor physischer Gewalt (durch Verbrechen innerhalb des Staates oder durch Krieg von außerhalb) garantiert und aktiv aufrechterhält.

Uneingeschränkte physische Teilnahme und uneingeschränkter physischer Schutz sind die notwendigen Grundrechte aller Menschen innerhalb der Grenzen eines zivilisierten Nationalstaats. In ihrem Wesen und Ursprung sind diese Rechte jedoch nicht nur »natürlich«, sondern Ausdruck der richtigen Einschätzung der Gesamtheit und Universalität. Sie gehören daher zum Wesen der Zivilisation und müssen aus der Zivilisation hervorgehen – und sie werden nur von wirklich zivilisierten Nationalstaaten garantiert und aufrechterhalten.

Die ganze Menschheit muss (durch ein Globales Kooperatives Forum) in ständigen globalen Dialog treten und dadurch eine globale kooperative Ordnung aufbauen (und aufrechterhalten), die auf gegenseitiger Kooperation, Toleranz, wirklichem Frieden und dem Prinzip der immer-schon-bestehenden Einheit basiert. In dieser Weise müssen alle Nationalstaaten (in einem globalen Dialog mit dieser »legitimen Stimme der Menschen«) dazu gebracht werden, bereitwillig als zivilisierte Nationalstaaten zu operieren und somit die zwei notwendigen Grundrechte (auf unbegrenzte physische Teilnahme und unbegrenzten physischen Schutz) innerhalb ihrer nationalen Grenzen absolut zu garantieren und immer aktiv durchzusetzen. Ebenso müssen alle zivilisierten Nationalstaaten sich an die »legitime Stimme der Menschen« halten, die sich immer kollektiv durch das Globale Kooperative Forum der ganzen Menschheit ausdrückt – und sie müssen sich diesem Forum immer unterordnen.

Zivilisierte Nationalstaaten haben ihrer Natur nach weder das Recht noch die Aufgabe, irgendwelche vermeintlichen »Menschenrechte« im emotionalen oder intellektuellen Bereich zu garantieren oder aufrechtzuerhalten, sie sind nur verantwortlich für die Grundrechte des Menschen im physischen Bereich. Deshalb dürfen die Bedingungen für emotionale und mentale Prozesse und Ausdrucksformen in einer zivilisierten Gesellschaft nicht mit aktiven Eingriffen, Regeln und Einschränkungen verknüpft sein. Zivilisierte Gesellschaften sind vielmehr nur dazu berechtigt und verpflichtet, die nötigen Freiheiten zu gewähren und einen generell freien Lebensumstand sicherzustellen.

Das Recht auf unbegrenzte Teilnahme muss notwendigerweise unbegrenzten Zugang zu allen Formen von Erziehung, Bildung, Kultur und freiem Austausch sowie dem Erlernen von Verantwortung und Weisheit einschließen. Aber wenn dieser Zugang rechtmäßig, wirksam und unbegrenzt sein soll, dann müssen Erziehung, Bildung, Kultur und freier Austausch sowie das Erlernen von Verantwortung und Weisheit wirklich frei und anspruchsvoll und für alle verfügbar sein. Deshalb sollte kein zivilisierter Nationalstaat innerhalb der eigenen Grenzen eine begrenzende Kontrolle über die emotionalen und/oder geistigen Ausdrucksmöglichkeiten der Menschen und ihrer Institutionen ausüben – es sei denn, dass jemand durch seine emotionalen oder geistigen Aktivitäten die im physischen Bereich geltenden Grundrechte anderer (oder auch die eigenen) in physischer Hinsicht bedroht oder begrenzt.

Alle zivilisierten Nationalstaaten müssen deshalb darauf verzichten, Gesetze zu erlassen oder Maßnahmen zu ergreifen, die den freien physischen und verbalen Ausdruck von Gefühlen und/oder geistigen Vorstellungen innerhalb der nationalen Grenzen einschränken. Ihre wirkliche Aufgabe besteht darin, Gesetze zu erlassen und Maßnahmen zu ergreifen sowie freie Rede, freien Ausdruck der Gefühle und freie körperliche Betätigung zu garantieren – es sei denn, dass jemand durch seine Rede, seinen Gefühlsausdruck oder durch seine physischen Handlungen andere (oder auch sich selbst) physisch bedroht oder schädigt oder Grundrechte eines anderen verletzt.

Das Globale Kooperative Forum der ganzen Menschheit muss ständig aktiv und in legitimer Weise darauf bestehen, dass jeder Nationalstaat alles, was für einen zivilisierten Nationalstaat erforderlich ist, akzeptiert, garantiert und aufrechterhält – wozu auch gehört, dass er sich ständig nach der »legitimen Stimme der Menschen« richtet und sich ihr (mit eigenverantwortlicher Selbstdisziplin) unterordnet, so wie sie sich kollektiv durch das Globale Kooperative Forum der ganzen Menschheit ausdrückt. Gleichzeitig muss sich die »legitime Stimme der Menschen« ständig nach den Prinzipien der Grundrechte des Menschen richten und sich ihnen unterordnen. Und insgesamt muss sich die globale kooperative Ordnung der ganzen Menschheit nach dem Prinzip der Zivilisation richten und sich ihm unterordnen – und dieses Prinzip besagt, dass jeder Mensch sich an das Gesetz halten und sich ständig (mit eigenverantwortlicher

Selbstdisziplin) nach dem von-Natur-aus Ego-transzendierenden Verständnis der Gesamtheit und Universalität richten und sich ihm unterordnen muss.

Auf dieser Basis muss das Globale Kooperative Forum der ganzen Menschheit ständig und kompromisslos fordern (und immer rechtmäßig darauf bestehen), dass weltweit jeder Nationalstaat (oder jede zivilisierte Kultur) in allen Bereichen das Prinzip des physischen Schutzes für alle Menschen anwendet und erfüllt. Und zur Unterstützung der notwendigen physischen Umwelt, von der der physische Schutz der ganzen Menschheit natürlicherweise abhängt, muss auch der physische Schutz der ganzen Erde (und ebenso der physische Schutz der natürlichen Ordnung des Universums, in der die Erde erscheint und von der sie abhängt) gefordert und realisiert werden.

Dies ist die Freie Deklaration der neuen Ordnung, die passend und notwendig ist für die heutige Menschheit in ihrem weit fortgeschrittenen kollektiven Zustand globaler Entwicklung, Gegenseitigkeit, Gemeinsamkeit und wechselseitiger Abhängigkeit – sowie allgemeinen Unbehagens und Leidens.

Die alte moralische, soziale und politische »Ordnung« der Menschheit ist tot. Eine neue, wahre und richtige Ordnung der Menschheit ist jetzt und für alle Zukunft notwendig. Diese Freie Deklaration ist das Samenkorn, aus dem diese neue, notwendige und wirklich globale und umfassend kooperative Ordnung hervorgeht.

Dieser Augenblick in menschlicher Zeit – der 23. Juli 2006 – ist der genaue und entscheidende Moment, in dem das Neue und Einzigartige und für die ganze Menschheit Notwendige hervortreten muss.

Wenn die neue Ordnung wahrer, richtiger und wirklich menschlicher Zivilisation, die hier Frei Deklariert wird, jetzt nicht weltweit akzeptiert und in Kraft gesetzt wird, versinkt die Menschheit wieder in einem naturhaften, auf dem Ego basierenden und von Grund auf unmoralischen Chaos aus Trennung, Zersplitterung, gegenseitiger Provokation, tödlichem Konkurrenzkampf, globalem Flächenbrand, Leiden und Sterben und allgemeiner Finsternis – und diese Rückkehr zum Chaos führt zwangsläufig wieder zu weltweiter Gleichgültigkeit: Die menschliche Spezies wird wieder dem natürlichen Gesetz der Spaltung in die »Zweiheit« von Links und Rechts folgen und schließlich die immer dafür anfällige Zivilisation der Menschheit ersetzen.

Überdenkt alle diese Freie Deklaration eurer Möglichkeiten auf der Erde.

Seid alle von dieser Freien Weisheit Gesegnet und lasst zu, dass sie eurem Leben die richtige Ausrichtung gibt – gemeinsam und jetzt sofort.

XXII

Ist-Frieden

1

Die Wirklichkeit an sich wird dich nicht »Erlösen« oder »Befreien« oder »Erleuchten«.

Die Wirklichkeit an sich ist »Erlösung« und »Befreiung« und »Erleuchtung«.

Die immer-schon-bestehende Freiheit ist das Befreiungs-Geschenk, das die Wirklichkeit an sich hier allen-und-Allem Zeigt.

Bevor und Wo ein »Objekt« oder ein Ego-»Ich« für eine »Sichtweise« definiert und auf sie begrenzt wird, da Steht immer – Wach – ein Vollkommener Spiegel.

Dieser Vollkommene Spiegel ist die Akausale, Unteilbare und von-Natur-aus egolose Selbst-Natur, die der Selbst- oder Wirklichkeits-Zustand von allen-und-Allem ist.

Vollkommener Friede ist die stillschweigende, direkte und aus-sich-heraus Offensichtliche Erkenntnis der von-Natur-aus egolosen und Vollkommen Unteilbaren Selbst-Natur, die der Selbst-Zustand der Wirklichkeit an sich ist – völlig Jenseits aller bloßen Ideen, aller Vorstellungen von einem getrennten »Selbst«, aller Vorstellungen von einer getrennten äußeren »Welt« und aller Vorstellungen von einem getrennten »Gott«.

Die Eine, Unteilbare, alle-und-Alles sowohl Einschließende als auch Transzendierende und von-Natur-aus egolose Wirklichkeit an sich ist die Eine Einzige Selbst-Natur, die der Selbst-Zustand von allen-und-Allem ist.

2

Die Wirklichkeit an sich ist keine Idee.

Die Wirklichkeit an sich kann nicht in Ideen gefasst oder (in irgendeiner Weise) durch Ideen direkt dargestellt werden.

Die Wirklichkeit an sich – oder die von-Natur-aus egolose Selbst-Natur, die der Selbst-Zustand von allen-und-Allem ist – wird weder durch Ideen Offensichtlich noch lässt sie sich durch Ideen Wahrnehmen.

»Gottes«-Begriffe sind Eigen-»Objekte« (oder »intellektuelles Eigentum«) offizieller Religionen (die mental vorformuliert sind und die Suche als Heilmittel verschreiben).

»Gottes«-Begriffe – und überhaupt alle bloßen Ideen – sind egoische »Objektivierungen« psycho-physischer Ego-Zustände.

Die immer-schon-bestehende Freiheit von allen Vorstellungen und Ideen ist ein Essenzielles Stillschweigendes Eigen-Merkmal der von-Natur-aus bestehenden egolosen Selbst-Natur, die der Selbst-Zustand der Wirklichkeit an sich ist.

Keine bloßen »Gottes«-Begriffe sind die Wirklichkeit an sich – oder die von-Natur-aus egolose Selbst-Natur, die der Selbst-Zustand von allen-und-Allem ist.

Deshalb müssen »Gottes«-Begriffe – und alle bloßen Ideen überhaupt – in der Wirklichkeit (an sich), durch die Wirklichkeit (an sich) und als die Wirklichkeit (an sich) Transzendiert werden (und sind tatsächlich immer schon Transzendiert).

Das Wirkliche Selbst (oder Wirklichkeits-Selbst) – oder die immer schon aus-sich-heraus Existierende, Transzendente und von-Natur-aus egolose Selbst-Natur, die Stillschweigendes Bewusstes Gewahrsein ist – Strahlt immer schon aus-sich-heraus als der Unteilbare und Niemals-Unterbrochene Ur-Strom oder die Spirituelle Ur-Kraft, die Unbegrenztes Fühlen, Absolute Energie und Unendliches Bewusstsein ist.

In dem immer-schon-bestehenden grundlegenden Kontext dieses aus-sich-heraus Existierenden und Strahlenden und Offensichtlich egolosen Ur-Stroms treten Sinneswahrnehmungen auf – und ebenso

Gedanken (oder begriffliche Vorgänge) – doch diese erscheinen erst nach den Vorgängen der Sinneswahrnehmung (oder als Folge von ihnen).

Jede Sinneswahrnehmung (und ebenso jeder Denkvorgang) ist ein völlig reflektierter oder gespiegelter Vorgang, eine temporäre Erscheinung, ein Trugbild getrennter »Objektivität« – die Illusion eines »Nicht-Selbst«.

Alle Wahrnehmungen und alle Gedanken treten immer in Abhängigkeit auf. Sie sind immer das Ergebnis manifester Ursachen und erscheinen ausschließlich innerhalb des immer schon aus-sich-heraus Offensichtlichen, alles-Spiegelnden Ur-Stroms, der das Unbegrenzte Fühlen, die Absolute Energie und das Wirklichkeits-Selbst-Bewusstsein ist. Deshalb sind alle Sinneswahrnehmungen, alle Gedanken und folglich alle augenscheinlichen »Objekte« Seinsweisen (oder nur augenscheinliche Modifikationen) dieses Vollkommen Subjektiven (oder Vollkommen Nicht-»objektiven« und Nicht-»Verschiedenen«) Ur-Stroms der Transzendenten Spirituellen Selbst-Natur, die das Unbegrenzte Fühlen, die Absolute Energie und das Wirklichkeits-Selbst-Bewusstsein ist.

3

Was ist also Freiheit?

Freiheit ist Vollkommenes (oder immer-schon-bestehendes und Nicht-»verschiedenes«) Innewohnen in der Wirklichkeit an sich und Dasein als die Wirklichkeit an sich.

Freiheit ist Vollkommene Treue zur Wahrheit an sich (die die Wirklichkeit an sich ist).

Freiheit ist, die immer schon von-Natur-aus Transzendente, Spirituelle und aus-sich-heraus Offensichtliche und egolose Selbst-Natur zu »Lokalisieren« (oder zu Identifizieren), die der Selbst-Zustand des Wirklichen »Selbst« und der immer-schon-bestehende Kontext aller Sinneswahrnehmung, alles Denkens, aller Erfahrung, aller »Objekte«, aller »anderen« und des ganzen augenscheinlichen Ego-»Ichs« oder des scheinbar getrennten »Selbst« ist.

Freiheit ist, den immer-schon-bestehenden, aus-sich-heraus Offensichtlichen und egolosen Transzendenten Spirituellen Ur-Strom zu »Lokalisieren« (und dadurch dieser Ur-Strom zu Sein), der Unbegrenztes Fühlen, Absolute Energie und Unendliches Bewusstsein ist – immer schon vor (und doch nie getrennt von) allen Sinneswahrnehmungen, Gedanken, »Objekten« oder »anderen«.

4

Wenn dieser (von-Natur-aus Unteilbare, Nicht-»Verschiedene« und egolose) Ur-Strom des Unbegrenzten Fühlens, der Absoluten Energie und des Unendlichen Bewusstseins immer schon im gegenwärtigen Moment aus-sich-heraus »Lokalisiert« wird, dann wird alles, was (augenscheinlich oder empirisch und manifest) in Form von Sinneswahrnehmungen und Gedanken als »Objekt« in Erscheinung tritt, von-Natur-aus (oder immer schon) – ohne einen Akt der Trennung oder Suche – Transzendiert.

Alle Sinneswahrnehmungen und alle Gedanken (oder alle »Objekte« manifester Erfahrung) treten daher Akausal, Nicht-getrennt und egolos in Erscheinung – immer schon vor jedem Gefühl von »Verschiedensein«, Notwendigkeit, Dilemma, Problem oder Unfreiheit.

Selbst das augenscheinliche Ego-»Ich« und jeder augenscheinliche »andere« und überhaupt alle manifesten und vergänglichen Erscheinungen werden von-Natur-aus (oder immer schon) in dem aus-sich-heraus Offensichtlichen, Unteilbaren und Niemals-Unterbrochenen Transzendenten Spirituellen Ur-Strom Transzendiert, der das von-Natur-aus egolose Unbegrenzte Fühlen, die Absolute Energie, das Unendliche Bewusstsein und das Wirklichkeits-Selbst (oder die aus-sich-heraus Offensichtliche Selbst-Natur oder der Selbst-Zustand) von allen-und-Allem ist.

Jede gedachte oder sinnlich wahrgenommene Bedrohung der in Raum und Zeit manifestierten »Sichtweise«, die das getrennte Ego-»Ich« ist, tendiert dazu, sich als die negativen Reaktionen von Angst, Trauer oder Wut (oder als bloße negative Reaktion) zu »objektivieren«.

Jede Sinneswahrnehmung oder Vorstellung des »objektivierten« und negativ reagierenden »Selbst« (oder Ego-»Ichs«) tendiert dazu, sich als Angst vor dem Tod auszudrücken.

Transzendiert deshalb immer schon das »objektivierte« und negativ reagierende (und nur sich selbst spiegelnde) Ego-»Selbst« (und all seine »Objekte« und »anderen«) in dem aus-sich-heraus Offensichtlichen Transzendenten Spirituellen Ur-Strom, der das von-Natur-aus egolose Unbegrenzte Fühlen, die Absolute Energie und das Unendliche Bewusstsein ist und von-Natur-aus immer schon vor aller »Sichtweise« in Raum und Zeit als die Selbst-Natur oder der Selbst-Zustand der Wirklichkeit an sich Existiert – und Transzendiert so immer schon den Tod und alle Angst, Trauer und Wut und alle Nicht-Liebe.

5

Freiheit ist genau von dieser Art.

Freiheit ist die Wirklichkeit an sich.

Freiheit ist die egolose Transzendente Spirituelle Selbst-Natur, der Selbst-Zustand und das von-Natur-aus Vollkommene Wirklichkeits-Selbst von allen-und-Allem.

Freiheit ist die von-Natur-aus Vollkommen egolose und aus-sich-heraus Offensichtliche Selbst-Tiefe, in der alle Sinneswahrnehmungen, alle Gedanken und alle »Objekte« ein immer schon Vollkommen Transzendierter (und dadurch Transzendent Spirituell aus-sich-heraus Erleuchteter oder »Strahlend-Heller«) Welt-Mummenschanz sind.

Freiheit an sich braucht nicht (und kann nicht) verursacht oder hergestellt oder erworben zu werden.

Die Vollkommen egolose Selbst-Tiefe, die die Freiheit an sich ist, braucht nicht (und kann nicht) von irgendeinem »Ort« aus erreicht zu werden, der vermeintlich außerhalb oder getrennt von dieser Selbst-Tiefe liegt.

Die Vollkommen egolose Selbst-Tiefe, die die Freiheit an sich ist, ist immer schon der Fall – und deshalb kann »sie« nur von-Natur-aus (oder Stillschweigend, Direkt, Akausal und Vollkommen) aus-sich-heraus als Das Wahr-genommen werden, Was immer schon der Fall ist.

Die Vollkommen egolose Selbst-Tiefe, die die Freiheit an sich ist, ist Vollkommener Frieden an sich.

Frieden ist daher Frieden, der Frieden ist.

Nicht-Zwei ist Frieden.

Nicht-Zwei ist nicht zwei.

Nicht zwei.

Nicht-zwei.

Ist Frieden.

Ist-Frieden.

DRITTER TEIL

ES GIBT NUR EINE EINZIGE WIRKLICHKEIT

I

Die drei großen Prinzipien aller Wahrheit

I. Das Transzendente Wirklichkeits-Prinzip der Unteilbarkeit

Es gibt nur Eine Einzige, von-Natur-aus Unteilbare, Nicht-manifeste, Nicht-getrennte, egolose und Absolute Wirklichkeit.

II. Das Universelle (oder Kosmische) Prinzip der Einheit und Nicht-»Verschiedenheit«

Die Welt (oder der manifeste Kosmos) ist von-Natur-aus eine Einheit, Die (als Selbst-Natur und Selbst-Zustand) von-Natur-aus Nicht-»verschieden« von der Einen, Unteilbaren, Nicht-manifesten, Nicht-getrennten, egolosen und Absoluten Selbst-Natur oder dem Selbst-Zustand der Wirklichkeit an sich ist.

III. Das psycho-physische Prinzip der Nicht-Getrenntheit

Das augenscheinlich individuelle psycho-physische Wesen ist von-Natur-aus Nicht-getrennt von der Einheit der Welt (oder von der von-Natur-aus Einheitlichen kosmischen Gesamtheit, die eine Allumfassende Ganzheit ist), und es ist auch von-Natur-aus Nicht-getrennt von der von-Natur-aus Einen, Unteilbaren, Nicht-manifesten, Nicht-getrennten, egolosen und Absoluten Selbst-Natur, Die die Wirklichkeit an sich und deshalb auch die Eine, Unteilbare, Nicht-manifeste, Nicht-getrennte, egolose und Absolute Selbst-Natur von allen-und-Allem ist.

Diese drei Prinzipien sind (im Grunde) ein Einziges Ganzheitliches Prinzip. Sie sind (zusammen) die Richtige und Wahre Grundlage (und der Richtige und Wahre Maßstab) für die Richtige (und unausweichlich den Intellekt Befreiende) Untersuchung und Beurteilung aller philosophischen Aussagen, die (jetzt oder zukünftig irgendwo) von irgendjemandem (oder von irgendeiner Schule oder Tradition) gemacht werden können.

11

Wissen, das auf der Sprache beruht – und Wissen, das auf der Wirklichkeit beruht

1

Alle konventionellen Wissenskategorien sind sprachliche Kategorien, die auf Wahrnehmungen und Begriffen beruhen. Sie sind kategorische »Objektivierungen« in der Gestalt von »Name« und »Form«.

Alle konventionellen Wissenskategorien sind »Objektivierungen«, die auf Wahrnehmungen und Begriffen beruhen. Sie sind Konstruktionen, die auf einer »Sichtweise« basieren und immer mit einem »Ort« in Raum-und-Zeit verbunden sind.

Deshalb sind alle auf Wahrnehmungen und Begriffen basierenden »Objektivierungen« sowohl begrenzt als auch »ortsbezogen«. Sie gehen alle auf manifeste Erscheinungen und auf eine »Sichtweise« zurück. Sie dienen einer »Sichtweise«, sind durch und auf sie begrenzt und von Grund auf egoisch.

»Vollkommene Kenntnis« ist notwendigerweise ein Wissen, das die Wahrheit ist und auf der Wirklichkeit beruht. Es Existiert aus-sich-heraus in allen-und-Allem-auf-einmal, Vollkommen bevor irgendwelche »Unterschiede« vorausgesetzt werden, und es ist immer schon von-Natur-aus egolos und frei von jeder »Sichtweise«.

2

Die Menschen haben komplexe, auf der Sprache basierende konventionelle Wissenssysteme erfunden, die auf Wahrnehmungen und Begriffen beruhen. Dies war und ist ein kollektives, von Generation zu Generation fortgesetztes Bemühen, die überaus fragile Ego-Position, auf die sich die menschlichen Kulturen traditionell gründen, zu beschützen (und ununterbrochen aufrechtzuerhalten).

Zu diesen auf der Sprache basierenden (und mithilfe von Wahrnehmungen und Begriffen organisierten und kommunizierten) Wissenssystemen zählen auch die vorherrschenden traditionellen Religionen und Wissenschaften sowie alle sonstigen gewöhnlichen und außergewöhnlichen Kategorien von allem, was für den Menschen problematisch, interessant oder begehrenswert ist.

Alle auf der Sprache basierenden Systeme von Wissen, das auf Wahrnehmungen und Begriffen beruht, sind »ortsbezogen« (und spiegeln ihren »Ort« wider). Sie sind alle von sich aus begrenzt, weisen auf sich (oder eine »Sichtweise«) hin und sind (unausweichlich und von Grund auf) egoisch und bindend – wie tiefgründig, passend oder allgemeingültig sie auch immer erscheinen mögen oder wie »universell« sie auch immer proklamiert oder durchgesetzt werden.

Nur die »Vollkommene Kenntnis« der von-Natur-aus egolosen, Unteilbaren, Akausalen, Transzendenten Spirituellen und Offensichtlich Göttlichen Selbst-Natur, die der Selbst- und Ursprungs-Zustand der Wirklichkeit an sich ist, ist (aus-sich-heraus und unausweichlich) die Freie und alle-und-Alles-Befreiende Wahrheit von allen-und-Allem. Deshalb ist es notwendig, dass die Menschen alle Aspekte des Lebens und der Kultur auf die Wahrheit an sich und auf die esoterische Praxis der »Vollkommenen Kenntnis« der Wirklichkeit an sich gründen. Und es ist unerlässlich, dass sie ihr Leben und ihre Kultur auf die grundlegende, von-Natur-aus bestehende und die Sprache transzendierende Einheit von allen-und-Allem ausrichten und in ihrem Diskurs von einer auf der Wirklichkeit beruhenden Sprache ausgehen (und nicht von einer auf der Sprache beruhenden »Wirklichkeit«).

III

Es gibt nur die Wirklichkeit an sich – und diese ist der Wirkliche Gott

1

Manifeste Dinge oder Wesen lassen sich einzeln oder in der Mehrzahl benennen oder beschreiben oder mit einem Pronomen oder einem anderen sprachlichen Verweis belegen – zum Beispiel mit »ich« oder »mir« oder »mich« oder »mein« oder »du« oder »dir« oder »dich« oder »dein« oder »er« oder »ihm« oder »ihn« oder »sein« oder »sie« oder »ihr« oder »es« oder »dies« oder »das« oder »wir« oder »uns« oder »unser« oder »ihr« oder »euch« oder »euer« oder »sie« oder »ihnen« oder »diese« oder »diesen« oder »jene« oder »jenen« oder »sich«. Aber kein Ding oder Wesen ist essenziell verschieden oder getrennt von oder nicht-identisch mit der von-Natur-aus egolosen, Absolut Unteilbaren, Vollkommen Akausalen und Offensichtlich Göttlichen Selbst-Natur, die der Selbst- und Ursprungs-Zustand der Wirklichkeit an sich ist.

Alle manifesten Erscheinungen (und alle Sprachen) sind komplexe, voneinander abhängige Formen von offensichtlichen Ursachen und Wirkungen – aber keine Erscheinung besitzt in irgendeiner Weise eine wirkliche Identität.

Die einzige Form von wirklicher Identität ist die von-Natur-aus egolose Selbst-Identität der Wirklichkeit an sich – und diese universell aus-sich-heraus Offensichtliche egolose Selbst-Identität ist das Eine Einzige Absolut Unteilbare Identitäts-Merkmal von allen-und-Allem.

Die Gesamtheit aller in Erscheinung tretenden Formen ist eine Vollkommen »identitätslose« (oder von-Natur-aus egolose) Ganzheit, in der alle diese Formen voneinander abhängen.

Da die Gesamtheit aller sich manifestierenden Formen immer schon von-Natur-aus Absolut Unteilbar in der von-Natur-aus egolosen, Absolut Unteilbaren, Vollkommen Akausalen und Offensichtlich Göttlichen Selbst-Identität der Wirklichkeit an sich enthalten und mit Ihr identisch ist, ist die absolut unteilbare immer-schon-bestehende Einheit das charakteristische Kennzeichen der Gesamtheit aller manifest in Erscheinung tretenden Formen.

Die Wirklichkeit an sich (oder der Offensichtliche Wirkliche Gott) Existiert und Strahlt und Offenbart sich Akausal aus-sich-heraus.

Die Wirklichkeit an sich (oder der Offensichtliche Wirkliche Gott) ist nicht der alle-und-Alles-verursachende »Objektive Schöpfer« der Gesamtheit aller manifesten Erscheinungen, sondern der Akausale Kontext (oder Vollkommen Subjektive Ursprungs-Zustand), in dem alles in Erscheinung tritt.

Die Wirklichkeit an sich (oder der Offensichtliche Wirkliche Gott) verursacht daher nicht die manifesten Formen – sondern diese verursachen und bewirken alle einander gleichzeitig und in gegenseitiger Abhängigkeit in dem allumfassenden Umstand der immer-schon-bestehenden Einheit und in der von-Natur-aus egolosen, Absolut Unteilbaren, Vollkommen Akausalen, Vollkommen Subjektiven und Offensichtlich Göttlichen Selbst-Natur, die der Selbst- und Ursprungs-Zustand der Wirklichkeit an sich ist und aus der sie bestehen und mit der sie identisch sind.

Die Wirklichkeit an sich (oder der Wirkliche Gott) ist Einzig und aus-sich-heraus Offensichtlich. Sie wird ohne Ursache erkannt, wenn kein Ego und keine Trennung vorhanden sind. Sie Existiert immer schon Vollkommen vor allen-und-Allem, was sich augenscheinlich manifestiert, und ist gleichzeitig mit allen-und-Allem identisch.

Es gibt daher kein von-Natur-aus getrenntes, unabhängiges (oder nicht-abhängiges) und unverursachtes, manifest in Erscheinung tretendes Wesen, »Selbst« oder »Ding«.

Die Wirklichkeit an sich = der Offensichtliche Wirkliche Gott! Existiert und strahlt und offenbart sich akausal aus sich heraus

2

In Wirklichkeit (oder immer schon von-Natur-aus, notwendigerweise, Offensichtlich und »von-Grund-auf«) beziehen sich alle Wörter, die etwas bezeichnen, und alle Namen, Beschreibungen, Verweise und Pronomen, die in irgendeiner Form oder Tradition von Sprache (von irgendeiner Spezies oder Art von manifesten Wesen) benutzt wird, direkt und ausschließlich auf die Vollkommene Selbst-Identität oder das Vollkommen Subjektive (oder immer schon aus-sich-heraus Existierende), von-Natur-aus egolose, Absolut Unteilbare, Vollkommen Akausale, Nicht-manifeste, Nicht-»objektive« und aus-sich-heraus Offensichtliche Göttliche – das die Wirklichkeit an sich, die Wahrheit an sich, das Schöne an sich und der Eine Einzige Unteilbare Wirkliche Gott ist (oder die von-Natur-aus alle-und-Alles-Transzendierende und immer schon mit-allen-und-Allem-Identische und Vollkommen Akausal aus-sich-heraus-Existierende, Vollkommen egolose und Offensichtliche Göttliche Selbst-Natur, die der Selbst- und Ursprungs-Zustand der Wirklichkeit an sich ist).

Alle Formen von vermeintlicher Identität, die im manifesten (und nur konventionellen) Kontext angenommen werden, sind daher nur bequeme Fiktionen. Diese ergeben sich im augenscheinlichen Austausch zwischen »Sichtweisen«, die in Raum und Zeit konfiguriert und miteinander verbunden (oder zeitweilig aufeinander bezogen) werden.

Alle Namen, Pronomen und Wörter, die auf ein manifestes »Selbst« hinweisen (oder eine Identifikation mit dem Ego-»Ich« ausdrücken), sind nur Fiktionen oder vorübergehende Formen von Pseudo-Identität, die im Austausch benutzt werden. Diese Fiktionen entspringen einem vermeintlichen Bedürfnis, die konventionellen Beziehungen zwischen den augenscheinlichen »Sichtweisen« zu verstehen, zu organisieren und zu managen.

3

Pseudo-Identitäten werden also im manifesten (und bloß konventionellen) Rahmen erfunden (und durch Namen, Pronomen und sonstige Bezeichnungen sprachlich formuliert, mental konzipiert und insgesamt von den Menschen ausagiert). Alle Menschen müssen diese Tatsache (individuell und kollektiv) klar erkennen und sie müssen bewusst entsprechend dieser Erkenntnis leben. Wenn dies nicht geschieht, ist es sehr wahrscheinlich – und geschieht auch gewöhnlich –, dass die Menschen weiterhin an ihre Pseudo-Identitäten glauben und so ihre Welt zu einem Mummenschanz machen – zu einer Welt illusionärer Kulturen, die auf egoischer »Selbst«-Täuschung basieren.

Die irrige Vorstellung des Getrenntseins – und die Leugnung der universellen, immer-schon-bestehenden Einheit – ist eine vom Geist ausgehende Illusion, eine Lüge, eine fürchterlich täuschende Kraft und ein äußerst unheilvoller Akt.

Deshalb ist es notwendig, dass es immer einen universellen (und wirklich sakralen) Kontext und Prozess gibt, in dem alle Menschen eine richtige kulturelle Schulung erhalten und dadurch ständig an das Universelle Wirklichkeits-Prinzip erinnert (und auf es ausgerichtet) werden. Dieses Prinzip ist in der von-Natur-aus immer-schon-bestehenden Einheit von allen-und-Allem im manifesten Erscheinungsmuster der Welt-Erfahrung aus-sich-heraus Offensichtlich.

Gleichzeitig ist es auch notwendig, dass alle Menschen immer in einer universellen (und wirklich sakralen) Situation leben, die ihnen eine echte esoterische Praxis ermöglicht. Diese Praxis wird sie ständig an die Eine Einzige Vollkommen egolose Selbst-Identität erinnern – und sie wird sie zu diesem Selbst-Zustand der Wirklichkeit an sich Wieder-Erwecken, in welchem es von-Natur-aus Offensichtlich ist, dass alle Formen von konventioneller Identität nur bequeme Fiktionen oder bloße Konventionen sind, die den manifesten Erscheinungen durch die Kultur provisorisch übergestülpt werden. Alle diese Fiktionen werden in der egolosen Einen Einzigen Selbst-Identität, die die Selbst-Natur und der Selbst-Zustand der Wirklichkeit an sich ist, immer von-Natur-aus Transzendiert und Vollkommen Aufgehoben.

4

Die individuelle und kollektive Leugnung – und direkte Ablehnung – des Universellen Zustands und Grundlegenden Gesetzes der immer-schon-bestehenden Einheit ist die Quelle und das Wesen eines universellen Verbrechens gegen die Menschheit, das unablässig von der ganzen egoischen Menschheit begangen wird und sich quasi »selbst« endlos egoisch fortsetzt.

Das Grundlegende, auf der Wirklichkeit beruhende Prinzip der immer-schon-bestehenden Einheit ist das vorrangige und notwendige Gesetz der Menschheit als einer globalen Ganzheit.

Die umfassende kulturelle Schulung besteht im Wesentlichen in einem ständigen ganzkörperlichen (oder vollständigen psycho-physischen) Training aller Menschen, das sie befähigt, sich in allen Bereichen des Lebens auf das Universelle Gesetz der immer-schon-bestehenden Einheit auszurichten.

Die universelle esoterische Praxis besteht in erster Linie in der ständigen ganzkörperlichen (oder umfassend psycho-physischen) persönlichen und kollektiven, von-Natur-aus egolosen liebenden Hingabe der Menschen an den Wirklichen Gott. In dieser Praxis widmen die Menschen sich daher ständig der Nicht-manifesten Selbst-Wahr-nehmung der Einen Einzigen, Absolut Unteilbaren, Vollkommen Akausalen, Vollkommen Nicht-getrennten und Vollkommen egolosen Selbst-Natur, die der Selbst- und Ursprungs-Zustand der Wirklichkeit an sich ist. Und gleichzeitig widmen sie sich in dieser Praxis auch immer rückhaltlos der grenzenlosen menschlichen Liebe, in der sie das Ego ständig aufgeben, sich wirklich hingeben und niemandem Schaden zufügen, sondern allen lebenden Wesen und der ganzen Welt, von der das fragile Leben aller Wesen abhängt, dienen.

Auf der Wirklichkeits-Basis dieser richtigen und wahren universellen menschlichen Schulung und esoterischen Praxis müssen alle Menschen mit ganzem Herzen und mit dem gesamten Körper-Geist immer völlig (und zuletzt Vollkommen) im Einklang mit dieser »Erkenntnis« und diesem Verständnis fühlen, denken, reden, handeln und insgesamt leben und Sein.

IV

Die der Menschheit innewohnende Kraft, die Weltsituation in Ordnung zu bringen

Die Schwierigkeiten, unter denen die Menschen während des Lebens und nach dem Tod leiden, liegen in der Natur des manifesten Daseins.

Es gibt keine Absolute »Andere« Kraft, die die Dinge Verursacht. Die Dinge werden von zahllosen (sichtbaren und unsichtbaren) Wesen und Kräften verursacht.

Der Kosmos beruht auf Ursache-und-Wirkung.

Die Struktur des Kosmos besteht aus der Gesamtheit aller Ursachen und Wirkungen.

Es gibt nichts Einzelnes, das alles steuert und lenkt.

Jedes »Ding« steuert und lenkt.

Jedes »Wesen« – oder jeder in Raum-und-Zeit »angesiedelte« »Standpunkt« mit seiner getrennten »Sichtweise« – steuert und lenkt und ist in jedem Moment von Raum-und-Zeit sowohl Ursache als auch Wirkung.

»Jeder« hat eine Auswirkung auf alle »anderen« und »jeder« leidet unter der Einwirkung von allen »anderen«.

Ich fordere euch (und alle und jeden) daher zu einem Leben auf, das ständig (immer schon vor allen Ursachen-und-Wirkungen) am »Nullpunkt« beginnt und (deshalb) immer schon Vollkommen Transformiert wird. Dieser Prozess wird nicht durch eine illusorische »Einzelne Ursache« oder eine »Gottheit« bewirkt, die ihr euch vorstellt und von der ihr annehmt, sie »besitze die Kontrolle« über alles. Dieses Leben, zu dem ihr aufgefordert seid, wird vielmehr durch das aus-sich-heraus Existierende und Strahlende, Unteilbare, Akausale und von-Natur-aus egolose Bewusste Licht Transformiert, das die Transzendente Spirituelle und Offensichtlich Göttliche Selbst-

Natur oder der Selbst- und Ursprungs-Zustand von allen Dingen und Wesen ist.

Wenn wirklich alle Menschen die Absolute, immer schon Existierende, essenzielle, im »Nullpunkt« (oder im Ursprung des Systems) gründende Einheit mit dem von-Natur-aus egolosen Bewussten Licht, das die Wirklichkeit an sich ist, Wahr-nehmen und ihr Leben darauf ausrichten, dann wird die Weltsituation sich unausweichlich durch die akausal transformierende innere Kraft verbessern, aus der alle Energien hervorgehen – denn diese Kraft wirkt in allen, die in dieser Weise an die immer schon von-Natur-aus Existierende egolose »Nullpunkt«-Einheit mit der Transzendenten Spirituellen und Offensichtlich Göttlichen Selbst-Natur hingegeben sind, die der Selbst- und Ursprungs-Zustand der Wirklichkeit an sich ist.

Wenn eine globale kooperative Ordnung der Menschheit entstehen soll, dann ist es unerlässlich, dass alle Menschen die egolose »Nullpunkt«-Unteilbarkeit Wahr-nehmen, die jedem ansonsten egoischen Menschen innewohnt und die offensichtlich immer-schon-bestehende Einheit von allen-und-Allem ist.

Das Globale Kooperative Forum wird daher nur zustande kommen, wenn alle-auf-einmal sehen und akzeptieren, dass ein solches Forum notwendig ist, und dann fordern, dass es entsteht – und zwar jetzt.

Dieses Leben, zu dem wir aufgefordert sind, wird vielmehr durch das aus-sich-heraus Existierende und Strahlende, Unteilbare, Akausale und von Natur aus egolose Bewusste Licht transformiert, das die Transzendente Spirituelle und Offensichtliche Göttliche Selbst-Natur oder der Selbst- und Ursprungs-Zustand von allen Dingen und Wesen ist.

V

Sei immer Jenes und alles, was Nicht-»Selbst« ist

1

Das Ego-»Ich« oder die vermeintlich getrennte und aktiv trennende psycho-physische »Selbst«-Identität ist von-Natur-aus »verschieden« von Jenem und allem, was egoisch als Nicht-»Selbst« identifiziert (und aktiv unterschieden und »objektiviert«) wird.

Das Ego-»Ich« hält typischerweise strategisch an der körperlichen Person und der persönlichen und zugleich auch vom »Stammes«-Geist und von der manifesten Existenz geprägten »Selbst«-Identität fest und sucht sich immer zu verteidigen und zu schützen – und deshalb unterscheidet das Ego-»Ich« sich ständig aktiv und als psycho-physische Ganzheit von Jenem und von allem, was die egoische »Selbst«-Identität ihrer Natur gemäß aktiv für ein Nicht-»Selbst« hält.

Aufgrund all dieser egoisch-strategischen Bemühungen (auf persönlicher und kollektiver Ebene) sind die Menschen permanent in ein »selbst«-geschaffenes Drama verstrickt. Sie leiden immer unter der grundlegenden Unfähigkeit, sich direkt mit Jenem und mit allem zu identifizieren, was die egoische »Selbst«-Identität als ein Nicht-»Selbst« identifiziert (und aktiv unterscheidet und »objektiviert«).

2

Jenes und alles, was egoisch als Nicht-»Selbst« identifiziert (und aktiv unterschieden und »objektiviert«) wird, setzt sich immer aus zwei grundlegenden Formen von Nicht-»Selbst« zusammen.

Die erste Form von allem, was egoisch als Nicht-»Selbst« (und aktiv unterschieden und »objektiviert«) wird, ist Das, Was von-Natur-aus das Ego-»Ich« (oder die psycho-physisch vom »Selbst« vorausgesetzte getrennte »Selbst«-Identität) Transzendiert.

Die zweite Form von allem, was egoisch als Nicht-»Selbst« identifiziert (und aktiv unterschieden und »objektiviert«) wird, ist alles, was vom Ego für etwas »anderes« als das Ego-»Ich« (oder die psycho-physisch-aktive getrennte »Selbst«-Identität) gehalten (und aktiv davon unterschieden und »objektiviert«) wird.

3

Das, Was von-Natur-aus das vermeintlich getrennte psycho-physische Ego-»Ich« Transzendiert, ist die Wirklichkeit an sich – oder die Eine Einzige Unteilbare Selbst-Natur, die der Selbst-Zustand von Dem ist, Was Ist.

Die Wirklichkeit an sich ist die Universelle Transzendente Selbst-Natur, die der Selbst-Zustand von allen-und-Allem ist.

Die Wirklichkeit an sich ist von-Natur-aus egolos und Unteilbar. Und sie ist (Universell und im Ursprung von allen-und-Allem) Akausal, Transzendental und Spirituell aus-sich-heraus Gegenwärtig und Offensichtlich Göttlich.

Die Wirklichkeit an sich (oder das Göttliche) Überträgt sich aus-sich-heraus an allen Orten im Raum und in jedem Moment der Zeit auf alle Formen und Personen. Es ist eine Transzendente Spirituelle, Universelle und Vollkommen egolose Übertragung, die immer Gleichzeitig und in derselben Weise stattfindet. Und so Offenbart sich die Wirklichkeit an sich aus-sich-heraus als und durch das gesamte kosmische Kontinuum von Raum und Zeit. Es ist Offensichtlich, dass die von-Natur-aus Akausale Wirklichkeit im manifesten Dasein die Transzendente Spirituelle Energie und die immer-schon-bestehende Einheit des Bewussten Lichts ist.

4

Die Gesamtheit von allem, was (augenscheinlich) etwas »anderes«

ist als das Ego-»Ich«, das sich »von sich aus« aktiv psycho-physisch von allem trennt (oder sich aktiv psycho-physisch als »verschieden« von allem definiert), besteht aus allen »Dingen« und Wesen, die das Ego-»Ich« für etwas »anderes« als sich »selbst« hält (oder die es sich fälschlich immer so vorstellt).

Jede psycho-physische (körperliche, emotionale oder geistige) Aktivität des Ego-»Ichs« und aller Wesen sowie jede Änderung in der Form, im Ort oder in der Ausrichtung eines »Dings« ist ein Vorgang in der augenscheinlichen kosmischen Raum-Zeit-Energie (oder manifesten natürlichen Energie) – und jeder Vorgang dieser Art überträgt sich unausweichlich immer psycho-physisch durch den ganzen Raum und die ganze Zeit, indem er aktiv »Ursachen bewirkt« oder »Wirkungen verursacht«.

Das Ego-»Ich« und alles, was das Ego-»Ich« für etwas »anderes« als sich »selbst« hält, sind ein nahtloses Muster kosmischer (oder manifester natürlicher) Energie, das immer aktiv »Ursachen bewirkt« und »Wirkungen verursacht« – und ständig in einem immer schon systematischen, einheitlichen Feld manifester Ereignisse auftritt.

5

Die große Illusion der Menschen beziehungsweise ihr entscheidender Irrtum und Fehler besteht darin, dass jeder sich als getrenntes und trennendes psycho-physisches Ego-»Ich« empfindet oder ein manifestes »Selbst« zu sein glaubt und dass alle Menschen, Kulturen und Gesellschaften sich »selbst« als von allem anderen verschieden definieren und dadurch ständig mit all ihren Aktivitäten aktiv sämtliche manifesten »Ursachen bewirken« und »Wirkungen verursachen«.

Deshalb ist es jederzeit die wichtigste Aufgabe der Menschen, auf der persönlichen, kulturellen und gesellschaftlichen Ebene ein klares Verständnis dafür zu entwickeln, wie sie persönlich und kollektiv das psycho-physische Ego-»Ich« transzendieren können. Sie sollten in der Lage sein, über das Chaos in ihrem System und über die Qual hinauszugehen, die sie gewohnheitsmäßig und unausweichlich durch ihr egoisches Handeln hervorrufen, in dem sie gefangen sind und an dem sie ständig festhalten. Aus diesem Verständnis heraus müssen sie fortwährend die Grundlagen schaffen, um ständig mit voller Verantwortung zu handeln.

6

Wenn die Menschen das psycho-physische Ego-»Ich« oder die psycho-physische Aktivität der getrennten »Selbst«-Identifikation und aktiv trennenden »Selbst«-Unterscheidung im ganzen persönlichen, kulturellen und sozialen Leben transzendieren wollen, müssen sie sich disziplinieren und sich immer stillschweigend und aktiv mit dem ganzen Körper (als einheitliche psycho-physische Ganzheit) mit Jenem und mit allem identifizieren, was sie andernfalls egoisch für Nicht-»Selbst« halten (und aktiv unterscheiden und »objektivieren«).

7

Wenn die Menschen sich immer in ihrem persönlichen, kulturellen und sozialen Leben disziplinieren und sich stillschweigend und aktiv mit dem ganzen Körper (als einheitliche psycho-physische Ganzheit) mit Jenem und mit allem identifizieren, was sie andernfalls egoisch für Nicht-»Selbst« halten (und aktiv unterscheiden und »objektivieren«), dann sind sie von-Natur-aus ekstatisch. Sie transzendieren dann immer sofort die psycho-physische Vorstellung der getrennten »Selbst«-Identität (oder des Ego-»Ichs«). Gleichzeitig definieren sie sich nicht mehr egoisch und psycho-physisch als »verschieden« vom Nicht-»Selbst« und »objektivieren« nicht mehr alle »anderen«.

8

Wenn die Menschen immer ihr ganzes persönliches, kulturelles und soziales Leben in der von-Natur-aus Ego-transzendierenden Ekstase leben und sich immer stillschweigend und aktiv mit dem ganzen Körper (als einheitliche psycho-physische Ganzheit) mit Jenem und mit allem identifizieren, was sie andernfalls egoisch als Nicht-»Selbst«

identifizieren (und aktiv unterscheiden und »objektivieren«), dann erfordert dies immer eine zweifache Praxis, denn es gibt zwei grundlegende Formen von Nicht-»Selbst«, die sie andernfalls potenziell egoisch definieren (und aktiv egoisch unterscheiden und »objektivieren«): das Eine und die Gesamtheit aller Erscheinungen.

9

Die erste Form der Praxis der von-Natur-aus Ego-transzendierenden Ekstase besteht darin, sich ständig stillschweigend und grundlegend mit Dem zu Identifizieren, Was von-Natur-aus das Ego-»Ich« Transzendiert. Es ist notwendigerweise die esoterische Praxis, die darin besteht, sich stillschweigend von-Natur-aus immer schon in der tiefsten Dimension des ganzen (vereinten psycho-physischen) Körpers mit der von-Natur-aus egolosen, Unteilbaren, Akausalen, Transzendenten Spirituellen und Offensichtlich Göttlichen Selbst-Natur zu Identifizieren, die der Selbst-Zustand der Wirklichkeit an sich ist.

10

Die zweite Form der Praxis der von-Natur-aus Ego-transzendierenden Ekstase – die sich folgerichtig an die stillschweigende, immer schon stattfindende grundlegende erste Praxis anschließt und ihr untergeordnet ist – ist die umfassende persönliche, kulturelle und soziale, von-Natur-aus (immer schon) Ego-transzendierende Praxis, die darin besteht, sich stillschweigend und ganzkörperlich-aktiv (oder einheitlich und umfassend psycho-physisch) mitfühlend, teilnehmend und kooperativ mit allen »Dingen« und Wesen zu identifizieren.

11

Die umfassende persönliche, kulturelle und soziale Disziplin der von-Natur-aus Ego-transzendierenden Ekstase ist daher ein Zweifaches

Universelles Wirklichkeits-Gesetz und ein auf der Wirklichkeit basierender Imperativ: Sei immer Jenes und alles, was Nicht-»Selbst« ist.

12

Wahre Ekstase besteht darin, dass die Egolosigkeit und der Unteilbare Akausale Selbst-Zustand des Transzendenten Spirituellen Bewussten Lichts, das die Wirklichkeit an sich ist, aus-sich-heraus Wahr-genommen werden.

13

Zu Sein, was (in der Wirklichkeit an sich) Nicht-»Selbst« ist (oder was von-Natur-aus das Ego-»Ich« Transzendiert), bedeutet: mit dem ganzen Körper (oder als einheitliche psycho-physische Ganzheit) stillschweigend (von-Natur-aus, immer schon und auf der tiefsten Ebene des Körper-Geistes) als die Egolosigkeit an sich zu Existieren und der Unteilbare, Akausale und Offensichtlich Göttliche Selbst-Zustand des Transzendenten Spirituellen Bewussten Lichts zu Sein, das die Wirklichkeit an sich ist.

14

Alles zu Sein, was (in der Wirklichkeit an sich) Nicht-»Selbst« ist, (oder alles zu Sein, was andernfalls vom »Selbst« für etwas »anderes« als das vermeintliche psycho-physische Ego-»Ich« gehalten wird), bedeutet, sich immer stillschweigend und aktiv mit dem ganzen Körper (als einheitliche psycho-physische Ganzheit) mitfühlend mit allen »Dingen« und Wesen zu identifizieren und sich immer stillschweigend und aktiv mit dem ganzen Körper (als einheitlicher psycho-physischer Ganzheit) kooperativ auf die unteilbare, immer-schon-bestehende Einheit mit allen »Dingen« und Wesen einzulassen.

15

Sei immer ekstatisch Das, Was (in der Wirklichkeit an sich) Nicht-»Selbst« ist, indem du dich immer auf der tiefsten Ebene des ganzen Körper-Geistes (oder auf der tiefsten Ebene der von-Natur-aus einheitlichen psycho-physischen Ganzheit deiner Person) mit der von-Natur-aus egolosen, Unteilbaren, Akausalen, Transzendenten Spirituellen und Offensichtlich Göttlichen Selbst-Natur Identifizierst, die der Selbst-Zustand der Wirklichkeit an sich ist. Und (auf dieser stillschweigenden oder immer-schon-bestehenden und von-Natur-aus den Körper-Geist Transzendierenden Ursprünglichen Grundlage) identifiziere dich immer aktiv mit dem ganzen Körper (als einheitliche psycho-physische Ganzheit) und von-Natur-aus egolos mit allem, was (in der Wirklichkeit an sich) Nicht-»Selbst« ist, indem du immer mitfühlend und umfassend mit allen »Dingen« und Wesen kooperierst und eins mit ihnen bist.

VI

Der Nullpunkt und der unendliche Zustand

1

Die Unendlichkeit (oder der unendliche Zustand) ist keine Zahl.

Die Unendlichkeit (oder der unendliche Zustand) ist keine Größe oder manifeste Grenze. Sie ist kein »Ort« in Raum oder Zeit. Und sie ist auch keine »Stelle« in einer Abfolge und keine »Phase« in einem Prozess von »Ursache-und-Wirkung«.

Es ist nicht möglich, zur Unendlichkeit (oder zum unendlichen Zustand) zu gelangen oder sich der Unendlichkeit zu nähern, indem man eine Zahl (oder Bruchzahl) zur Zahl eins addiert.

Es ist nicht möglich, zur Unendlichkeit (oder zum unendlichen Zustand) zu gelangen oder sich der Unendlichkeit zu nähern, indem man eine Zahl (oder Bruchzahl) von der Zahl eins subtrahiert.

Es ist nicht möglich, der Unendlichkeit (oder dem unendlichen Zustand) näherzukommen.

Es ist nicht möglich, sich weiter von der Unendlichkeit (oder dem unendlichen Zustand) zu entfernen.

Es ist daher von-Natur-aus unmöglich, zur Unendlichkeit (oder zum unendlichen Zustand) zu gelangen oder die Unendlichkeit als Größe zu definieren.

2

Die Null (oder der Nullpunkt) ist keine Zahl.

Die Null (oder der Nullpunkt) ist keine Größe oder manifeste Grenze. Sie ist kein »Ort« in Raum oder Zeit. Und sie ist auch keine »Stelle« in einer Abfolge und keine »Phase« in einem Prozess von »Ursache-und-Wirkung«.

Es ist nicht möglich, durch numerische Addition zu oder numerische Subtraktion von der Zahl eins oder irgendeiner anderen Zahl (oder Bruchzahl) zur Null (oder zum Nullpunkt) zu gelangen – denn Addition und Subtraktion sind Bewegungen, die schon als Größe definiert sind. Sie sind Bewegungen von numerischen Größen in Bezug auf sich selbst oder auf andere numerische Größen.

Es ist nicht möglich, durch Bewegungen von Größen (oder Zahlen) zur Null (oder zum Nullpunkt) zu gelangen oder sich der Null zu nähern – denn die Null lässt sich von-Natur-aus nicht als Größe definieren (oder zählen).

Es ist daher von-Natur-aus unmöglich, zur Null (oder zum Nullpunkt) zu gelangen oder die Null als Größe zu definieren.

3

Wenn der Begriff der Zahl (oder der getrennten Größe) postuliert wird, bevor die Null oder der Nullpunkt kontempliert werden, dann werden die Idee der Null (oder des Nullpunkts) und die Idee der Unendlichkeit (oder des unendlichen Zustands) zwangsläufig als Zahlen (oder Größen) kategorisiert, als »Entitäten«, die von-Natur-aus zwei und folglich nicht-identisch sind – als wenn die Null (oder der Nullpunkt) per definitionem am Anfang und die Unendlichkeit (oder der unendliche Zustand) per definitionem am Ende ständen.

Um die Zahl zu erfinden, haben die Menschen nicht mit der Null (als einer getrennten Zahl) angefangen und anschließend von dort vorwärts gezählt – und ebenso wenig haben sie mit der Unendlichkeit (als einer getrennten Zahl) angefangen und anschließend von dort rückwärts gezählt.

Um die Zahl zu erfinden, haben die Menschen vielmehr zuerst die Vorstellung der »Sichtweise« (oder »lokalisierten« und getrennten »Selbst«-Identität) und die Idee des »anderen« (oder »Nicht-Selbst«) und des »Unterschieds« (oder der »objektiven Größe«) entwickelt.

Erst als die Zahl bereits – auf der Grundlage der »Sichtweise« (oder des »lokalisierten« und getrennten »Selbst« oder Ego-»Ichs«) und des »Objekts« (oder »Unterschieds« oder »Nicht-Selbst«) – erfunden war, haben die Menschen die Ideen der Null und der Unendlichkeit entwickelt.

Die Menschen haben also ursprünglich den Fehler gemacht, die Ideen der Null und der Unendlichkeit mit der Idee der Zahl zu überlagern – und seitdem quälen sich die Menschen mit der Widersinnigkeit der Paradoxien herum, die sich daraus ergeben.

Doch wenn der ursprüngliche Irrtum erkannt wird und damit die Überlagerung wegfällt, können die grundlegenden Ideen der Null (und des Nullpunkts) sowie der Unendlichkeit (oder des unendlichen Zustands) dem Menschen helfen, intuitiv die von-Natur-aus egolose und Unteilbare Selbst-Natur zu erkennen, die der Selbst-Zustand der Wirklichkeit an sich ist.

4

Der Begriff der Zahl (oder getrennten Größe) eins ist die »Ur«-Zahl und »Quelle« aller als Größe definierten Zahlen und »Unterschiede«.

Der Begriff der Zahl eins ist die Darstellung des Ego-»Ichs« oder der als getrennte Größe aufgefassten »Selbst«-Identität als numerische Idee.

Die Vorstellung des Menschen, er sei ein getrenntes Ego-»Ich«, ist die Ur-»Quelle« aller Zahlen oder Quantifizierungen.

Das Ego-»Ich« ist der »Schatten« hinter allen Zahlen.

Wenn weder das getrennte Ego-»Ich« noch die als getrennte Größe definierte Zahl eins angenommen oder postuliert oder auch nur gedacht werden, dann werden auch die Zahl oder die Größe oder der »Unterschied« nicht angenommen, postuliert oder gedacht.

Wenn weder die Zahl noch die Größe noch der »Unterschied« angenommen, postuliert oder gedacht werden, dann können die Unendlichkeit (oder der unendliche Zustand) und die Null (oder der Nullpunkt) nicht voneinander unterschieden werden – und die Unendlichkeit (oder der unendliche Zustand) und die Null (oder der Nullpunkt) werden unmittelbar aus-sich-heraus als offensichtlich unteilbar und identisch erfasst.

5

Sowohl die Null (oder der Nullpunkt) als auch die Unendlichkeit (oder der unendliche Zustand) sind von-Natur-aus keine Zahlen, sondern existieren schon vor dem Zustand der getrennten (scharf abgegrenzten) Größe.

Zwischen der Null (oder dem Nullpunkt) und der Unendlichkeit (oder dem unendlichen Zustand) gibt es keine Zahl oder Entfernung.

Die Null (oder der Nullpunkt) ist der Unendlichkeit (oder dem unendlichen Zustand) nicht über- oder untergeordnet. Und ebensowenig ist die Unendlichkeit (oder der unendliche Zustand) der Null (oder dem Nullpunkt) über- oder untergeordnet.

Zwischen der Null (oder dem Nullpunkt) und der Unendlichkeit (oder dem unendlichen Zustand) besteht keine hierarchische Beziehung – und es besteht auch kein »Unterschied« zwischen ihnen.

Die Null (oder der Nullpunkt) und die Unendlichkeit (oder der unendliche Zustand) sind von-Natur-aus gleich, eins und dasselbe – und das Einzige, was existiert.

Der augenscheinliche (oder konventionell angenommene) »Unterschied« zwischen der Null (oder dem Nullpunkt) und der Unendlichkeit (oder dem unendlichen Zustand) ist eine Fehlkalkulation des egoischen Geistes, die darauf zurückgeht, dass die Zahl im Rahmen der Manifestation als »Wirklichkeit« aufgefasst wird. Dies gilt besonders für die Zahl eins, die die »Quelle« aller Zahlen und der im Ego (oder der »Sichtweise«) wurzelnde Urheber aller vermeintlichen »Unterschiede« ist.

6

Die Unendlichkeit (oder der unendliche Zustand) ist von-Natur-aus oder immer schon in der Null (oder dem Nullpunkt) enthalten und identisch mit ihr.

Die Null (oder der Nullpunkt) ist von-Natur-aus oder immer schon in der Unendlichkeit (oder dem unendlichen Zustand) enthalten und identisch mit ihr.

Die Unendlichkeit (oder der unendliche Zustand) ist die Null (oder der Nullpunkt).

Die Null (oder der Nullpunkt) ist die Unendlichkeit (oder der unendliche Zustand).

Die Unendlichkeit (oder der unendliche Zustand) ist absolut nicht-endlich, dimensionslos, nicht-unterteilt, nicht-quantifiziert, nicht-»lokalisiert«, völlig frei von begrenzenden Eigenschaften und insgesamt nur-die-Null.

Der Nullpunkt ist nur-die-Null.

Der Nullpunkt ist unendlich (oder nicht-endlich).

Die Unendlichkeit (oder der unendliche Zustand) ist die Null (oder im Nullpunkt enthalten und identisch mit ihm).

Der unendliche Zustand – oder der Nullpunkt des Seins – ist von-Natur-aus egolos und unteilbar.

Die »Unendlichkeit« (oder der »unendliche Zustand«) und die »Null« (oder der »Nullpunkt«) sind Zeichen in Gestalt von Begriffen oder Wörtern (und manchmal von Bildern oder Symbolen). Sie sind Zeichen, die »dasselbe« bezeichnen und bedeuten.

Deshalb sind die Unendlichkeit (oder der unendliche Zustand) und die Null (oder der Nullpunkt) von-Natur-aus unteilbar und identisch – oder ein und dasselbe.

7

Die Unendlichkeit ist die Null.

Die Null ist die Unendlichkeit.

Der unendliche Zustand ist immer schon im Nullpunkt enthalten und identisch mit ihm. Er existiert immer schon vollkommen vor allen Zahlen, Größen, »Objekten« und »Unterschieden«.

Der Nullpunkt ist immer schon im unendlichen Zustand enthalten und identisch mit ihm – oder existiert immer schon vollkommen vor der »Sichtweise« (oder dem Ego-»Ich« oder der Definition des getrennten »Selbst«) und allen »anderen«.

Der unendliche Zustand und der Nullpunkt sind immer schon vollkommen ein und dasselbe und existieren immer schon vollkommen sowohl vor dem getrennten »Selbst« (oder Ego-»Ich«) als auch vor allem »Nicht-Selbst« (oder allen »Objekten«, »anderen« und »Unterschieden«).

8

Alle Suche ist ein auf Zahlen basierender Versuch, das vom »Selbst« vorausgesetzte »Problem« (oder egoische Dilemma) der Zahl eins (oder des getrennten und trennenden Ego-»Ichs«) dadurch zu lösen, dass alle anderen Zahlen – entweder nach und nach oder auf-einmal – zur Eins addiert und von ihr subtrahiert werden.

Alle Suche will tatsächlich entweder zum unendlichen Zustand (der die Unendlichkeit oder das Unendliche ist) oder zum Nullpunkt (der die Null oder Egolosigkeit oder Nicht-»Ding«-heit ist) gelangen, indem sie Größen (oder Zahlen) bewegt oder auf die eine oder andere Art in Beziehung zueinander bringt oder Schritt für Schritt durchläuft oder auf einmal überspringt.

Es ist unmöglich, zur Unendlichkeit oder zum unendlichen Zustand oder zum Unendlichen oder zur Null oder zum Nullpunkt oder zur Egolosigkeit oder Nicht-»Ding«-heit zu gelangen oder sich ihnen zu nähern, indem man Größen oder Zahlen oder Reihenfolgen oder plötzliche Sprünge oder manifeste (auf »Ursache-und-Wirkung« beruhende) Verfahren anwendet.

Egolosigkeit und der unendliche Zustand sind von-Natur-aus und absolut ein und dasselbe, nicht-»verschieden« und immer schon von vornherein der Fall.

Deshalb ist alle Suche von-Natur-aus falsch, nicht-notwendig und vergeblich.

9

Der Unendliche Zustand – oder der Nullpunkt-Zustand, der die von-Natur-aus egolose und Vollkommen Unteilbare Wirklichkeit an sich ist – ist von-Natur-aus immer schon Absolut und Offensichtlich Einzig und Allein der Fall.

Der Unendliche Zustand ist immer-schon-bestehende und von-Natur-aus Vollkommene Fülle.

Der Nullpunkt-Zustand ist immer-schon-bestehende Unteilbarkeit, immer-schon-bestehende Einheit, Nicht-»Verschiedenheit« und Nicht-Getrenntheit.

Der Unteilbare Nullpunkt-Zustand der Unendlichen Fülle ist Einzig und Allein der Fall.

VII

Die Wahrheit der immer-schon-bestehenden Einheit ist die Selbst-Offenbarung der Wirklichkeit an sich

Es gibt nur die Wirklichkeit an sich.

Es ist von-Natur-aus Offensichtlich, dass nur die Wirklichkeit an sich Ist – so wie »sie« Ist, was und wie auch immer »sie« Ist.

Die Wirklichkeit an sich umfasst von-Natur-aus und notwendigerweise die Gesamtheit von allen-und-Allem.

Die Wirklichkeit an sich Existiert immer schon und Transzendiert daher von-Natur-aus und notwendigerweise jeden augenscheinlichen besonderen »Ort«, jede »Sichtweise« in Raum und Zeit und jedes getrennte »Selbst« oder Ego-»Ich« oder »Objekt« der egoischen Aufmerksamkeit.

Aus der egoischen (die ganze Erfahrung bestimmenden konventionellen) »Sicht« sind alle »anderen«, die ganze Welt und der (wie auch immer postulierte und definierte) »Gott« (oder die Wirklichkeits-Quelle von allen-und-Allem) getrennt und verschieden vom »Selbst«.

Aus der von-Natur-aus getrennten »Sicht« des Ego-»Ichs« sind alle »anderen«, die ganze Welt und »Gott«, wie er konventionell verstanden wird, ein »Nicht-Selbst« – oder ein »Objekt« des »Selbst«, das (folglich) etwas »anderes« als das »Selbst« (oder »verschieden« vom »Selbst«) ist.

In der Wirklichkeit an sich – die von-Natur-aus egolos und Frei von aller »Sichtweise« ist oder jeder potenziellen »Sichtweise« (oder jedem getrennten »Ort« in Raum und Zeit) immer schon Vollkommen

Vorausgeht – gibt es nur das Eine »Selbst« (oder die Eine Unteilbare, Nicht-getrennte und von-Natur-aus egolose Selbst-Natur, die alle-und-Alles und der Selbst- und Ursprungs-Zustand von allen-und-Allem ist).

Deshalb ist die Wahrheit, die immer schon Vollkommen aus-sich-heraus in der Wirklichkeit an sich und als die Wirklichkeit an sich Offenbart ist, die immer-schon-bestehende Einheit (und Vollkommene Unteilbarkeit) von allen-und-Allem.

Die immer-schon-bestehende Einheit (oder Vollkommene Unteilbarkeit) ist von-Natur-aus, Ursprünglich, Nicht-reduzierbar und Offensichtlich die aus-sich-heraus Offenbarte Wirklichkeits-Eigenschaft von allen-und-Allem.

Es gibt daher kein »Nicht-Selbst«.

Es gibt keinen getrennten »Gott«, sondern nur das Eine »Selbst«, das die von-Natur-aus egolose Wirklichkeit an sich ist.

Die Welt ist nicht getrennt von dem Einen »Selbst«. Sie ist das Eine »Selbst«.

Die Welt ist ein Unendlicher »Ort«. Sie Transzendiert von-Natur-aus jede »Sichtweise« (oder jeden augenscheinlichen besonderen »Ort«).

Alle »anderen« und alles »andere« – oder alle und alles, wozu das augenscheinliche »Selbst« augenscheinlich in Beziehung tritt – sind nicht von dem Einen »Selbst« getrennt, sondern identisch mit ihm.

Die Wirklichkeit an sich – und es gibt Offensichtlich keine Wirkliche Alternative zur Wirklichkeit an sich, kein Wirkliches Gegenteil von der Wirklichkeit an sich – birgt von-Natur-aus ein Universelles Moralisches Gesetz in sich.

Das Universelle Moralische Gesetz, das der Wirklichkeit an sich von-Natur-aus Innewohnt und Offensichtlich mit ihr Identisch ist, ist die immer-schon-bestehende Einheit (oder Vollkommene Unteilbarkeit), die sich in jedem Herzen als der von-Natur-aus bestehende Grundlegende Imperativ Ausdrückt: »Lokalisiere« keinen »anderen« und nichts »anderes« als ein »Objekt« (oder »Nicht-Selbst«), sondern identifiziere alle-und-Alles als das Eine »Selbst«, und beziehe dich auf alle-und-Alles als das Eine »Selbst« – und als nicht »verschieden«

von der Wirklichen (und von-Natur-aus egolosen) Selbst-Natur und als nicht getrennt von deinem augenscheinlichen »Ort« in Raum und Zeit (oder von dem begrenzten Bereich deiner »Sichtweise«).

In der Wirklichkeit an sich gibt es kein getrenntes »Selbst« (keine absolute »Sichtweise«, keinen absolut unabhängigen »Ort« in Raum und Zeit).

In der Wirklichkeit an sich gibt es kein getrenntes »Objekt« (kein absolut definiertes »Ding« der Aufmerksamkeit, keine absolut unabhängige räumlich-zeitliche Begrenzung).

Jeder und jedes augenscheinliche »andere«, die gesamte augenscheinliche Welt und Das, Was immer schon alle-und-Alles Transzendiert (und der Offensichtlich egolose und Absolute Wirklichkeits-Kontext von allen-und-Allem ist), ist das Eine »Selbst« – oder von-Natur-aus und Offensichtlich Nicht-getrennt von der von-Natur-aus bestehenden (und von-Natur-aus egolosen) Selbst-Natur, die der Selbst-Zustand der Wirklichkeit an sich ist, so wie »sie« ist.

In der Wirklichkeit an sich und als die Wirklichkeit an sich ist das ganze augenscheinliche »Selbst« von-Natur-aus egolos und Unteilbar.

Die Wirklichkeit an sich ist das Eine Einzige Vollkommene Unteilbare »Selbst« – oder der Selbst- und Ursprungs-Zustand von allen-und-Allem.

Die Wirklichkeit an sich ist Nicht-Zwei.

Die Wirklichkeit an sich ist nur das Eine »Selbst« – von-Natur-aus egolos, Nicht-getrennt, Nicht-»verschieden«, Nicht-»anders« und Nicht-»Objekt«.

Die Wirklichkeit an sich ist das Eine Einzige, was Existiert – von-Natur-aus Unteilbar, Nicht-dual, Vollkommen alles-Einschließend, Nicht-trennend und von-Natur-aus Frei von allen Problemen, aller Suche und allen Erfolgen.

Die Wirklichkeit an sich Existiert aus-sich-heraus – sie ist Offensichtlich Nicht-verursacht.

Die Wirklichkeit an sich ist Offensichtlich Akausal in dem augenscheinlichen Kontext von allem, was entweder Ursache oder Wirkung ist.

Die Wirklichkeit an sich Existiert aus-sich-heraus als Grenzenlose

Akausale Selbst-Strahlung – oder als der Universelle Herz-Strom oder die alle-und-Alles Durchdringende Ur-Energie oder Akausale Liebe-Glückseligkeit.

Die Wirklichkeit an sich ist daher das Gesetz (und das Eigentliche und von-Natur-aus egolose »Selbst« oder die Selbst-Natur oder der Selbst-Zustand) der Selbst-Strahlung (oder der Vollkommen Ego-Transzendierenden Liebe-Glückseligkeit), die sich immer schon aus-sich-heraus in dem von-Natur-aus bestehenden Herz-Imperativ und als dieser Herz-Imperativ oder als das Moralische, allen-und-Allem Innewohnende Gesetz Manifestiert, das aus-sich-heraus eine aktive Ego-Transzendierende Liebe erfordert – oder eine Handlungsweise und Einstellung, die immer schon Unmittelbar aus-sich-heraus die Selbst-Natur der Wirklichkeit an sich Erfasst (die die immer-schon-bestehende, von-Natur-aus egolose und Vollkommen Unteilbare Einheit, Grenzenlose Selbst-Strahlung und Grenzenlose Bezogenheit als von-Natur-aus Existierende Liebe-Glückseligkeit an sich ist).

Liebe ist die in jedem Moment Existierende Selbst-Strahlung des aus-sich-heraus Offensichtlichen Prinzips der immer-schon-bestehenden Einheit.

Liebe ist Nicht-Ausschließen – oder Vollkommene Unteilbarkeit und Vollkommenes Einschließen.

Liebe ist die von-Natur-aus (und folglich in jedem Moment) vollzogene Transzendierung des Ego-»Ichs« – oder des getrennten und trennenden »Selbst« (oder der grundsätzlich Trennung schaffenden »Selbst«-Dramatisierung der »Sichtweise«).

Liebe ist die von-Natur-aus (und folglich in jedem Moment) vollzogene Transzendierung des getrennten »Subjekts« (oder egoischen und trennenden »Selbst«) und des getrennten »Objekts« (oder illusorischen »Nicht-Selbst«).

Liebe ist der von-Natur-aus vollzogene aktive Verzicht auf die Trennung und »Objektivierung« des »Selbst« und aller und alles »anderen«.

Liebe ist Grenzenlose Selbst-Strahlung – oder die egolose Selbst-Intensivierung des Ur-Stroms des Herzens (der die Selbst-Energie der Wirklichkeit an sich ist).

Liebe ist die Universelle Selbst-Strahlung der alle-und-Alles Einschließenden und Transzendierenden Selbst-Natur, die der Selbst-Zustand der Wirklichkeit an sich ist.

In der Welt des Menschen ist die Liebe daher die aus-sich-heraus Offensichtliche – oder von der Wirklichkeit an sich Offenbarte – »Selbst«-Disziplin der Kooperation, der Toleranz und des Friedens.

VIII

Was Keine-»Sichtweise« ist, ist alle-und-Alles

Die Bloße und Einzige Gegenwart.
Bloß Gegenwärtig und Einzig
Unteilbar Eins – und Einzig.
Die Bloße Gegenwart.
Nur die Wirklichkeit.
Nur die Wirklichkeit an sich.
Die Bloße und Einzige Gegenwart der Wirklichkeit an sich.
Bloße Gegenwart.
Bloß gegenwärtig.
Eins.
Einzig.
Nur alles.
Nur alle-und-Alles.
Das Ist.
Das ist alles.
Das ist alle-und-Alles.
Nur das egolose Eine.
Kein »Verschiedensein«.
Kein »Verschiedensein« kein Getrenntsein Ist – nur Das.
Ist als alle-und-Alles als Eines und als immer-schon-bestehende Einheit von allen-und-Allem.
Alle »Ursache-und-Wirkung« nur in und aus Diesem.
Akausal egolos nur Dies.
Die Gegenwart der Wirklichkeit an sich.
Keine »Gottheit« Ist, die Ist.
Nur der Gott, der Ist, Ist die Wirklichkeit an sich – Keine-Gottheit.

Alles von allen-und-Allem ist nur Das, Was Unteilbar als alle-und-Alles Ist.

Es gibt kein »Selbst«.

Nur Gegensätze, Kreise, Zyklen und Spin.

Nichts tritt in Erscheinung, was nicht in dieser Weise ein Muster ist.

Jedes »Problem« ist nur ein Muster – nur ein Zustand oder Umstand von unauflöslichen Gegensätzen, die einander widersprechen, auf einem inneren Konflikt beruhen oder sich im Spin befinden.

Wer eine »Lösung« für ein »Problem« sucht, indem er mit dem Muster kämpft, gerät nur in den Mummenschanz der Gegensätze, denn er identifiziert »sich« egoisch mit dem Kreislauf von Konflikten und bringt immer nur weitere Serien von Mustern und »Problemen« hervor.

Die einzige Vollkommene Lösung für ein »Problem« liegt immer auf dem Grund der Dinge, der immer schon dem »Problem« und dem »problematischen« Zustand sowie dem Ego-»Ich« vorausgeht, welches nur im Bereich des Musters über Wissen verfügt und auf der Suche ist.

Die einzige Vollkommene Antwort auf ein »Problem« und auf die Suche nach »Lösungen« geht immer dem Ego-»Ich« und seinem »Objekt« voraus. Sie liegt immer auf dem Grund der Dinge, in der Ursprungs-Position. Sie ist der Ursprungs-Zustand, in dem, aus dem und als der alle Gegensätze, Kreise, Zyklen und aller Spin sowie die Gesamtheit der Muster und »Probleme« und der Suche in Erscheinung treten.

Die Welt besteht nur aus Mustern, den Mustern, aus denen das Alle-und-Alles der Einen Einzigen Wirklichkeit besteht.

Die Welt ist nur ein Muster, das endlos weitere Muster erzeugt – Muster von Dualität, »Verschiedensein«, Veränderung, Ungewissheit und sicherem Tod.

Du Bist nicht in oder von der Welt und Existierst nicht als sie.

Du Bist immer schon – von vornherein und von Grund auf – Das, Was Keine-»Sichtweise« ist.

Was Keine-»Sichtweise« ist, ist alle-und-Alles.

EPILOG

ICH BIN HIER,

UM DAS STRAHLEND-HELLE NEUE ZEITALTER EINER GLOBALEN MENSCHHEIT EINZULEITEN

Ich bin hier, um das Strahlend-Helle Neue Zeitalter einer globalen Menschheit einzuleiten

Ich halte Ausschau nach Männern und Frauen, die – frei von aller Suche – nur im Bewusstsein der immer-schon-bestehenden universellen Einheit leben und ständig ihr individuelles und kollektives Leben verantwortungsvoll und kooperativ gestalten, sodass es nicht der egoischen und trennenden Form und der von »Unterschieden« ausgehenden Logik des Ego und der Illusion folgt, sondern der Unteilbaren Form und Logik der Wirklichkeit an sich.

Solche Männer und Frauen sind die unausbeutbare menschliche Präsenz der Wirklichkeit an sich.

Sie werden sich nicht an ein Leben hingeben, das um seiner selbst willen gelebt wird und von Dilemma, Suche und bloßer Erfahrung ohne Weisheit gekennzeichnet ist.

Sie werden sich nicht in der bloßen Befriedigung ihrer körperlichen Bedürfnisse und den Möglichkeiten des manifesten Lebens verausgaben.

Sie werden weder absurde evolutionäre Ziele verfolgen noch lediglich eine konventionelle exoterische und esoterische Transformation anstreben oder sich dem strategischen Aufstieg widmen, um auf anderen Ebenen etwas zu erreichen.

Sie werden im Kontext der Wirklichkeit an sich leben und sich selbst und die ganze Menschheit und alle Dinge in einen Zustand uneingeschränkter Bezogenheit, Ausgeglichenheit und Harmonie bringen.

Sie werden überall die Auswirkungen des früheren, Trennung schaffenden Handelns beseitigen und die Lebensform an die immer-schon-bestehende Einheit und Unteilbarkeit anpassen.

Alles, was sie planen und hervorbringen, wird auf Beständigkeit ausgerichtet sein, und sie werden stets das Schöne wiederentdecken.

Sie werden überall ungeteilten Frieden herstellen.

Während sie ständig stillschweigend in der unmittelbar erfassten, von-Natur-aus egolosen Wirklichkeit an sich verweilen, wird das Auge ihrer Intelligenz immer auf das gerichtet sein, was gegenwärtig in der Sinneswahrnehmung auftritt – und nicht auf das Un-Wirkliche oder das bloß »Objektive« oder »Subjektive« oder Falsche oder Künstliche oder Absurde oder auf die Ironien bloßen Denkens und Erinnerns. Ihre Wahrnehmung der gegenwärtigen Form ist immer schon stabil und ganz, sie ist keine Widerspiegelung einer anderen Zeit oder eines anderen Ereignisses.

Sie werden sich die Welt in ihrem Denken und Handeln nicht so zurechtlegen, als wäre sie nur ein Symbol für völlig andere und nur vermeintlich existierende Dinge.

Sie werden ständig die egolose Form der Wirklichkeit an sich bestätigen und sich gleichzeitig stets der immer-schon-bestehenden Einheit von allem bewusst sein.

Sie werden immer der Ordnung egoloser Weisheit und nahtloser Erkenntnis dienen.

Sie werden immer das Notwendige weiterentwickeln und immer nur Mittel benutzen, die dem Leben förderlich sind.

Sie werden ökonomischen und weisen Gebrauch von der Wissenschaft, Technik und allem manifesten Wissen und seiner praktischen Umsetzbarkeit machen.

Sie werden nicht bloß vom cleveren menschlichen Erfindungsgeist motiviert sein, sondern von der Wirklichkeit an sich, die das immer Gegenwärtige und zugleich die von-Natur-aus Nahtlose Gesamtheit ist, die sich in allen Formen ausdrückt.

Sie werden weder einen Sieg des Menschen über die Natur noch einen endgültigen Sieg einiger weniger anstreben, indem sie andere vernichtend schlagen oder dauerhaft beherrschen.

Sie werden immer nur die Umstände schaffen, die ein universelles Gleichgewicht und Wohlergehen im gegenwärtigen Moment ermöglichen.

Sie werden stets die universelle Weisheit der Egolosigkeit vertreten, in der die Erkenntnis der immer-schon-bestehenden Einheit die allgemeine Grundlage des Daseins ist.

Ich suche also eine neue globale Ordnung zu gründen, in der Männer und Frauen aktiv ein universelles neues menschliches Zeitalter der Integrität und Weisheit hervorbringen.

Dieses neue Zeitalter wird kein Zeitalter der okkulten, konventionell religiösen, wissenschaftlichen oder technologischen Verherrlichung des Menschen sein.

Dieses Zeitalter wird vielmehr das seit ältesten Zeiten erwartete universelle Zeitalter eines wahrhaft menschlichen Daseins sein, das überall völlig jenseits der ganzen tragischen Geschichte menschlicher Ignoranz, Entfremdung, Verwirrung und der großen Suche gelebt wird.

Das vermeintliche »neue Zeitalter«, das die Sucher sich vorstellen, ist ein spektakuläres Schauspiel, das nur den herkömmlichen Wahnsinn und die übliche Ausbeutbarkeit und Torheit der Menschen fortsetzt.

Ich bin hier, um eine neue globale Ordnung von Männern und Frauen ins Leben zu rufen, die nicht bei all dem Vergangenen ansetzen, sondern sich frei von allem Dilemma und aller Suche an das harmonische Ereignis der immer-schon-bestehenden Einheit und des kooperativen Friedens hingeben.

Diese neue universelle Ordnung einer globalen Menschheit wird immer vom Licht der Grundlegenden Freiheit der Wirklichkeit an sich Erfüllt sein – und deshalb wird dieses neue Zeitalter immer Neu und Strahlend-Hell sein.

DAS LETZTE WORT

ETWAS NEUES MUSS ENTSTEHEN

Adi Da's letzter Aufruf an die Menschheit

(gesprochen am 27. November 2008,
wenige Stunden, bevor er den Körper verließ)

Etwas Neues muss entstehen

Am 27. November 2008 verließ der Weltfreund Adi Da seinen Körper. Am Morgen dieses Tages gab er letzte Anweisungen zur Herausgabe dieses Buches. Am selben Morgen sprach er spontan sein letztes Wort über die jetzige Situation der Menschheit und rief noch einmal zur Gründung eines Globalen Kooperativen Forums auf.

Wenn Menschen sich als Gruppe zusammenfinden, wird ein Gesellschaftsvertrag geschlossen – ein Gesellschaftsvertrag zwischen Egos. Und wenn Gesellschaftsverträge geschlossen werden, entstehen Kollektive – Nationalstaaten und andere Kollektive. Kollektive sind der Rahmen, in dem sich menschliche Zivilisationen entwickeln.

Wenn ein Kollektiv entsteht, erwarten seine Mitglieder, dass sie daraus bestimmte Vorteile ziehen. Zu den grundlegenden Vorteilen, die sie erwarten, zählen erhöhte Sicherheit, ein längeres Leben, mehr Muße (beziehungsweise weniger Entbehrung) und mehr Lebensfreude. Wenn Menschen daher Teil eines Kollektivs werden und damit in einen Gesellschaftsvertrag eintreten, ist dies mit der Erwartung verknüpft, dass eine beträchtliche Anzahl von Mitgliedern des Kollektivs die erwähnten vier Vorteile – größere Sicherheit, ein längeres Leben, weniger Entbehrung und mehr Lebensfreude – in höherem Maße genießen werden, als wenn sie nicht Mitglied des Kollektivs wären. Diese Erwartung ist noch ausgeprägter in großen Kollektiven wie den Nationalstaaten.

Wenn das Kollektiv geschickt organisiert wird, kann es diesen vier wesentlichen Lebensfaktoren tatsächlich besser Rechnung tragen, sodass zumindest ein guter Teil seiner Mitglieder davon profitiert. Die Erwartung solcher Vorteile erzeugt jedoch eine gefährliche Illusion – eine kollektive Wunschvorstellung, die der Suche des Ego nach Befreiung von aller Angst und Bedrohung entspringt. Es ist die

Illusion, es könne geradezu ideale Umstände in Bezug auf Sicherheit, Langlebigkeit, Freude am Leben und Freiheit von Entbehrung geben – und vor allem, dass solch ideale Umstände zum menschlichen Leben gehören und die Menschen daher zu Recht solche Umstände einfordern sollten. Und schließlich ist es die Illusion, dass solche idealen Umstände sich de facto in höchstem Maße realisieren und permanent aufrechterhalten lassen. Dies ist tatsächlich die grundlegende Illusion, die in der menschlichen Zivilisation auftritt – genauer gesagt, wenn Egos miteinander einen Gesellschaftsvertrag haben.

In Wirklichkeit gibt es keine Sicherheit im Leben. Das Leben gibt niemandem einen Anlass anzunehmen, dass er ein hohes Alter erreicht oder auch nur den nächsten Moment erlebt. Es gibt keine grundlegende Freiheit von Entbehrung, und es ist mit Stress verbunden, sich um das Nötige zu kümmern. Und jedes Vergnügen hat ein Ende.

Es spielt keine Rolle, wie fortgeschritten der »Zivilisationsprozess« und wie stark die Solidarität in der Gruppe ist. Kein noch so hohes Maß an Zivilisierung kann etwas daran ändern, dass der Mensch sterblich ist. Das ist der Grund, warum die »Utopie« eine Illusion ist und warum »utopische« Vorteile, die von der Zivilisation – oder von einem Gesellschaftsvertrag zwischen Egos – erwartet werden, eine Illusion sind.

Ein Gesellschaftsvertrag zwischen Egos kann im besten Fall dazu führen, dass es zeitweise und in bescheidenem Maße größere Sicherheit, eine höhere Langlebigkeit, mehr Freiheit von Entbehrung und mehr Vergnügen – für einige! – gibt. Doch es ist nie gewährleistet, dass diese verbesserten Lebensumstände Bestand haben. Und sie können nichts an der grundlegenden Tatsache ändern, dass das Leben unsicher, kurz und voll von Entbehrungen ist und niemanden vollständig befriedigt.

Es gibt Phasen in der menschlichen Geschichte – und dazu zählt die heutige Zeit –, in denen die Sicherheit, die Langlebigkeit, die Freude am Leben und die Freiheit von Entbehrung zunehmend bedroht sind. Sie sind für immer weniger Menschen möglich, und auch für die nicht mehr im gleichen Maße wie zuvor. In solchen Situationen geraten die Menschen in eine psychische Krise – eine Krise in der Psyche des Ego. Die Politiker und sonstige gesellschaftliche Autoritäten appellieren dann an die Bevölkerung und fordern sie zu Opfern zugunsten des Gemeinwohls auf – als wäre die bloße Mitgliedschaft in einem Kollektiv auf der Basis eines Gesellschaftsvertrags schon ein Vorteil. Aber die Menschen treten nur deshalb in einen Gesellschaftsvertrag ein, weil sie sich davon größere Sicherheit, ein längeres Leben, mehr Vergnügen und Freiheit von Entbehrung versprechen. Es ist sinnlos, von den Menschen Opfer für das Kollektiv zu fordern, wenn das Kollektiv selbst versagt und ihnen die erhofften Vorteile nicht verschafft – oder nur noch in weit geringerem Maße.

Dies ist die jetzige Situation in der globalen Zivilisation. Die Menschen werden aufgefordert, »den Gürtel enger zu schnallen« und Opfer zu bringen, damit sie weiterhin an den egoischen Gesellschaftsverträgen überall auf der Welt beteiligt sein können – den Nationalstaaten und allen sonstigen Kollektiven. Aber wie lange werden die Menschen bereit sein, solche Opfer zu bringen?

Die Zivilisation ist in der Krise. Die Welt des Menschen ist insgesamt in der Krise. Die Vorstellungen von Sicherheit, Langlebigkeit, Vergnügen und Freiheit von Entbehrung erweisen sich als Illusionen. Die Vorteile sind kurzlebig und nur wenigen vorbehalten. Und die wenigen, die diese Vorteile genießen, tun das auf Kosten der anderen – genauer gesagt, sie sind verantwortlich für das Leid und die Ausbeutung der anderen.

Etwas ganz Neues muss entstehen. Dieses Neue ist nicht von den Nationalstaaten zu erwarten und ebenso wenig von der Verbindung der Nationalstaaten (in Gestalt der Vereinten Nationen). Dieses Neue kann nur von allen-auf-einmal ausgehen – von der Kraft der Menschheit als einer Gesamtheit.

Die Menschheit als eine Ganzheit muss die alte Zivilisation aufgeben. Sie muss akzeptieren, dass die alte Zivilisation tot ist, dass sie nutzlos und unproduktiv ist und gar nicht mehr existiert. Die alte Zivilisation kann den Menschen keine Sicherheit, kein langes Leben, kein Vergnügen und keine Freiheit von Entbehrung mehr verschaffen. Sie ist immer weniger imstande, überhaupt irgendetwas

Brauchbares hervorzubringen. Sie ist in höchstem Maße degeneriert und ihr Zustand kann sich nur noch verschlimmern.

Es muss ein neuer Gesellschaftsvertrag zustande kommen – ein Gesellschaftsvertrag, der nicht auf dem Ego beruht. Die Menschen müssen einen egolosen Gesellschaftsvertrag miteinander schließen, der auf Kooperation, Toleranz und universeller Teilnahme und Verantwortung basiert. Darum geht es bei der globalen kooperativen Ordnung, die jetzt notwendig ist.

Wenn solch eine globale kooperative Ordnung entstehen soll, muss es eine leitende Institution geben, die auf der universellen Teilnahme und Verantwortung von allen-auf-einmal beruht. Ich nenne diese Institution das Globale Kooperative Forum. Das Globale Kooperative Forum ist die notwendige transformative Bewegung auf der Erde.

DER WELTFREUND ADI DA

Adi Da wurde 1939 auf Long Island, New York, geboren und wies von Anfang an außergewöhnliche Zeichen spiritueller Erleuchtung auf. Nichtsdestoweniger unterwarf er sich von frühester Kindheit an bis zum vollständigen spirituellen Wieder-Erwachen im Alter von dreißig Jahren den Begrenzungen und Leiden des gewöhnlichen menschlichen Daseins.

In seiner Kindheit und Jugend hat Adi Da sich laut eigener Aussage auf zwei grundlegende Anliegen konzentriert: Er wollte herausfinden, wie es möglich ist, im Rahmen des gewöhnlichen Lebens die Wahrheit der »Wirklichkeit an sich« zu erkennen und diese Wahrheit literarisch und künstlerisch zu vermitteln.

Adi Da studierte an der Columbia Universität in New York City Philosophie und schloss 1961 mit dem Bachelor of Arts ab. Anschließend studierte er an der Stanford Universität in Kalifornien englische Literatur und beendete dieses Studium 1966 mit dem Master of Arts. Seine Abschlussarbeit befasst sich mit Hauptaspekten der klassischen Moderne, insbesondere mit den literarischen Experimenten Gertrude Steins und mit Malern derselben Epoche.

1964 begann Adi Da eine intensive spirituelle Praxis. Er ging 1968 nach Ganeshpuri in Indien zu dem bekannten spirituellen Meister Swami Muktananda, der sofort erklärte, Adi Da sei schon von Geburt an ein spiritueller Meister gewesen und der »außergewöhnlichste Abendländer«, dem er je begegnet sei. Ein Jahr später übergab ihm Swami Muktananda einen Brief, in dem er formell und öffentlich bestätigte, dass Adi Da aufgrund seiner unverkennbaren spirituellen Eigenschaften qualifiziert sei, andere zu unterrichten und durch unmittelbare Übertragung spirituell zu erwecken. Nach einem weiteren Jahr konzentrierter Praxis erwachte Adi Da 1970 spontan wieder vollkommen zu dem ununterbrochen erleuchteten Zustand, der schon bei der Geburt sein Zustand gewesen war.

Nach diesem Wieder-Erwachen begann Adi Da zu lehren und

im lebendigen Dialog mit seinen Schülern einen unermesslichen Reichtum an Weisheit zu schaffen. Sein literarisches, philosophisches und praktische Lebensfragen behandelndes Werk umfasst mehr als sechzig Bücher. Zu Anfang der siebziger Jahre drückte Alan Watts, Autor zahlreicher Schriften über Religion und Philosophie, seine Hochachtung vor Adi Da mit den folgenden Worten aus: »Aus allen möglichen subtilen Zeichen lässt sich eindeutig erkennen, dass er weiß, worum ES geht ... einer von den ganz wenigen.« Und in den späten neunziger Jahren sagte der Dichter Robert Lax über den radikal-experimentellen Roman *The Mummery Book* von Adi Da (welcher der erste Teil der Trilogie *The Orpheum* ist): »Ich habe jahrzehntelang als Schriftsteller gelebt und gearbeitet und bin nie auf ein Buch wie dieses gestoßen, das auf eine unergründliche und unbefangene Weise so viel von der unaussprechlichen Wirklichkeit vermittelt.«

Nachdem Adi Da seine Lehre vollständig dargelegt hatte, lebte er in seinem Hauptashram in Fidschi, wo er unablässig daran arbeitete, die Wahrheit des Daseins in literarischen, dramatischen, künstlerischen und philosophischen Werken so zum Ausdruck zu bringen, dass sie allen Menschen zugänglich wird. Am 27. November 2008 verließ Adi Da im Alter von 69 Jahren den Körper.

Adi Da war nicht im üblichen Sinne des Wortes politisch. Die Notwendigkeit einer neuen Zivilisation ergab sich für ihn durch sein lebenslanges Bestreben, die treibenden Kräfte bloßzulegen, durch die der Mensch sich gewöhnlich begrenzt und sein Leben zu einem leidvollen Dasein macht. Es war immer seine Intention, den Menschen einen Weg zu einer Zivilisation in Toleranz und Kooperation und damit zu Frieden und Freiheit aufzuzeigen.

GLOSSAR

723 Diese symbolische Kurzform für 7-23 (July 23) ist die amerikanische Schreibweise für den 23. Juli. Die genauere Bedeutung dieses Datums wird im Essay »723« beschrieben.

Akausal Weder verursacht noch verursachend, jenseits von »Ursache und Wirkung«, jenseits von aller Dualität.

alle-auf-einmal Ein Ausdruck von Adi Da, mit dem er die Menschheit bezeichnet, die keine bloße Ansammlung von getrennten Individuen ist, sondern die kollektive Kraft der ganzen Menschheit in ihrer immer-schon-bestehenden Einheit.

alle-und-Alles »alle« (klein geschrieben) bezeichnet alle vermeintlich getrennten Dinge, Wesen, Zustände und Umstände. »Alles« (groß geschrieben) bezeichnet die ungeteilte Gesamtheit des manifesten Daseins. Die enge Verbindung der beiden Wörter mit Bindestrichen bezeichnet also die Einheit des ganzen manifesten Daseins.

Bewusstes Licht Die Wirklichkeit hat zwei Eigenschaften: Sie ist Gewahrsein (oder Bewusstsein) und Strahlung (oder Licht). Das Bewusste Licht ist nach Adi Da die eigentliche Natur aller Dinge und Wesen im Universum (oder die »Eine Einzige Selbst-Natur und der Eine Einzige Selbst-Zustand«).

Diaspora Die im Laufe vieler Jahrtausende entstandene »Diaspora« – »Ausbreitung« oder »Verstreuung« – der Menschheit über die ganze Erde hat zur Entwicklung der verschiedenen Rassen, Kulturen, Religionen und Philosophien geführt. Aber trotz aller Unterschiede ist die Menschheit, wie Adi Da mit großem Nachdruck betont, immer noch eine einzige, genetisch identische Spezies oder Familie.

Ego / Ego-»Ich« Adi Da lehrt, dass das Ego kein Wesen, keine Entität, sondern eine Aktivität ist. Die Aktivität des Ego ist das, was Adi Da »Selbstverkrampfung« nennt. Sie beruht auf der Vorstellung, wir wären ein getrenntes und trennendes Wesen. Mit den Anführungsstrichen in Ego-»Ich« zeigt Adi Da an, dass er das Wort im Sinne von »sozusagen« versteht, denn in Wirklichkeit gibt es dieses »Ich« nicht, obwohl es in der un-Erleuchteten Alltagserfahrung so aussieht.

egoisch Das normale deutsche Wort »egoistisch« bezeichnet einen Begriff der Moral, enthält also eine Wertung. Adi Da hat daher das neue englische Wort »egoic« geprägt, das wir im Deutschen als »egoisch« wiedergeben. Er bezeichnet damit rein sachlich die ursprüngliche und eigentliche Qualität aller Handlungen und Eigenschaften, die durch die »Selbst«-Verkrampfung bestimmt werden, denn diese Aktivität ist die eigentliche dynamische Natur des »Ego«.

Endzeit Adi Da meint damit keinen traditionellen religiösen Mythos, sondern die letzte Phase der menschlichen Ego-Kultur und den Verlust der direkten Verbindung mit der Wirklichkeit an sich. *Siehe auch* **»Spätzeit« (oder »dunkle« Epoche)**

Erleuchtung Laut Adi Da die eigentliche Wahr-nehmung der Wirklichkeit oder Wahrheit an sich, die voller Licht ist. Im Englischen schreibt er daher manchmal auch »En-Light-enment« und »En-Light-ened« und greift damit auf die ursprüngliche Bedeutung des Wortes zurück.

Gesicht verlieren Die eigene Verletzlichkeit nicht verdrängen, sondern (auch vor anderen) anerkennen und zulassen – ohne den falschen Anschein eines starken, einflussreichen Selbstbildes. *Siehe auch* **Gesicht wahren**

Gesicht wahren Gut aussehen wollen, an einem unverletzlichen, überlegenen Selbstbild festhalten, um nicht kritisiert, bloßgestellt oder gar bedroht zu werden. *Siehe auch* **Gesicht verlieren**

Ground Zero Ein Ausdruck, der im 20. Jahrhundert zur Bezeichnung der Stelle geprägt wurde, an der eine Explosion (insbesondere eine nukleare Explosion) stattgefunden hat. Seit dem 11. September 2001 ist der Ausdruck in erster Linie der Name für das Gelände in New York City, auf dem das World Trade Center gestanden hat. In diesem Buch verwendet Adi Da den Ausdruck im übertragenen Sinne für den Zustand der globalen Kultur. Seine Benutzung der Wendung »ground zero« steht auch in Zusammenhang mit dem Ausdruck »zero-point«, deutsch »Nullpunkt«, mit dem die von-Natur-aus bestehende Egolosigkeit des menschlichen Lebens gemeint ist. *Siehe auch* **»Nullpunkt«**

immer-schon-bestehende Einheit Die Einheit, die immer schon vor allen augenscheinlichen Unterschieden und Konflikten in der Welt, vor allen augenscheinlichen Zeichen von Uneinigkeit existiert. Das »vereinigende Lebensprinzip«, das »den ganzen Kosmos durchdringende Einssein«.

Keine-Gottheit Eine sprachliche Neuschöpfung, identisch mit dem Begriff Wirklicher Gott, zur Unterscheidung von der falschen dualistischen Vorstellung von »Gott« oder der »Gottheit« oder dem »Göttlichen« als von der manifesten Wirklichkeit getrennt.

Keine-»Sichtweise« Spezieller Ausdruck von Adi Da: Wer keinen begrenzten »Standpunkt« in Raum und Zeit annimmt und folglich auch keine besondere »Sichtweise« entwickelt, der sieht die Wirklichkeit an sich unvermittelt und unvoreingenommen so, wie sie ist. Das Wort ist daher ein Synonym von Wahrheit, Wirklichkeit an sich, Wahr-nehmung; Das, Was Ist; das Eine, das Ist.

manifeste Wirklichkeit / Wirklichkeit an sich Die »manifeste Wirklichkeit« ist die Realität, die wir gewöhnlich wahrnehmen. Sie ist die komplexe Wirkung oder Manifestation aller Ursachen und hängt völlig von ihnen ab. Die »Wirklichkeit an sich« ist im Gegensatz dazu völlig unabhängig von Ursachen und Manifestationen. Sie ist daher »Nicht-manifest«.

Mummenschanz Eine lächerliche, heuchlerische, anmaßende Zeremonie, Verhaltensweise oder Aufführung. Adi Da meint damit alle Aktivitäten und Auswirkungen des Ego, das an der falschen Vorstellung festhält, ein getrenntes und trennendes Wesen zu sein.

»Nachbarschaftskriege« Nicht die Konflikte zwischen Nationen und ethnischen Gruppen, sondern die Zerstörungswut des Ego (oder vermeintlich getrennten »Selbst«) in allen, auch den intimsten Bereichen zwischenmenschlichen Daseins; daher auch der Ausdruck »die privaten Kriege von jedermann«. Das Wort stammt aus dem literarischem Werk *The Mummery Book* von Adi Da.

»Narziss« Hauptsymbol für den un-Erleuchteten, vom eigenen »Selbst« besessenen Sucher, der in sein »Selbst«-Bild oder egoisches »Selbst«-Bewusstsein verliebt ist.

> *Narziss ist die zentrale Gestalt des altgriechischen »Mythos«, das von allen geliebte und bewunderte Kind der Götter, der Jüngling, der seine Geliebte und jede Form von Liebe und Beziehung ablehnte und schließlich zur Betrachtung seines eigenen Spiegelbildes verdammt wurde, bis er infolge seines eigenen verstockten Handelns an ewiger Trennung litt und in grenzenloser Einsamkeit starb.*
>
> Adi Da, *Das Knie des Lauschens*

Nicht-dual Von-Natur-aus unteilbar und folglich niemals zusammengesetzt aus »zwei« Dingen (dem »Selbst« und dem »Nicht-Selbst«)

Nicht-duale Selbst-Natur / Nicht-dualer Selbst-Zustand Die Wahre Wirklichkeit und Quelle und das Wahre Selbst aller manifesten Erscheinungen – von-Natur-aus Unteilbar, deshalb niemals »zwei«, ohne Trennung in »Selbst« und »Nicht-Selbst«

»Nullpunkt« Ein Ausdruck von Adi Da, mit dem er den »Ort« oder die Wirklichkeit beschreibt, die dem ursprünglichen Akt der Trennung immer schon vorausgeht. Die Anführungszeichen zeigen an, dass mit dem Wort nur die hier beschriebene Bedeutung gemeint ist.

»Objekt« / »objektiv« / »objektivieren« Immer in Anführungszeichen, weil es in der Wirklichkeit an sich kein »Objekt« gibt, das von einem »Subjekt« getrennt ist.

psycho-physisch Der Mensch besteht aus zwei grundlegenden Teilen, dem psychischen Geist und dem physischen Körper, und auch der ganze manifeste Kosmos ist von dieser zweifachen Natur.

»Sichtweise« In Anführungsstrichen, weil jede gewöhnliche »Sichtweise« auf der irrigen Vorstellung eines getrennten »Ichs« beruht, das sich als in Raum und Zeit »angesiedelt« empfindet und alles von diesem »Standpunkt« aus zu betrachten glaubt. Jede »Sichtweise« ist deshalb in Wirklichkeit eine Illusion.

»Spätzeit« (oder »dunkle« Epoche) Die gegenwärtige Zeit, in der die ganze Menschheit immer mehr an allem zweifelt, was über das vergängliche Dasein hinausgeht, und die Interessen des getrennten »Selbst« als den Sinn des Lebens betrachtet.

Transzendent Spirituell Die beiden grundlegenden Aspekte sowohl der Wirklichkeit an sich als auch der Wahr-nehmung der Wirklichkeit an sich (oder der Erleuchtung). »Transzendent« ist der Aspekt des Daseins (oder Seins oder Bewusstseins) an sich, und »Spirituell« ist der Aspekt der Energie (oder des Lichts). Die beiden Aspekte existieren Unteilbar als die Eine Einzige Wirklichkeit an sich.

»Tribalismus« Übernommen von dem englischen Substantiv »tribalism«, einer Ableitung von »tribe«, deutsch »Stamm«: ursprünglich ein ethnischer »Volksstamm«. Im übertragenen Sinne jede Gruppe, die wie ein ethnischer

Volksstamm ganz bestimmte Eigenschaften aufweist und eine eigene Identität entwickelt hat, die von allen anderen Identitäten abgegrenzt wird. Deutsche Ableitungen sind »tribalistisch« und »tribalisieren«.

»Unterschied« / »Verschiedenheit« / »Verschiedensein« Die Vorstellung, es gebe einen grundlegenden Unterschied zwischen den manifesten Erscheinungen, ist laut Adi Da der essenzielle Fehler, den das menschliche Ego macht. Der Kern dieser Vorstellung besteht in der ursprünglichen Annahme, das »Selbst« sei von »allem anderen« getrennt. Diese ursprüngliche Idee ist die Ursache allen menschlichen Leids und Dilemmas.

Vereinigendes Lebens-Prinzip *Siehe* **immer-schon-bestehende Einheit**

Vitalschock Das ursprüngliche Zurückschrecken des Menschen, wenn er geboren wird und mit dem verletzbaren Zustand seiner körperlichen Existenz konfrontiert wird. Diese Reaktion dehnt sich dann auf das ganze weitere Leben des egoischen Menschen und auf all seine Beziehungen aus.

»Vollkommene Kenntnis« So nennt Adi Da die Erkenntnis der Wirklichkeit an sich. Dieses Erkennen existiert immer schon vor der Vorstellung der Trennung zwischen dem »Wissenden« und dem »Gewussten«, dem »Erkennenden« und dem »Erkannten«, dem »Subjekt« und dem »Objekt«.

Vollkommen Subjektiv Nicht die »innere« Erfahrung des Einzelnen, sondern die Tatsache, dass die Wirklichkeit an sich oder das Bewusstsein an sich die Wahre Quelle oder das Wahre »Subjekt« oder Selbst aller Erfahrung ist, das immer schon vor jedem individuellen »Selbst« existiert.

Wahr-nehmen / Wahr-nehmung Die direkte, unmittelbare oder unvermittelte, stillschweigende, intuitive Erkenntnis der eigentlichen Transzendenten und Spirituellen Natur des Daseins. Mit Bindestrich geschrieben, damit das Wort nicht mit der sinnlichen Wahrnehmung verwechselt wird.

Wirklicher Gott Gott ist keine bloße Idee, keine konventionelle anthropomorphe Vorstellung, kein »Schöpfer«, sondern die Wirklichkeit oder Wahrheit an sich, in der und als die alle manifesten Dinge und Wesen als bloße Modifikationen in Erscheinung treten.

Wirklichkeit an sich *Siehe* **manifeste Wirklichkeit / Wirklichkeit an sich**

»wissen« / »erkennen« / »Wissen« / »Erkenntnis« In Anführungszeichen drücken diese Wörter die typische Vorstellung des Ego aus, es gebe eine Trennung zwischen dem »Wissenden« oder »Erkennenden« und dem »Gewussten« oder »Erkannten«. Diese Form von Erkennen macht es unmöglich, irgendetwas so zu kennen, wie es wirklich ist. Ohne Anführungsstriche bedeuten diese Wörter die unmittelbare, wortlose Wahr-nehmung, die nicht von der Illusion der Trennung zwischen »Subjekt« und »Objekt« abhängt. *Siehe auch* **»Vollkommene Kenntnis«**

wissenschaftlicher Materialismus Die vorherrschende Philosophie und Weltanschauung der modernen Menschheit; die Vorstellung, die materielle Welt sei das Einzige, was es gibt. Der wissenschaftliche Materialismus macht die Methode der Wissenschaft (die Beobachtung »objektiver« Erscheinungen) zu einer Philosophie und Lebensweise, die den natürlichen Impuls des Menschen, die Wirklichkeit an sich Wahr-zunehmen, unterdrückt.

Zeuge Die natürliche »Position« oder »Stellung« des Bewusstseins an sich besteht darin, als bloßer Zeuge von allem dazustehen, was in Erscheinung tritt, bevor die egoische »Selbst«-Identifikation mit dem Körper-Geist stattfindet und die Illusion der sinnlich und begrifflich erfassten Welt herstellt.

Weitere Informationen über

NICHT-ZWEI IST FRIEDEN

finden Sie auf der Website:

www.nicht-zwei-ist-frieden.de

Den Text der Originalausgabe

NOT-TWO IS PEACE

finden Sie auf der Website:

www.da-peace.org